内部体制最適化の統合的枠組み

加藤寛之　一條仁志

シーカー出版

内部体制最適化の統合的枠組み

本書の目的は、「内部体制の最適化」という概念と、その取り組みについての統合的な枠組みを、読者の皆さんにご提供することにあります。

いきなり堅い書き出しになりましたが、もう少しだけ堅いお話をさせていただくと、この「内部体制の最適化」という概念は3つのテーマから成り立っています。

そのひとつが、「既存人員と業務の再配分による業務遂行プロセスの安定化」というテーマであり、そのひとつが、「顧客との関係性強化による収益構成比率の最適化」というテーマであり、そのひとつが、「会計データの区分変更による経営状況把握の即時化」というテーマなのですが。

なぜ冒頭からこのような堅い言葉でご説明をしているのかといえば、この「内部体制の最適化」について、その内容を表す文字からその概念をつかんでいただける方もいらっしゃるのではないかと考えたからです。

とはいえ、堅い言葉ではよくわからないということもあると思いますので、ざっくりとしたお話をさせていただくと、この「内部体制の最適化」という概念と、その取り組みの目的は、「既存のリソースを有効に活用して、安定的に増収増益を達成できる体制を作ること」にあります。

その意味では、本書を「既存のリソースを最大限に活用するための本」と捉えていただければいいのかなと思います。

ちなみに本書は、2022年4月3日まで、東証一部上場企業と呼ばれていた企業ならびにそれらの企業にお勧めしていらっしゃる方々を対象にして書かれた内容になっています。

2022年4月3日の時点で、東証一部上場企業と呼ばれていた企業の数はわずか2、176社。

本書は、そのように限られた方々を対象にして書かれているわけですが、本書がそのように限られた方々を対象にして書かれている理由は3つです。

その理由のひとつめは、「それらの企業のなかでは共通した問題が起こっていること」。

その理由のふたつめは、「それらの問題に対する解決策が共通していること」。

そしてその理由のみっつめが、「それらの企業のなかで、それらの問題が解決された際の社会的インパクトが大きいと考えられること」です。

さて先程、本書のことを「既存のリソースを最大限に活用するための本」とご紹介させていただきました。

その一方で、本書が対象としている「東証一部上場企業と呼ばれていた企業」のなかで、既存のリソースが有効に活用されているかといえば、必ずしもそうとは言い切れない状況があるように思えます。

なぜならば、それらの企業のなかにはたとえば、前期に過去最高益を出したのに、その次の期には赤字に転落しているというようなところもあったりするからなのですが、これはつまり、それらの企業のなかに、「既存のリソースを有効に活用するための枠組み」が整っていないことを意味するのではないかと思うのです。

そこで本書では、それらの企業のなかで、「既存のリソースを有効に活用するための枠組み」を整えるために、「既存のリソースを最大限に活用するための具体的な方法」と、「実際の取り組みの事例」をお伝えしていこうと思います。

また、それらの企業のなかで、「既存のリソースを有効に活用するための枠組み」を整えるにあたっては、今、それらの企業のなかで起こっている問題について、それらの問題が起こることになっている背景を理解することも必要だと感じます。

なぜならば、各社が共通して抱えている問題のなかには、それぞれの企業のなかにではなく、社会的な背景や構造のなかにその源泉を持つものもあるからです。

そこで本書では、そのような問題の源泉となる社会的な背景や構造についても詳しくお伝えしていきます。

本書では、そのような社会的な背景や構造をお伝えしていきますので、その内容には、今、世の中で一般的に話されている内容とは少々違った話も出てきます。

常識とされている内容に疑問が提示されたりもしますので、一度読んでいただいただけでは理解していただけない部分もあるかもしれません。

そこで、本書では、それらの内容を少しでもわかりやすくお伝えするために、ふたりの人間の対話という形で話を進めていくことにしました。

話者のひとりは、「内部体制の最適化」を専門にして各企業との取り組みを行っている私、加藤寛之（かとう・ひろゆき）になりますが、もうひとりの話者として、様々な業務テーマで2022年4月3日まで東証一部上場企業と呼ばれていた企業に関わっていらっしゃる一條仁志（いちじょう・じんし）さんに登場してもらおうと思っています。

専門分野を持ってさまざまな企業に関わらせていただいている私と、専門分野を持たずにさまざまな企業に関わっていらっしゃる一條さんとの対話のなかで、様々な角度から東証一部上場企業と呼ばれていた企業を取り巻く状況を明らかにしていくことができるのではないかと思うからです。

ぜひ、ふたりの会話を覗き見る感じで、本書の内容をおたのしみいただければと思います。

「上場企業は、企業としてはもちろん、そこでお仕事をされていらっしゃる方々にとってもリソースにあふれている」

これが私の持っている印象ですが、一條さんも同じような印象を持っていらっしゃるようです。

ざっくりと言えば、「既存のリソースを最大限に活用するための本」。

堅い言葉で言えば、「『内部体制の最適化』という概念と、その取り組みについての統合的な枠組みをご提供するための本」。

いずれにしても、今、2022年4月3日まで東証一部上場企業と呼ばれていた企業にお勤めしていらっしゃる方々のお役に立つことを意図して書かれた本です。

本書が、この本を読んでくださるあなたにとって、さまざまな意味で「既存のリソース」を活用していくための一助となることを願ってやみません。

この本が、あなたのお役に立ちますように。

加藤寛之

著者紹介

加藤寛之（かとう・ひろゆき）

1980年　大分県別府市生まれ　第一経済大学経済学部卒
株式会社内部体制最適化　代表取締役

・既存人員と業務の再配分による業務遂行プロセスの安定化
・顧客との関係性強化による収益構成比率の最適化
・会計データの区分変更による経営状況把握の即時化
という3つのテーマに同時に取り組むことで、企業の内部体制を最適化する専門家。

特に営業活動におけるプロセス管理についての造詣が深く、役職者ならびに一般社員が抱える、営業活動上の「先が見えない感覚」を払拭するための手法には定評がある。

また、各企業が持つ既存のリソースを最大限に活用できる体制を作ることを目的とした、部門別採算管理体制の再構築の取り組みでも独自のノウハウを持ち、各社の経営管理部門との取り組みを行っている。

東証一部上場企業勤務者の「肩身の狭さ」の感覚を感じた経験から、巨大企業にこそ内部体制の最適化の取り組みが必要であり、そこから生まれる成果も大きいという持論を持つ。
一女二男の父。

https://corporate-resource-utilization.co.jp

一條仁志（いちじょう・じんし）

１９７５年　大阪府豊中市生まれ　京都大学経済学部卒
株式会社ＩＪＪＳ次世代経営人材開発研究所　代表取締役
元・国立大学法人徳島大学　産官学連携センター　客員教授
元・特別認可法人　長岡京市商工会　経営支援事業顧問

主な著書に、「事業 再生のススメ」、「なぜ、日本人はうまくいくのか　～ビジネス編～」など。
毎日新聞、中部経済新聞など、掲載多数。

「既存事業の再構築」と「事業の高収益化」をテーマに、旧・東証一部上場企業をはじめ、大学機関、医療機関に対して、事業に関するアドバイスを提供する専門家。
旧・東証一部上場企業からの依頼は、次世代経営人材開発、女性上級管理職育成などの育成業務から、中長期経営計画の策定、ＣＳＲをテーマにした社会的認知の確立、新規営業チャネルの開拓、基幹システムのリニューアルなど、多岐に渡っている。

産官学連携分野で国立大学の客員教授を務めた経歴から、事業の多角化を目的とした大学等研究機関との新規事業開発に関する依頼も多い。
三女の父。

https://ijjs.co.jp

目次

第一章　内部体制最適化のススメ

一條　はい、よろしくお願いします。

加藤　よろしくお願いします。

一條　加藤さん、今日はですね、「内部体制の最適化」についてお話をお伺いしたいと思ってるんですけどね。

加藤　はい。

一條　僕にとってはこの「内部体制の最適化」って、聞き慣れない言葉なんですよね。

加藤　はい。

一條　だからこれはなんなんだろうかって思ってるんですけど、これはなんなんですか？

加藤　そうですね。えっと、一條さんは、お仕事で上場企業さんとの関わりが多いじゃないですか？

一條　はい、おかげさまで。

加藤　ちなみに一條さんは、どういうテーマでそういう上場企業さんたちと関わっていらっしゃるんですか？

一條　え？
それはいろいろありますけどね。
たとえば、「次世代経営人材開発」っていうテーマで関わらせてもらっている企業さんたちもいらっしゃるし。

加藤　はい。

一條　たとえば、「CSR」っていうテーマで関わらせてもらっている企業さんたちもいらっしゃるし。
あとは、「新規事業開発」とか、「女性上級管理職育成」とか、「中長期経営計画の策定」とか。

加藤　え。なんかテーマが多岐に渡ってません？

一條　そうなんですけどね。
あとは、「基幹システムのリニューアル」っていうテーマで関わらせてもらった企業さんたちもいらっしゃるし、「新規販売チャネルの開拓」っていうテーマで関わらせてもらった企業さんたちもいらっしゃるし、「Eコマースの導入」っていうテーマで関わらせてもらった企業さんたちもいらっしゃるし、「営業マンさんたちのトレーニング」っていうテーマで関わらせてもらった企業さんたちもいらっしゃるし、って感じですよ。

加藤　まったく統一感がないですね（笑）

一條　うん（笑）

まぁ、僕のなかでは一本通ったスジというか、自分はこれをやっているんだ、っていうような感じで軸になっているものはあるんですけどね。

加藤　へぇー。

一条　まぁ、でも業務上のテーマに関して言えば、僕の場合には、別になにかの専門分野を打ち出しているわけでもないというか。まぁ、できることをやってるだけというか。
まぁ、そもそもの話をすれば、たまたま僕にお仕事の依頼をくださった上場企業の担当者さんたちがいらっしゃってですね。

加藤　ほう？

一条　その人たちとお仕事をしている間に、その人たちが人事異動でいろんな部署に異動になって、その異動先からまた新しいお仕事の依頼をくださって、って感じで今まで15年くらいきてるんですよね。

加藤　それにしたって、最初のきっかけはなんだったんですか？

一条　あ。なんか僕、昔、上場企業にお勤めさせてもらってたことがありましてね。そのときに担当させてもらった業務でビジネス誌に特集されたことがあって。

加藤　ほう？

一条　まぁ、それはシステム開発についての話だったんですけどね。
まぁ、だからそういう流れからご依頼をいただいた案件もあるし。

加藤　ほう？

一條　あとはそんなこととしてたら、なんか産官学連携の分野で大学の客員教授をさせてもらうことにもなって。そしたら、まぁ、その大学が国立大学だったから、ってこともあると思うんですけど、またいろんなご依頼もいただくようになって、って感じなんですよね。

加藤　なるほどねぇ。まぁ、だから、いろんな業務テーマで上場企業さんたちに関わっていらっしゃるということだと思うんですけどね。

一條　はい。業務上のテーマに統一感はございません（笑）

加藤　（笑）まぁ、そうやって、いろんな業務テーマで上場企業さんたちに関わっていらっしゃる一條さんから見て、上場企業さんたちにとっての重要テーマってなんなんですか？

▼上場企業の「重要テーマ」

一條　う～ん。それはまぁ、企業さんによっても違うとは思うんですけどね。でも、「上場企業」という括りで見れば、一番は「コンスタントに増収増益を達成し続けること」になるんじゃないかなぁ、と思ってますけどね。
だって、株主さんたちからの目がありますからね。
上場企業さんたちのなかには、「増収増益を達成し続ける必要がある」っていう認識はあるんじゃないかなって思うんですよね。

加藤 そうですよね。
でね、「内部体制の最適化」とはなんなんだっていう話だったと思うんですけど。

一條 はい。

加藤 僕は、「既存のリソースを有効に活用して、安定的に増収増益を達成できる体制を作ること」を「内部体制の最適化」と言ってるんですね。

一條 ほう？
安定的な増収増益がテーマになってるってことは、じゃあ、これは上場企業さんたち向けの話なんですか？

加藤 そうなんですよ。上場していない企業さんだとちょっと当てはまらない部分があるんです。

一條 へぇー。
既存のリソースを有効に活用して、安定的に増収増益を達成できる体制を作る、っておっしゃいましたっけ？

加藤 はい。

一條　そんなことできるんですか？

加藤　できます。

一條　え。そんなこと言っていいんですか？
僕、増収増益が上場企業さんたちにとっての重要なテーマのひとつだってことは認識してるんですけど。
でも、それを安定的に達成できてる企業さんはほとんどないっていう印象なんですけど。

加藤　そうなんですか？

一條　そうそう。
だって、どこかの企業さんが増収増益になると、日経新聞とかで記事になったりするじゃないですか？

加藤　はい。

一條　「今期も増収増益」とかってさ。
でも、あれが記事になるってことは、増収増益を達成できていない企業さんもたくさんあるってこと
なんじゃないかなって思うんですよね。

加藤　なるほどね。

一條　うん。それこそ、前の期は過去最高益だったのに、次の期は大赤字、みたいな企業さんもあるしさ。

加藤　そうですね。

一条 うん。だから安定的に増収増益を達成するっていうのは、なかなかむずかしいテーマであるような気がするんですけどね。
それ、「できるよ」って言っちゃっていいんですか？

加藤 もちろんですよ。

一条 え？ できるの？

加藤 うん。

一条 うん、って（笑）

▼内部体制最適化の3つのテーマ

加藤 まぁ、ちょっと詳しくお話しすると、この「内部体制の最適化」っていう取り組みには、業務上のテーマが3つありましてね。

一条 ほう？

加藤 ひとつが、「既存客からの追加収益の確保」。

一条　ほう。

加藤　もうひとつが、「営業計画の100%達成」。

一条　ほう。

加藤　もうひとつが、「部門別採算管理体制の再構築」。

この3つの業務上のテーマを同時に進めることで、安定的に増収増益を達成できる体制を作っていきましょう、っていう話なんですよね。

一条　え？　「既存客からの追加収益の確保」と？

加藤　はい。

一条　あとは、「営業計画の100%達成」？

加藤　はい。

一条　で、「部門別採算管理体制の再構築」？

加藤　はい、そうです。

一条　えっ、そんなことできんの？

加藤　できますよ。

一條　なんで？　だってそれ、結構どの企業さんでも苦労してる内容ですよ？
たとえばだけど、その「営業計画の100％達成」っていうテーマだって、営業計画を100％達成してる企業さんって、僕の感覚からするとそんなにないですよ？

加藤　じゃあ、一條さんが関わっていらっしゃる企業さんたちって、営業計画、100％達成してないんですか？

一條　してないところも多いですよ。

加藤　え？　でも、それだと駄目でしょ？

一條　うん、駄目と言えば駄目だけど。
でもそこにはからくりがあってさ。

加藤　ほう？

▼上場企業「予算のからくり」

一條　上場企業さんたちって売上計画とか作るじゃないですか。

加藤　はい。

一条　で、それを株主さんたちに説明したりするわけですけど。でも、株主さんたちに説明してる売上計画と、社内の事業部門に下りてる売上計画が違うことがあったりするわけですよ。

加藤　ほう？

一条　だから、株主さんたちにはたとえば、「今期、この事業で400億円の売上を達成します」って言ってる一方で、社内ではその事業部門に500億円の売上計画が下りてたりするわけですよ。

加藤　ああ。

一条　だからその事業部門の人たちは、「500億円の売上を達成できなかったら、株主さんたちから責められるから、500億円は必達だ！」って感じで言われてたりするんだけど。

加藤　はいはい。

一条　ところが、その売上計画が達成されないことも少なくないわけでして。

加藤　ほう。

一条　まぁ、だからその結果として、たとえば450億円の売上実績になったとするじゃないですか？

加藤 はい。

一條 ところが、株主さんたちには実際には「400億円」って言ってるわけですから。
だから、株主総会では、「想定通り、400億円を超えました」とかって言うわけで。

加藤 なるほどね。

一條 うん。だから、そういうダブルスタンダードになってることも結構ある気がするからさ。
売上計画を100%達成しなくても、そんなに問題はないっていう構造になっているというか。

加藤 まぁ、そういうことになっている企業さんもあるかもしれませんけどね（笑）
でも、計画を立てた以上は、その達成に向けて進むっていう感じでやる方がやりやすいと思いません？

一條 まぁね、それはそうだと思いますよ。
だけど、企業さんたちはそういうふうに動いてないっていう印象もありますからねぇ。

加藤 なるほどねぇ。

一條 うん。

▼手つかずの「既存客」

一条　さっきの話に出てきてた、「既存客からの追加収益の確保」みたいなことにも手はついてないことが多いですし。
というか、上場企業さんたちがそこに目を向けることはほとんどない気がするんですよね。
というのも、上場企業さんたちが増収増益を達成する方法を考えるときって、大体、新規事業をメインに考えることが多い気がするんですよ。

加藤　はいはい。

一条　各社さんともに、既存事業はもう頭打ちしてるっていうイメージがあるみたいでさ。
既存事業はこれ以上伸びないから、新規事業をやって伸ばしてかないといけないねぇ、みたいな感じになっていることが多いというか。
これはどの上場企業さんでも同じなんじゃないかなって思うんですよね。

加藤　じゃあ、新規事業ってポンポンポンポン立ち上がって、軌道に乗ってるんですか？

一条　いや、そんな感じはしないですねぇ。

加藤　だったら、増収増益にならないじゃないですか（笑）

一条　だから、事業部門に対するダブルスタンダードでなんとか、って感じになるんじゃない？

加藤 それもなんかちょっと変な感じがするんですけど。

一條 まぁ、そうですねぇ。

加藤 うん。だから僕は、そういうところに手をつけて、安定的に増収増益を達成できる体制を作るためのお手伝いをさせてもらってるわけなんですけどね。

一條 ん？
そういうところに手をつけるって、どこに手をつけるの？

加藤 だから、「既存客からの追加収益の確保」と、「営業計画の100％達成」と、「部門別採算管理体制の再構築」。

一條 う～ん。

加藤 たとえばですけど、「既存客からの追加収益の確保」っていう取り組みなんて、そこに取り組めばすぐに売上が上がるわけですから、「増収増益」っていう目的を達成するためにはうってつけの取り組みだと思うんですよね。

一條 う～ん。
僕もそう思うんですけどね。
でも、なかなか通じないですよ、その話。

加藤 あ、そうなんですか。

一條　うん。
まぁ、でも実際の話、僕もいろんな企業さんたちと関わらせてもらうなかで、既存のお客さんたちに働きかけて追加の収益を確保するっていう取り組みをしてきましたから、そこに手をつければすぐに売上が上がるっていう感覚はわかりますけどね。

加藤　でしょ？

一條　うん。
だってそれまで手がついていないところに手をつけるわけだから、そりゃ成果は出ますよね（笑）

加藤　そうそう。
だから、やっぱり増収増益ってことを考えるんだったら、「既存客からの追加収益の確保」という取り組みはものすごく役に立つ感覚があるので。
だからこの「内部体制の最適化」という取り組みのなかでも、ひとつの柱にしてるんですけどね。

一條　ふ〜ん。じゃあ、「安定的に増収増益を達成できる体制を作る」っていう話のなかには、「既存のお客さんたちから追加の収益を確保しましょう」っていう話もあるわけですか？

加藤　そうですね。

▼営業計画を100％達成するための「48ステップ」

加藤　で、もうひとつの柱が、「営業計画の100％達成」なんですけどね。

一條　はい。

加藤　僕は「増収増益」に関連したお仕事をさせてもらってますから、各社の営業マンさんたちと関わらせてもらう機会も多いんですけど、どうですか、一條さん。
一條さんが関わっていらっしゃる上場企業さんたちのなかにもいろんな事業部門さんがあると思うんですけど。そういう事業部門の営業マンさんたちって、自分の営業計画、達成できてます？

一條　あ、それはもちろん、達成できてる人もいるし、達成できてない人もいるって感じですよね。
事業部門も同じで、売上計画が達成できてる事業部門もあるし、売上計画が達成できてない事業部門もあるって感じじゃない？

加藤　そうですよね。
でね、僕、その「できてるか」「できてないか」というところに、結構な差があるように感じるんですけどね。
だけどやっぱり、増収増益を達成するっていう目的から考えたら、やっぱり各事業部門が売上計画を100％達成できるようにすることって、ものすごく大事なんじゃないかなと思うんですよ。

一條　まぁね、それはそうだと思いますけど。
でも、さっきのダブルスタンダードみたいな話があるわけじゃないですか。

加藤　はい。

一條　だから、「基本的に達成できないもの」っていう感じで売上計画が作られてる気もするんだけど。それを達成しちゃおうっていう話なんですか？

加藤　そうですね。

一條　それ、どうやってやるんですか？

加藤　簡単に言うと、「プロセス管理」なんですけどね。

一條　え？　それ、よく聞く話のような気がするんですけど（笑）

加藤　まぁまぁ、ちょっと聞いてくださいよ（笑）

一條　はい（笑）

加藤　まぁ、計画を達成できていない事業部門を見てるとね、営業のプロセスが定まっていないというか、そのプロセスがそれぞれの営業マンさん任せになってることが多い気がするんですよ。

一條　ああ、それはそのとおりだと思いますね。
まぁ、それは計画が達成できている事業部門でも同じだと思うけど。

加藤　うん。だからよく「営業は属人的だから」とかって言われたりもするんだと思うんですけど。そういう、計画を達成できていない事業部門のなかでも、「プロセス管理」って話がされてたりもするんですよね。

一条 はい。

加藤 ただ、そういう事業部門さんのなかで言われているプロセスって、そんなに細かくステップ分けがされていないことが多くてですね。

一条 ほう?

加藤 だから、たとえば、「初回コンタクトから成約までのプロセスには5つのステップがある」とかって言われてたりするところもあるんですけど。

一条 うん。

加藤 でもそれじゃあ、ひとつひとつのステップが大きすぎて、意味をなさない気がするんですよ。

一条 う～ん。
まぁ、その5ステップとかだったらひとつひとつのステップが大きすぎるという感覚はわかる気もするんですけど。
じゃあ具体的に言うと、加藤さんだったらプロセスをどれぐらいのステップに分けたらいいと思うんですか?

加藤 僕はたとえばある企業さんでは、初回コンタクトから成約までのプロセスを48ステップに分けてもらったりしてるんですよね。

一条 それは…。
だいぶ細かいですね（笑）

加藤 うん。
でもステップを細かくしておくといいことばかりでしてね。
まず、ステップを細かくしておけば次になにをすればいいかがわかるから、営業マンさんたちが動けるようになるんですよ。

一条 ほう？

加藤 あとはね、ステップを細かくしておくと、たとえば商談がうまく進んでいないときでも、どのステップで引っかかっているかがすぐにわかるから、上司や同僚がスムーズにサポートに入ることができる。
まぁ、ステップが細かいから先にも進みますしね。

一条 う〜ん。そうなんだろうか…。
まぁ、でも、48ステップとかまで細かくしたら結構進みそうな気もしますけどねぇ。

加藤 そうなんですよ。

一条 ふ〜ん。

加藤 あとはね、ステップを細かくしておくと、それぞれの事業部門の部長さんたちも仕事がしやすくなるんですよ。

一条　ん？　なんで？

加藤　だって、基本の仕事は、各営業マンのステップの埋まり具合を確認するだけになるし。もしも埋まっていないステップがあれば、そこをサポートすればいいだけですから。

一条　う〜ん。そうなのか…。でもさ、その細かいステップってのは誰が作るんですか？　加藤さんが作るの？

加藤　正確に言えば、僕が社内の人たちにヒアリングさせてもらった内容をもとにたたき台を作って、それを実際に使ってもらいながら、その内容をブラッシュアップしていく感じですね。

一条　ふ〜ん。じゃあ、まぁ、そういうことをしながら営業計画が１００％達成できるようにすることで、安定的に増収増益を達成できる体制をつくりましょう、っていうのが「内部体制の最適化」なわけ？

▼「本社費」で肩身が狭くなる事業部門

加藤　そうですね。まぁ、だから、「既存客からの追加収益の確保」と、「営業計画の１００％達成」で、まず増収増益が達成できるでしょ？

一条　うん。まぁ、一応、営業計画は増収増益の計画になってるはずですから、営業計画が１００％達成できてる時点で、たぶん増収増益は達成してますよね。

そこに既存客からの追加収益が加わったら、さらにオントップで乗る感じじゃない？

加藤　うん。まぁ、そんな感じなんですけど、でもやっぱりそのふたつだけでは安定的に増収増益を達成できる体制にはならない気がするんですよね。

というのも、まぁ、上場企業さんたちの場合には、部門別の採算管理ってどこでもやってますよね？

一條　そうですね。

加藤　で、まぁ、どうなんですか、これ。一條さんから見て機能してる感じします？

一條　ん？

いや、だからそれは、なにをもって機能してるって言うかじゃない？

だから、確かに各事業部門の採算表というか、各事業部門の損益計算書みたいな資料は、どの企業さんの社内でも出てると思うんですよ。

だからそういう資料を見たらそれぞれの事業部門が、どれぐらいの営業利益を出してるかとかも、一応、見えるわけだけど。じゃあ、そういう資料がそれぞれの事業部門の実態を表してるかっていうと、僕はそうは思わないんですよね。

加藤　ふーん。それはなんでなんですか？

一條　いや、あのさ、上場企業さんたちって、いわゆる間接部門っていうか、利益を生み出さない部門にかかってる費用が結構大きいじゃないですか。

加藤　はい。

一條　たとえば広告宣伝費ひとつとっても、各事業部門が負担せずに本社が負担してる広告宣伝費もあるし。あとは本社ビルの維持管理費用もあるかもしれないし。あとはもちろん、そういう間接部門で働いてる人たちの人件費もあるわけでしょう？

加藤　そうですね。

一條　でも、そういう間接部門って、そういう費用をまかなうだけの収入源がないからさ。だから、利益を生み出している事業部門に、そういう費用をまかなってもらう必要があるわけですよね。

加藤　はい。

一條　だから、各社さんは部門別採算管理という取り組みのなかで、そういう費用を「本社費」とかっていう名目で各事業部門に賦課してたりするわけですけど。まぁ、その結果として、各事業部門の採算表というか、損益計算書にはその本社費が費用として計上されることになるわけですよね。

加藤　はい。

一條　でもさ。
まぁ、事業部門さんたちのなかには、たとえばだけど、自部門の採算計画が達成できるかできないかの瀬戸際に立っている事業部門さんもあってさ。
そういう事業部門さんが採算計画を達成できなかったときには、「本社費が賦課されたことによって採算計画が達成できなかった」って感じの認識を持つようになることも少なくない気がするわけですよ。

加藤　うん。

一條　で、まぁ、各事業部門さんは自部門の採算計画が達成できなかったらその責任を追及されたりもするからさ。

加藤　うん。

一條　そうなってくると、「この本社費さえなければ」って思う部門長さんたちも出てくるでしょうし。だから、そこがもう永遠の課題みたいになっているというか。「なんでうちの事業部がこんなに本社費負担せなあかんねん！」ってことを思いながら、自部門の採算表を見ている部門長さんたちはそこそこいらっしゃるような気がするんですよね。

加藤　うん。

一條　だから、見た目上、各事業部門の採算表は出てるし、見た目上、どの事業部門がどれだけの営業利益を出してるのかっていうこともわかるけど。じゃあそれが機能してるか、つまり円滑な企業経営の役に立ってるかっていうと、まぁ、どうだろうねぇ？　っていうような感覚が僕のなかにはあったりもしましてね。

加藤　なるほどね。ということは、自部門の採算計画を達成できている事業部門はいいけど、自部門の採算計画を達成できていない事業部門は肩身が狭くなったりしてるかもしれないですよね？

一条　ん？　まぁ、そうかもしれないですよねぇ。

加藤　うん。社内にそういう状況があったとしたら、生産性も低くなりそうじゃないですか？

一条　まぁ、確かに。

加藤　だから、そこを改善するために、僕は「部門別採算管理体制の再構築」っていう業務上のテーマを掲げてるんですけどね。

一条　ん？
それ、具体的にはなにをするんですか？

加藤　たとえば、どの事業部門がどれだけの本社費を負担しているかを社内で共有してもらうために、各事業部門が負担している本社費の額を一覧にした資料を作ってもらったりしてるんですよね。

一条　うん？
どの事業部門がどれぐらいの本社費を負担してるんですよっていうのが、みんなに見えるようにするってこと？

加藤　そうですね。

一条　そういうことをするとどうなるの？

加藤　そういうことをすると、「全社として既存のリソースを有効に活用するための枠組み」を整えるための土台ができてくるんですよ。

一条　ほう？

加藤　というのも、僕からすると、多くの上場企業さんたちのなかでは、部門別採算管理という名目のもとで、各事業部門に優劣がつけられているように見えるんですけどね。

一条　うん。まぁ、実際そんな感じですよね。

加藤　うん。
だから各事業部門はお互いに競い合わされているとも言えるし。
実際、競争関係に置かれてたりもするわけでしょう？

一条　そうですねぇ。

加藤　うん。そうなると各事業部門の間で、なにかのノウハウがシェアされることもないし。
その結果、各事業部門が使えるリソースは、自部門のリソースだけって感じになることが多いと思うんですよ。

一条　そうですねぇ。

加藤　うん。
でも、そういう上場企業さんたちって、全社として見たときには相当な量のリソースを持ってるわけでしょう？

一条　そうですね。規模が大きいですからね。

加藤　そうそう。それなのに、そういう「既存のリソース」が有効に活用されていないという状況になっているわけですよ。

一条　確かに。

加藤　うん。だからね、そういう「既存のリソース」を有効に活用できるようにするために、「全社として既存のリソースを有効に活用するための枠組み」を整えることができたらいいなって思うんですけどね。

一条　うん。

加藤　まぁ、でもそういう枠組みを整えるためには、そもそもそういう枠組みを整えるための土台っていうものが必要なんじゃないかなと思うんですよ。

一条　まぁ、そうでしょうねぇ。

加藤　うん。それでね、まぁ、詳しくはまたあとでお話ししますけど、たとえばだけど各事業部門が負担している本社費の額を一覧にした資料とかが出てくるようになってくると、そういう枠組みを整えるための土台ができてきたりするんですよ。

一条　え？　そうなの？

加藤　はい。そうなんです。

一条　ふ～ん…。
なんかぜんぜんピンとこないけど（笑）

加藤　まぁまぁ、詳しくはまたあとでお話ししますから（笑）

一条　はい（笑）

▼「事業部門間の断絶」と「事業部門内の断絶」

加藤　まぁだから、「既存客からの追加収益の確保」と「営業計画の100％達成」。
これだけでも増収増益にはなりますけど、そこを安定化させるために部門別採算管理体制をしっかり機能させていくと、「既存のリソースを有効に活用して、安定的に増収増益を達成できる体制」が作られていくわけでしてね。

一条　う～ん、そうなのか…。
まぁ、でも、各事業部門と本社費との関係みたいな話に似たところでいうとさ。
たとえば各事業部門には、営業マンさんたちと営業事務のスタッフさんたちがいたりするでしょう？

加藤　はい。

一條　営業マンさんたちは案件を受注してきても、営業事務のスタッフさんたちに受注の確定処理をしてもらわない限りは自分の受注実績にならないから、営業事務のスタッフさんに向かって、「早く処理してくれよ」みたいなことを言ったりするわけじゃないですか。

加藤　はい。

一條　でも、営業事務のスタッフさんたちって、ひとりで5人とか6人とかの営業マンさんたちの受注の確定処理業務を担当してたりするからさ。そんないちいち、ひとりの営業マンさんのことを優先することはできないわけでさ。

加藤　うん。

一條　それで、その処理がちょっと遅くなったりすると、この営業マンさんが、自分の受注実績にならないもんだから腹立てちゃって、「お前ら、俺らが稼いだ金で給料もらってるくせに、なんで俺の受注処理しねえんだよ！」みたいなことを言ったりするわけじゃないですか。

加藤　そうですねぇ。

一條　うん。でも、事業部門の人たちってのは、間接部門の人たちに対して、そういう感覚に近い感覚を持つのかもね。

「本社だけあんないいオフィスにいてさぁ」とか。

「なんでその費用を自分たちが負担しないといけないんだ！」みたいな。

加藤　ああ。

一條　いや、でも、人間って勝手なもんでさ。自部門が余裕で採算計画を達成しているときだったらそんなことも言わないと思うんですよ。

でも、自部門が採算計画を達成できないかもってなったときにそういうことを言い始めるというか。

加藤　うん。

一條　さっきの営業マンさんと営業事務のスタッフさんとの話もさ、その営業マンさんが楽勝で計画達成してるときはそんなことは起こらないと思うんだけど、計画達成か未達成かがその1件の受注によって決まる、とかってときに、すごくきつく当たってくる感じがするんですよね。

加藤　そうですねぇ。

さっきの本社費の話にしても、実際に「本社費が高い」って嘆いている部長さんたちを見ていると、自部門の採算計画が達成できていない部長さんが多い気がしますよね。

一條　そうですよねぇ。

▼「曇りガラスのこちら側」

一条 そういう、「部長さんたちの嘆き」っていう話であればね。僕、それこそ上場企業の部長さんたちを対象に、「次世代経営人材開発」っていう取り組みをさせてもらってたりするんですけどね。

加藤 はい。

一条 まぁだから、将来の役員候補ってことで、各企業さんのなかで「部長」っていう役職に就いている人たちが集められてさ。僕はそういう場で、そういう部長さんたちといろんな取り組みをさせてもらったりするんですけどね。

加藤 はい。

一条 そういうことをしてると、いろんな企業で個々の部長さんたちがいろんな話を聞かせてくださるようになるんですけど。そうすると、ものすごく不思議なことが起こるんですよ。

加藤 ほう？　なにが起こるんですか？

一条 えっとね、まぁ、たとえばだけど、千葉県の船橋市に本社がある上場企業にお勤めしている部長さんと、大阪府の大阪市に本社がある別の上場企業にお勤めしている部長さんが、お互いにまったく面識もないはずなのに、まったく同じ言葉を口にしたりするんですよね。

加藤　ほう？

一條　まぁ、その人たちがどういう言葉を口にするかっていうと、「まるで曇りガラスのこちら側にいるようです」っていう言葉だったりするんですけどね。

加藤　ほう？

一條　あとはその言葉に続けて、「まったく先が見えません」っていう言葉も出てくるんだけどさ。そのふたつの言葉を、いろんな企業にお勤めしてる、お互いに面識のない、いろんな部長さんたちが、本当にハンコでついたみたいに同じように口にするんですよ。

加藤　そうなんですか？

一條　そうなんですよ。
まぁ、その部長さんたちは年齢的には同じ世代の人たちなんですけどね。
でも、お互いに面識もない人たちが、「まるで曇りガラスのこちら側にいるようです」、「まったく先が見えません」っていう同じ言葉を揃って口にするという不思議な現実があるわけで。

加藤　なるほどねぇ。

一條　うん。でも、そういう部長さんたちからそういう言葉が出てくるってことは、その人たちのなかには「先が見えない感覚」とか、「なにをやったらいいのかがわからない感覚」があるってことなんじゃないかなって思うんですよね。

加藤　う〜ん。
言葉からするとそんな感じですけど、でもなんでそんなことになるんですかね？

▼人事異動でいきなり…

一條　あ、だって考えてみてくださいよ。
そういう上場企業さんたちのなかには必ず人事異動があるわけだから。

加藤　ほう？

一條　だから、こないだまで経理部の部長補佐だった人が、人事異動でいきなりどこかの事業部門の部長になったりもするんですよ？

加藤　ああ。

一條　たとえば人事部門の部長だった人が、人事異動でどこかの事業部門の部長になりました、ってこともあるわけでさ。
でも、そうなるとその部長さんは、業務的な話なんてわからないに決まってるじゃないですか？

加藤　そうですね。

一條　しかも部下の人たちからは、「なんだ、こいつ。部長とかっていってるけど、業務のことなんてなにも知らないだろ?」とかって思われたりもするしさ。

部長さん本人も、「やばい。なにか聞かれても指示できない」って思ったりするわけでさ。

だから、部長さんたちのなかには、自分の直属の上司である役員さんに、「あのー、僕、なにをやったらいいんでしょう?」って聞いたりする人もいるみたいなんですけどね。

すると、「うむ。期待してる」とかって言われるだけだったりするわけでね（笑）

加藤　なるほどね（笑）

一條　うん。まぁだから、上場企業の部長さんっていったら、社会的には「すごいね」って言われたりもすることもあるにもかかわらず、先が見えないっていう。

加藤　それはきついですね。

一條　うん。

加藤　でも、部長さんたちに先が見えてないんだとしたら、部下の人たちにも先は見えてないはずですよね。

一條　うん。そうだと思うんですよね。

加藤　うん。

業務を行う上での拠り所として提示されているプロセスも、ひとつひとつのステップが大きすぎる感じがするから、部下の人たちは次になにをすればいいのかもわからない状態かもしれないですしね。

一条 うん。

加藤 そういう状況があるなかで、たとえば営業マンさんたちだったら、営業という業務に取り組んで、その結果、営業計画を達成できなかったら、会議で責任を問い詰められたりもするわけでしょう？ それって、ほんときついなって思うんですよね。

一条 確かにねぇ。きついといえばさ、たとえばだけど、同じ事業部門に所属している営業マンさんたち同士でも、ツンツンし合ってたりすることがあるじゃないですか。

加藤 ああ。

一条 たとえば計画を達成できていない営業マンさんたちは、計画を達成できている営業マンさんたちから、「お前らの食いぶちを俺らが稼いでんだ」とかって言われてたりするわけじゃん。

加藤 そうですね。

一条 それってきついなって思うんだけど。でもさ、計画が達成できている営業マンさんたちは自分が計画を達成できている理由がわかってるんだったら、計画を達成できていない営業マンさんたちに対して、「どこまで進んでるんだ？」「ちょっと見てやろうか？」とかってやったほうが効率的だと思うんだけどさ。

でも、そういう感覚とか、概念はない気がしてさ。

加藤 確かにねぇ。

▼経営企画は肩身が狭い？

一條 でも、考えてみたらそれも当たり前かもしれないんですけどね。

加藤 ほう？

一條 だって、上場企業に勤めてる人たちってそれなりにいい学校を卒業してたりするしさ。ということは勉強でそこそこいい点数を取ってきた人たちも多いんじゃないかなって思うんですよ。

加藤 うん。

一條 そうすると、他の人に比べて点数が高かったら褒められるっていう感覚を持つようになる人も多いと思うんですよね。

加藤 ああ。

一條 まぁ、そんななかで、そういう感覚を持ったまま社会人になる人たちもいてさ。そうすると、やっぱり他の人よりも成績がいいほうがいいって思いがちになるんじゃないかなって気もするんだけど。

加藤 なるほどね。

一條 うん。でも、たとえば、ノルマがあるような部門に配属されても成果が出せるとは限らないから、そういう意味ではノルマのない間接部門でお仕事したほうが責められる可能性が少ないと考える人も出てくるみたいでさ。

加藤 うん。

一條 でも、そういう間接部門って地味だと思われてたりもするから。だから、ＭＢＡとかとって、経営企画とかに行きたがる人も出てくるんじゃないかと思うんですよね。

加藤 なるほどね。

一條 うん。だけどさ、いざ経営企画部門に異動になったりすると、予算の取りまとめとかをすることになったりもしてさ。そうすると事業部門からは、「そんな高い予算、組めるわけないやろ、ボケ！」って言われるし、上司からは、「そんなしょぼい予算、株主さんたちに発表できるわけないやろ、バカ！」って言われるし、もう最悪、みたいな（笑）

加藤 なんか、肩身が狭そうですね（笑）

一條 うん。

そんな感じで見たことはなかったけど、そうやって言われると確かに肩身は狭そうですよねぇ。

加藤　うん。だからたとえば事業部門だったら、営業のプロセスをしっかりと細かいステップに分けておけば、個々の営業マンさんたちは次になにをすればいいか先が見えるようになるし。そうすると、今よりは前に進めるようになるでしょう？

一條　まぁ、そうかもしれないですねぇ。

加藤　うん。だから、そういう状況を作っておくことは、僕、絶対に必要だと思ってるんですよね。

▼「部門としての達成」と「バックアップ」と「土台作り」

一條　う～ん。まぁ、なんかさっきから事業部門の話になってるみたいなんですけどね。加藤さんは、「営業計画の１００％達成」という業務上のテーマが、「内部体制の最適化」という取り組みのなかのひとつの柱だって言ってるじゃないですか？

加藤　はい。

一條　でもさ。営業計画の１００％達成って結構大変だと思うんだけど、そんなことできるんですか？

加藤　まぁ、個々の営業マンさんたちの話をすれば、やっぱり計画を達成できない人は出てきますよね。

一条　そうでしょう？

加藤　うん。

当然、それぞれの人の能力には差もあるし。

だけどステップを細かくしておけば、今、どこまで到達してるかとか、どのステップが抜けてるかがわかるから、他の人がサポートできるようになるんですよね。

そうすると、その部門全体として営業計画が１００％達成できるようになってくるんですよ。

一条　ああ。なるほどね。

「営業計画の１００％達成」という話は、個人個人の営業マンさんの話ではなくて、部門全体としての話なんですね？

加藤　そうです、そうです。

一条　なるほどねぇ。

それだったらいけるのかなぁ…。

加藤　そうそう。

部門として達成させようとするから、部門として達成するんですよ。

一条　う～ん。

じゃあ、「既存客からの追加収益の確保」っていう話だったらどうなるんですか？

まぁ、既存のお客さんたちに働きかけて追加の収益を確保するっていうことは、僕自身もいろんな企業さんたちと取り組んできた内容だし、そもそも手をつけていないところに手をつけるんだから、そりゃ成果は出るよね、っていう感覚はあるんですけどね。

加藤　でしょ？

一條　うん。
でもさ、営業計画が１００％達成できたら、たぶん増収増益だと思うんだけどさ。
そこに既存客からの追加収益を確保する必要ってあるんですか？

加藤　ああ。これにはバックアップっていう意味合いもありましてね。
というのも、天変地異でも起こったら、営業計画の１００％達成なんてできなくなるかもしれないでしょ？
だから、なにかあったときにも安定的に増収増益が達成できるようにするという意味で、バックアップという意味合いもありますよね。

一條　ああそうか。「安定的に」ってところがポイントか。

加藤　そうです、そうです。

一條　じゃあ、「部門別採算管理体制の再構築」っていう話だったらどうなるんですか？

加藤　これはさっきもお話ししたように、「全社として既存のリソースを有効に活用するための枠組み」を整えるための土台作りなんですけどね。

まぁ、ここに手をつけたからといって、いきなり「全社として既存のリソースを有効に活用するための枠組み」が整って、いきなり全社として既存のリソースを有効に活用できるようになるわけじゃないんですよ。

一條 そりゃそうですよね。

加藤 うん。
でも、そういう枠組みを整えようと思ったら、やっぱり土台が必要だと思うし。

一條 うん。

加藤 その土台がない企業さんたちが多いわけですから。

一條 う～ん。

加藤 だからその土台を作るって感じですよね。

一條 う～ん。
まぁ、だからその土台を作った先には、「全社として既存のリソースを有効に活用するための枠組み」を整えることもできるようになりますよ、ってこと？

加藤 そうですね。
まぁ、あくまでも全体としての目的は、「既存のリソースを有効に活用して、安定的に増収増益を達成できる体制を作ること」にあるわけですからね。

そういう体制を作るためには、土台が必要になるんだから、その土台をしっかり作っておきましょう、っていうことなんですよね。

一條　ふーん…。

▼同時に進める全体像

一條　まぁ、そういう感じでそれぞれの取り組みから成果が生まれていくんだったらそれはそれでいいとは思うんですけどね。でも、そんなことできるんですか？

加藤　できますよ。

一條　う〜ん。
いや、ごめん。僕もこれまでいろんな上場企業さんたちに関わらせてもらってきたんですけどね。今、加藤さんが言っている3つの業務上のテーマが全社的規模でうまくいっているところって思い浮かばないんですよ。
ま、各事業部門単位ではできてたりもしますけどね。

加藤　はい。

一條　だから、それを「できますよ」って言われても、ほんとにできんのかな？　って思っちゃうというか

ね（笑）

加藤　まぁ、そうかもしれないんですけどね（笑）

でも、この3つの業務上のテーマを同時に進めていくといろいろ連動してきて、大きな成果につながっていったりするんですよね。

一條　ふ～ん。

じゃあ、逆に言えば、3つの業務上のテーマを同時に進めないと、どれかだけでは駄目ってこと？

加藤　そうですね。

それぞれの業務にばらばらに取り組んでも、「既存のリソースを有効に活用して、安定的に増収増益を達成できる体制」は作れないと思います。

一條　う～ん。

まぁ、そりゃそうか。

だって、部門別採算管理体制がいくら機能しても売上は増えないですしね。

加藤　そうそう。

一條　既存客からの追加収益の確保だけではたぶん増収増益は無理でしょうしね。

加藤　そうなんですよ。

一條　営業計画が100％達成されたとしても、それが安定的に達成されるようになっていなければ「瞬間最大風速でしたね」って感じで終わっちゃうだろうし。

加藤　はい。

一條　まぁ、そうやって聞くと、なんとなくそうなのかなっていう気はしてくるんだけどさ。ごめん。だって「内部体制の最適化」って、僕にとってはなじみがない概念だからさ（笑）

加藤　（笑）まぁ、でもこの3つの業務上のテーマのどれかだけをやったとしても、それは「内部体制の最適化」とは言えないんですよね。やっぱりこの3つを同時に進めていかないとね。

一條　なるほどねぇ。じゃあ、まぁ、それが「内部体制の最適化」っていう取り組みの全体像ですって話ね。

加藤　そうですね。

一條　なるほどね。

【 内部体制を最適化する目的 】

内部体制を最適化する目的は、

・既存のリソースを有効に活用して

・安定的に増収増益を達成できる体制を作ること

にある。

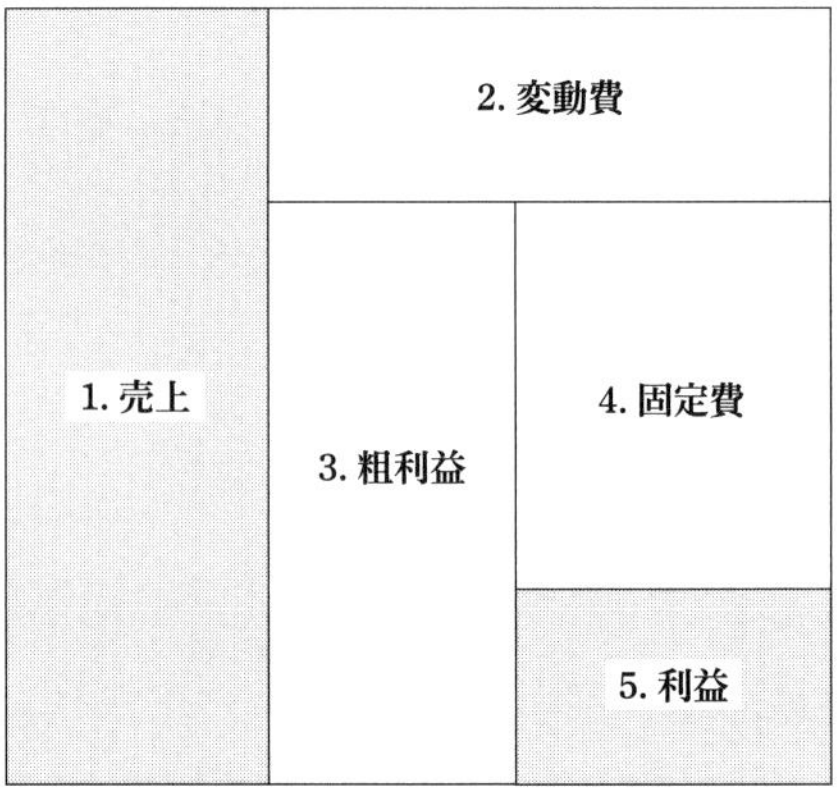

既存のリソースが限られている中で、
いかにして「安定的に」1と5を増やすか

一條　はい、まぁ、そんな感じみたいなんですけどね。

加藤　あ。なんかぜんぜんピンと来てないでしょ？（笑）

一條　そうですねぇ（笑）
だって今、加藤さんが「できますよ」って言ってる内容って、多くの企業さんたちがやろうとしてきていて、でも達成できていないことだっていう感じがするんですよ。

加藤　はい。

一條　「既存客からの追加収益の確保」っていう話であれば、そもそもそこに手をつけていない企業さんたちは多いから、そこに手をつけたら成果は出るだろうし、それは僕のこれまでの経験からもまだ理解できるんですけど。

加藤　はい。

一條　でも、多くの事業部門さんたちは、「営業計画を１００％達成したい」って言いながら営業計画を達成できてなかったりするし。
その一方で、世の中には営業支援会社さんとか、営業代行会社さんとか、営業コンサルタントさんとかがたくさんいらっしゃるわけじゃないですか。

加藤　そうですね。

一條　うん。まぁだから、上場企業さんたちは各社さんとも、そういう外部の力を借りてたりもするわけですけど。
でも、営業計画は達成できてなかったりするわけですよね。

加藤　そうですね。

一條　うん。
だからそれを「48ステップに分けるんです」って言われたら、「そうなのかなぁ」っていう気もするんですけど、本当にできるのかなっていうのがまずひとつと。

加藤　はいはい。

一條　あとは部門別採算管理体制の話も、その整備を専門にしているようなコンサルティング会社さんはいろいろとあってさ。

加藤　はい。

一條　だけど、そういうコンサルティング会社さんたちが介入しても、あまりうまくいってなかったりするし。

でも、上場企業さんたちはそういうコンサルティング会社さんたちに、聞いたらびっくりするぐらいの費用を支払ってその整備を依頼してたりもするわけですよね。

加藤　そうみたいですね。

一條　うん。あとはさ、僕も、自分が上場企業にお勤めしてるときには、部門別管理会計とか部門別採算の話にどっぷり関わってたし、今も各社さんの部門別採算管理の状況を見させてもらう機会があるんですけどね。

でもやっぱり、さっき言った本社費の問題とかはクリアになってないんですよね。

加藤　はい。

一條　だから、できるんだろうかと思うというか。

もちろんできたら最高だろうなとは思うけど。やっぱりそこは正直、ピンと来ないですよね。

加藤　まぁ、そうですよね（笑）

一條　うん。だから、それをね、ひとつひとつの業務テーマを達成するだけでもむずかしいのに、それを3つ同時に達成するんですよって言われても、そんなことほんとにできるのかなって思っちゃうというか。

だから、すみません。なんかそんな感じを持っちゃうんですよね（笑）

加藤　まぁ、そうなんでしょうけどね（笑）

▼「揃わない足並み」と「達成できない計画」

加藤　まぁ、でもそもその話をするとですね。
僕から見ると上場企業さんたちって、社内でそれぞれの人が見ているものが違う感じがするんですよ。

一條　見ているものが違う？

加藤　うん。まぁ、僕の言葉で言えば、「焦点距離が合っていない」ってことになるんですけど。

一條　ほう？

加藤　まぁ、たとえば一條さんが今、既存客からの追加収益の確保という取り組みに手をつければ成果が出ることは理解できる、っていうことでしたけど。
当然、上場企業さんたちのなかにも同じ理解を持っている人はいますよね？

一條　うん。いると思う。

加藤　うん。でもその一方で、同じ社内には、「そんなことやっても意味ないですよね」って言う人もいるわけでしょ？

一條　いますよね。あとは「やったことがないからわからない」って言う人もいますよね。

加藤　そうでしょう？

でも、たとえば同じ事業部門のなかにそういう人たちが混在してたとしたら、それぞれの人が見てるものが違うから効率悪くなる感じしません？

一條 まぁ、そうですねぇ。

加藤 自分とは違うものを見ている人たちについては、お互いに対しても批判的になることが多い気もするし。そもそも見てるものが違う人たちが同じことをやろうとしても足並みが揃わないじゃないですか？

一條 確かに。

加藤 営業計画だって、「本当に達成してやろう」って思ってる人もいれば、「別に達成しなくてもいいでしょ」って思ってる人もいるわけでしょ？

一條 うん。

加藤 たとえば部門別採算の話も、採算計画が達成できているかどうかを見ている人もいるけど、「なんでこんなに本社費が計上されてるんだ？」って思いながら本社費の部分だけを見ている人もいるかもしれないじゃないですか。

一條 そうですねぇ。

加藤 まぁ、だから、それぞれの人が見てるものが全然違うから、足並みもばらばらで、効率が悪くなってる気がするんですよ。そういう状態でやる会議とか、全然かみ合わない気がするんですよ。

一條　確かにね。

▼「自分で立てた計画」なのに？

一條　そういう話だったらさ、そもそも「増収増益」っていうテーマ自体、それを見てる人もいるけど、見てない人もいる気がしますけどね。

加藤　そうでしょうね。

一條　うん。
社長さんとか役員さんたちは、「増収増益」ってところに焦点を当ててるかもしれないけど、個々の営業マンさんたちが「増収増益」のためにこの営業計画を達成しなければって思ってるかっていったら思ってない気がするんですよね。

加藤　うん。
そういう話であれば僕、たとえば事業部門の部長さんたちだって、自部門の売上計画に対して、納得してない人たちは多い気がするんですよね。

一條　そうですねぇ。納得してない人は多い気がしますよね。

加藤　そうでしょう？

一条　うん。
僕も予算計画策定の場面とかに立ち会わさせてもらったりすることがあるんですけどね。まぁ、基本的に各事業部門の部長さんが、「来期はこれだけの売上を上げます」みたいな計画を立ててくるわけじゃないですか。

加藤　はい。

一条　それを集計して全社の予算にするわけですけど。
でも、集計してみたら株主さんたちに対するアピールが弱かったりして、その結果、「こんなんじゃ足りないですからもっと上積みしてください」とかって言われて、各事業部門から出てきた計画が各事業部門に差し戻されたりすることもあるわけですよね。

加藤　はい。

一条　だから部長さんたちはそれぞれに、自分が出した売上計画を上方修正して、また提出するわけですけど。そうするとまた差し戻されたりして。で、そういうことを繰り返して、まぁ、最終的に「上方修正されまくった計画」が各事業部門から出てきた計画として採用されたりするわけですよね。

加藤　はいはい。

一条　でも実際の期が始まって、その計画が達成できていないと、その部長さんたちは「自分で立てた計画なのになんで達成できてないんだ！」って感じでその責任を問い詰められたりもするわけじゃないですか。

加藤　はい。

一條　でも部長さんたちからすると、「だって、上積みしろって言われたから上積みしただけで、もともとの計画はそれじゃないもん」っていう話だと思うんですよ。

加藤　うん。

一條　だけど、体面上は、各部長さんが「これだけやります」って言った数字になってるから。「自分でやるって言ったやないか！」みたいな感じに言われちゃうというか。

加藤　ああ。

一條　もうそれ、形としてはそのとおりなんだけど、その部長さんたちからすると、「一番最初に出した計画が自分たちが出した計画であって、それに何回か上乗せを強制されてますけど？」って感じだと思うんですよね。

加藤　うん。
だからそれも、経営陣と各事業部門の部長さんたちとの間で見てるものがぜんぜん違う感じになっちゃってるってことかもしれないじゃないですか？

一條　そうですねぇ。

▼自分の任期を満了すれば

一條　まぁ、今の加藤さんの話は、人によって見てるものが違うというか、ズレてるって話だと思うんだけど。そういうズレの話であれば、部長さんたちのなかでは、自分がほんとに思ってる数字と、自分が言っちゃってる数字が違うっていうズレもある気がしますよね。

加藤　うん。

一條　でもそんなことは部下の人たちには言わないでしょうから、たとえば自分の計画が達成できていない営業マンさんたちには、「計画達成は必須だ！」みたいなことを言って、きつく当たったりしてるかもしれないじゃないですか。

加藤　そうですね。

一條　だから二枚舌みたいになってるというか。実際、そういう二枚舌みたいになっているところが部下の人たちにバレるのがおそろしいって感じになってる人もいる気がするんですよね。

加藤　ああ。

一條　でもさ、そういう企業さんたちって人事異動があるからさ。だからそういうことも、次の人事異動までの3年間とか5年間とかでバレなければ、次の部署に異動できるわけだから（笑）

加藤（笑）

一條　でも、その最たるものが各社の社長さんたちかもしれないとも思うわけでさ。だって、自分の任期をつつがなく無事に満了できれば、自分のキャリアを上場企業の社長でアガれるわけだもん。

加藤　なるほどねぇ。

一條　だから、「なんとか俺の任期の間はつつがなくやってくれ」みたいなさ。

加藤　ああ。

一條　僕の知り合いにも、上場企業の社長でキャリアをアガった人がいるんですけどね。たまに一緒にごはんとか食べてるときに、そんな感じだったなっていう話を聞かせてくれることがありますよ。

加藤　なるほどねぇ。

▼新規事業計画の「事前承認」

加藤　じゃあたとえば、一條さんから見て、売上計画がない新規事業開発部門とかはどうなんですか？

一條　う〜ん。新規事業開発部門に売上計画がないかっていうと、新規事業開発部門にも「これだけの売上を上げてくれ」っていう話はないことはない気はするんですけどね。でも、まぁ、新規事業だから、そこは確かにそんなに強くは言われない気もするわけで。
でも、たとえばだけど、新規事業を立ち上げるときには役員会で承認を受ける必要があったりもするじゃないですか？

加藤　はい。

一條　だからたとえば、「この事業では3年後に単年での黒字化を達成します」みたいな事業計画を立ててさ。それに対して役員さんたちが「うむ」って感じで承認する、みたいな流れがあると思うんですけどね。

加藤　うん。

一條　でも、それにしたって、その新規事業開発部門の部長さんは、事前に新規事業開発担当の役員さんにその事業計画の草案を見せたりしてるわけじゃないですか。

加藤　そうですよね。

一條　うん。で、「こんな感じでいかがでしょう？」って草案を見せたら、「こんなんじゃダメだ。もっと早く黒字化する計画にしろ」とかって言われたりして。
それで、「えーっ！　無理だと思うんですけど」って思いながらもその計画を書き換えて提出したら、また「ダメだ！　もっと前倒しだ！」とかって言われて。

「はぁ…」って思ってまた書き換えて提出すると、「うん。これでいいだろう」とかって言われてさ。まぁ、その計画が役員会で承認されたりするわけですよね。

加藤　うん。

一条　でも、実際に3年経ったときとかに計画通りになってなかったりすると、「自分で立てた計画なのに、なんで達成できてないんだ！」とかって言われたりしてさ。

加藤　はぁ。

一条　その次の人事異動では日の当たらない部門に異動になったりしてさ。

加藤　つらいですねぇ。

一条　うん。だからそういうつらさや苦しさって、売上計画の有無とは関係がない気がするんですよね。まぁ、だから、こういうのってたとえば経理部門の人たちでも同じというかさ。

加藤　ほう？

一条　たとえばだけど、経理部門の人たちは、事業部門の人たちから、「俺らの稼ぎで給料もらいやがって」とか、「お前ら、一銭も稼がねぇじゃねぇか」とかって感じで言われることもある気がするんですよ。

加藤　ああ。そうですよね。

一條 うん。まぁ、でも、経理部門の人たちからすると、そんなこと言われてもねぇ、って感じだと思うんだけどさ。
でも、しょうがないから、なんか「やってる風」を装ったり、「わかってる風」を装ったりしてるかもしれないじゃないですか。

加藤 うーん。そうやって見てみると、なんだか先が見えない感じがしますよねぇ。

一條 そうですねぇ。
まぁ、でも、そもそもの話をするとさ。
さっきも言ったけど、そういう企業さんたちの場合には必ず人事異動があるわけだからさ。

加藤 うん。

一條 3年後とか5年後とかに、人事異動でどこに異動になるかわからないんですよね。
だからなんか、自分の人生の主導権を誰かに握られてる感じがするというか。
だから本質的に先が見えない感じはつきまとうんじゃないかなって気がするんですよね。

加藤 なるほどねぇ。

▼ばらばらな組織

一條　まぁ、だから、さっきの「人によって見ているものが違う」っていう話に戻ると、それはそのとおりだと思うというか。
だから、同じテーマについて話をしている感じだけど、実際はお互いに全然違う話をしてるってことにもなってたりするわけでしょう？

加藤　そうですね。

一條　でも、そういう話を聞いてると、加藤さんが言ってる「内部体制の最適化」みたいな話の実現はますますむずかしそうな気がしてくるんだけどさ。
だって、今、こうやって冷静に見てみると、本当にひどい状況になってる気がするわけですよ。

加藤　はい。

一條　それを簡単にピュッって解決なんてできるのかね、ってますます思っちゃうというか。
加藤さんが言ってる内容がどうこうっていう話ではなくてね。
でも、各事業部門だけならなんとかなるかもしれない。新規事業開発部門だけならなんとかなるかもしれない。だけど、各事業部門も、新規事業開発部門も、経理部門も、経営企画部門も、商品開発部門もたぶん同じ状況なんでしょ？

加藤　そうでしょうねぇ。部門間の連携もないでしょうし。

一條　ああ、そうですよね。他の部門との連携なんて考える余裕はないはずですもんね。

加藤　うん。

一條　まぁ、「内部体制の最適化」っていう話は、そういう状況をなんとかしましょうっていう話なのかもしれないんだけどさ。

加藤　はい。

一條　だけどさぁ。
でも、やっぱりそんなことできるのかなって思うというか。
もうなんか、組織全体が病巣みたいなさ。もう、「全身に転移してますけど」みたいな話に見えるんだけどさ、それはどうなんですか？

加藤　いや、そんな感じでしょうね。

一條　そんな感じでしょうね、って（笑）
どうなの？　この「内部体制の最適化」っていう取り組みに取り組むことで、そういうところになにかの成果がもたらされたりするの？

加藤　それはもちろんですよ。

一條　そうなの？
だって、こんなにばらばらな状態なんですよ？

そこに「内部体制の最適化」っていう概念とか取り組みを持ち込んでさ、たとえば個人個人の人たちの足並みなんか揃えられるの？

加藤　揃えられますよ。

一條　え？　どうやって揃えるの？

▼個人個人の足並みを揃えるために

加藤　まぁ、個人個人の人たちの足並みを揃えるためには、個人個人の人たちそれぞれに関わる必要があると思うんですけどね。

一條　うん。

加藤　でも、それぞれの人は見ているものが違うわけですよ。

一條　はい。

加藤　だからたとえば営業マンさんたちのなかには、「営業計画なんて達成しなくてもいいでしょ」って言ってる人たちもいると思うんですよ。その人たちに対して、「営業計画を達成しましょうね！」とかって言ったところで、同意なんて得られるはずがないんですよ。

一條　そうですよね。

加藤　うん。でも、その人たちにも、営業計画が達成できなかったらその責任を問い詰められるという現実はあってですね。理由はどうあれ、営業計画が達成できなければ、会社からの評価も下がるじゃないですか。

一條　まぁ、そうですね。

加藤　うん。だから僕はそこにアプローチするんですよ。

一條　ん？　どういうこと？

加藤　だから、まぁ、「計画は達成してもしなくてもいいけど、達成しなかったら責任を問い詰められたりしますよね？」と。

一條　うん。

加藤　「問い詰められたら肩身が狭くなるじゃないですか？」と。

一條　うん。

加藤　「というか、あなた、今でも肩身が狭い感覚があるでしょう？」と。

一條　ほう？

加藤「そういうの、イヤでしょう？」と。

一條　うん。

加藤「だから、そういう肩身の狭さを一緒に払拭しましょうよ」と。

一條　ほう？

加藤「ちなみに肩身の狭さを払拭する取り組みをしていったら、その過程で営業計画も達成されちゃうんですけどね」と。

一條　ほう？

加藤　まぁ、そんな話をしていると、「じゃあ、やってみようかな」って感じになってくれる人は多いんですよね。

一條　えっ？　ちょっと待って、ちょっと待って。「営業計画を達成しましょう」って言ったときに、「そんなの別に達成しなくてもいいでしょ」って言う人たちがいるわけでしょ？

加藤　はい。

一条　その人たちに向かって、「あなた、肩身が狭いですよね」って言うわけ？

加藤　そうそう。

一条　そしたらその人は「狭いです」って言うの？

加藤　いや、そりゃ最初からそんなにストレートに言ってくれる人はいませんけどね（笑）
でも僕はおひとりおひとりとちゃんと話をしていくので。
まぁ、結構本音は言ってもらえるようになりますよね。

一条　う〜ん。

加藤　まぁ、だから、肩身の狭さを払拭して、仕事もプロセスに沿ってしっかりやって、その結果として成果も出して、残業なしで帰りましょうよ、と。
そういう話をすると、「じゃあ、やってみようかな」って感じになってくれる人は多いんですよ。

一条　う〜ん。そうなの？

加藤　そうなんです。

一条　う〜ん。
まぁ、だから、業務の話に、「肩身の狭さの払拭」っていう概念を紐づけると、個人個人の人たちの足並みが揃ってくるってこと？

加藤　そうです、そうです。

▼「上場企業勤務者」と「肩身の狭さ」

一條　う〜ん。そうなんだろうか…。
　でも、なんでまた加藤さんはそんな話をするようになったんですか？

加藤　あ、それはその人たちにとっての本当の問題って、業務がどうこうっていう話ではなくて、肩身の狭さなんじゃないかなって思うことがあったからなんですけどね。
というのもね、僕の奥さんは上場企業にお勤めしてたんですよ。

一條　ほう？

加藤　その彼女がね、肩身が狭くて会社を辞めたんです。

一條　え？

加藤　そうなんですよ。だから彼女の話を聞いてると、上場企業にお勤めしている人たちにとっては、業務がどうこうっていう話よりも、肩身が狭いことのほうが問題なんじゃないかなっていう気がしたんです。

一條　ほう…。

加藤　まぁ、だからそういう肩身の狭さを抱えている人たちに向かって、「業務で成果を出しましょう！」とだけ言ってもやっぱりうまくいかないと思うんですよ。

一條　う〜ん。

加藤　だから、やっぱりそういう「肩身の狭さの払拭」っていうものをテーマとしてしっかり掲げて、そこを取り除くために、「営業計画の１００％達成に向けて動こうよ」とか。

「既存客からの追加収益の確保をがんばろうよ」とか。

「部門別採算、いい感じにしようぜ」とかっていう関わり方をすれば、同じ方向を向けるんじゃないかなと思いましてね。

一條　う〜ん。

加藤　ちなみにこれ、全員とは言わないですけど、僕が関わらせてもらっている人たちのなかには、こういう話に反応して動いてくれる人は多いんですよね。

一條　そうなんだ…。

加藤　うん。というか、一條さんは上場企業の人たちと関わるなかでそういうことを考えたりしなかったんですか？

一條　僕？

僕の場合には、その部門の部長さんからお仕事の依頼を受けて、「はいはい、オッケー」って感じで取り組みを進めるって感じでやってきてるからさ。

加藤　ほう？

一條　だから、業務上で達成する成果について、部長さんと僕の認識さえ合ってれば、それでオッケーって感じでさ。

加藤　ああ、じゃあ、その部門に所属している人たちそれぞれの見ているものが違ってても別にいいって感じなんですか？

一條　うん。
別にそこは気にならないというか。
というか、僕の場合には、上場企業にお勤めしている人たちは、男性でも女性でも、部長さんでも課長さんでも一般社員さんでも、社内での自分のポジションを確保したいんじゃないかなって思って見てるんですよね。

加藤　へー。

一條　だから、業務の内容は気にならないというか、まぁ、業務の話は僕が得意だからさ（笑）
だからそんなことよりも、社内でのあなたのポジションが下がらないようにしようぜ、っていうのが僕のスタンスだから。

加藤　ほう？

一条　まぁ、僕にとってはそこが自分が上場企業さんたちに関わらせてもらうときの軸になってるからさ。だから部長さんたちに対しても、課長さんたちに対しても、一般社員さんたちに対しても、そこを保証しながら関わらせてもらってるんですけどね。

加藤　え？　その人たちの社内でのポジションが下がらないことを保証しながら、ってことですか？

一条　そうそう。

加藤　え？　そんなことできるんですか？

一条　できますよ。
だって、なにかの取り組みをするときには、「その取り組みの達成度を測るための指標」が必要になるでしょう？

加藤　はい。

一条　そういう指標を「あらかじめ必ず達成できることがわかっている内容」だけになるように調整するだけだもん。

加藤　え？　そんなことできるんですか？

一条　できるできる。だって、たいていの場合、僕のところにそういう上場企業さんたちからお仕事の依頼が来るときには、そういう指標なんて適当な感じになってるんだから（笑）
だからそこをまじめに考えれば、いくらでも調整できますよ。

加藤　へぇ。そうなのか…。

一條　うん。ま、それはそうとしてさ、僕はそんな感じで上場企業さんたちに関わらせてもらってきてるからさ。

加藤　はい。

一條　だから業務の内容については、「どうしてもいやなことがあったら言ってくださいね」ってぐらいの感じでやっても、別に問題は起こってなくてですね。だから、「肩身の狭さ」とかも意識したことがないんですよね。

加藤　なるほどね。

一條　うん。だから逆に、業務の話に「肩身の狭さの払拭」っていう概念を紐づけることで、見ているものが違う人たちの足並みを揃えることとなんてできるのかな？　っていうのが僕が今、思ってることなんですけどね。

加藤　うん。だから僕はそれをやってるんですよ（笑）

一條　う〜ん。そうなんですねぇ…。

▼「見ているものが違う個人」と「見ているものが違う部門」

一條　まぁ、じゃあそういうことをした結果として、個人個人の人たちの足並みが揃ってくるとどうなるんですか？

加藤　それはもう、目的に向かって進みやすくなりますよね。

一條　目的ってなに？

加藤　だから、「既存客からの追加収益の確保」と、「営業計画の100％達成」と、「部門別採算管理体制の再構築」。

一條　ああ。

加藤　でね、僕、そういう業務を遂行する上で大切にしていることがあるんですけどね。それがなにかっていうと、それぞれの業務について「これをやったらこうなる」、「あれをやったらこうなる」って感じで、『先行きが見える枠組み』を提示することなんですよ。

一條　ほう？

加藤　そういう枠組みが提示されると、それぞれの人は先が見えるし、自分が進んでいることも実感できるようになっていくでしょ？　そうなってくると、「このまま進んでいけば大丈夫だな」っていう感じを持ってもらえるようになるから、その人たちの生産性も上がるし、業務の効率も上がるんですよ。

一条　う〜ん。なるほどねぇ。でも、まぁ、その「見ているものが違う」っていう話に戻ると、今は事業部門を例にした話になってると思うんだけど、その「見てるものが違う」っていう状況は、事業部門に限っての話じゃないでしょう？

加藤　そうですね。

一条　だから、いろんな部門で同じことが起こってると思うんですけど。でも、全社という単位で見たら、それぞれの部門が見ているものが違うっていうこともあるんですよね、きっと。

加藤　そうでしょうね。

一条　ということは、部門と部門との間がぎくしゃくしちゃってるってこともあるかもしれないわけですよね？

加藤　そうですね。

一条　じゃあこの「内部体制の最適化」っていう概念を持ち込めば、そこも修正できるかもしれないっていう話なんですか？

加藤　僕はそう思ってやってますね。

一条　なるほどねぇ…。

一條コラム 1

「承認される稟議書」の書き方

僕はお仕事で、いろいろな上場企業さんたちに関わらせてもらうわけですが、そのなかでは上場企業にお勧めしている人たちと、様々な取り組みをさせてもらうことになります。

そうすると、それぞれの人たちからいろいろなお話を聞かせてもらうことにもなるのですが、そういう話のなかには、「自分が起票した稟議が通らなくて困っている」というような話があったりもします。

ところで、「稟議が通らない」とか、「稟議に承認がおりない」という状態になると、実際にお仕事が進みにくくなるという問題も出てきますが、自分が起票した稟議に承認がおりないことによって、「自分は評価をされていないのではないか」と感じる人たちも出てきます。

その一方で、僕はこれまで15年以上、外部の第三者としてそういういわゆる上場企業と呼ばれる企業さんたちに関わらせてもらっていますが、僕が関わらせてもらう取り組みについての稟議書の承認率は、今までのところ100％になっています。

では、なぜそのようなことが起こっているのでしょうか？

タネを明かせば、そこには『「承認される稟議書」の書き方』があるのです。

そこでこのコラムでは、「『承認される稟議書』の書き方」についてお伝えしたいと思います。

▼

まず、「承認される稟議書」を書くためにはちょっとした情報収集が必要になるのですが、その話をする前に、上場企業さんたちの社内の状況を確認してみましょう。

まず、そういう上場企業さんたちの社内では、たとえば外部の第三者である企業さんや専門家さんたちと、企業内の課長さんがお話をしているというような状況があったりします。

このときに、この課長さんが、その外部の第三者さんが持っているコンテンツやノウハウやサービスに対して、「それはいいですね！　ぜひ、うちでもやりましょう！」というような話をしていることも多い印象があるのですが、そうなるとこの外部の第三者さんも盛り上がって、「いいですね！　やりましょう！」というような話になっていったりもします。

その結果、この課長さんがこの外部の第三者さんと行う取り組みについて稟議書を書いたりするわけですが、その稟議書に対して、部長さんからストップがかかったりするわけです。

しかし、これはなにも課長さんが起票する稟議書に限った話ではありません。

たとえばですが、部長さんが持ってきた案件について、課長さんがその稟議書を代筆するケースもあると思いますが、その場合、この部長さんは課長さんが代筆してくれた稟議書に自分の承認印を押した上で、自分の上司である役員さんに承認を求めたりします。

ところがここでも、役員さんからストップがかかったりする。

実はこのようなことが起こる理由は、稟議書の内容とはまったく関係がないところにあったりもするのですが、その理由はまた追い追いお話しするとして、上場企業さんたちの社内ではこのような状況があったりします。

このような状況があることが確認できたところで、ここから「『承認される稟議書』の書き方」について、僕が実際にやっていることをとおしてその内容をお伝えしていこうと思います。

▼

では僕は、「承認される稟議書」を書くためになにをしているのか。

話をわかりやすくするために、時系列で状況を見ていこうと思うのですが、まず、なにかの取り組みを行うにあたって、僕が企業側の課長さんとお話ししている状況を考えてみます。

この段階で、課長さんは取り組みを行うことに対して非常に前向きになっていたりします。

ですので、たとえば「一條さん、その取り組み、ぜひ、うちでもやりましょう！」というような発言や、「この取り組みでうちの会社を変えましょう！」というような発言が飛び出したりもします。

そのような状況があるわけですが、僕の場合には、そこで課長さんと一緒に盛り上がる代わりに、その課長さんに対して、「部長さんはこういう取り組みについて、どういうことをおっしゃってるんですか？」という質問をしています。

そうすると課長さんはだいたい、「いや、うちの部長は全然話がわからない人なので、あの人がなにを言っているかは気にしなくていいんです」というようなことをおっしゃったりもするのですが、この反応はだいたいどの企業にお勤めの課長さんでも同じなので、そこは気にせずに、「まぁ、それはそれでいいとして、実際に部長さんはなんておっしゃってるんですか？」とまた質問してみます。

そうすると、「う〜ん。部長はなんか『リスク管理が大切』ってことばっかり言ってますよ」というような答えが返ってきたりします。

▼

その答えが返ってきたら、次に「じゃあ、役員さんはこういう取り組みについて、どういうことをおっしゃってるんですか？」と質問するのですが、僕がこのような話をすると、「え？　役員さんと課長さんとの間に直接の接点なんかないんじゃないの？」と思われる方も少なくないようです。

しかし、事実として役員さんと課長さんは直接の接点を持ち、直接、話をしていたりするのです。

では、役員さんと課長さんがどこで話をしているのかというと、たとえば役員フロア以外のフロアのトイレで話をしていたりするのです。

これがなぜかと言うと、役員さんが課長さんと接点を持とうとしているからなのですが、その理由も追い追いお話しするとして、僕は、事実として役員さんと課長さんが話をしていることを知っています。

ですので、この課長さんはきっと、役員さんがなにを言っているかを知っているだろうなという想定のもとで、先程の質問をしてみるのですが、そうすると課長さんからは案の定、「役員さんですか？

あの人はさすが役員になるだけのことはあって、話がわかる人なんですよね！」というような答えが返ってきたりします。

そこでまた、「まぁ、それはそれでいいとして、実際に役員さんはなんておっしゃってるんですか？」と質問をすると、「役員さんは、『イノベーティブなことがしたいよね』とか、そういう話をしてくれるんですよね！」というような答えが返ってきたりします。

▼

役員さんがなにを言っているのかがわかったら、次に「では、社長さんはいつもどんなことをおっしゃってるんですか？」という質問をします。ただ、さすがに社長さんと課長さんが直接話をしていることはほぼありません。

ではなぜ僕が課長さんにこの質問を投げかけるのかといえば、上場企業の場合にはことあるごとに、社長さんから社員さんたちに向けて、「社長メッセージ」や「社長挨拶」が発信されていることを知っているからです。

もちろん、そういう「社長メッセージ」や「社長挨拶」の原稿は、たとえば経営企画部門の社員さんたちが作っていたりもするわけですが、でも社長さん自身も必ず事前にその内容をチェックしています。

ですので、社長さん自身が思ってもいないような内容は原稿から削除されますし、社長さん自身が強調したいと思う内容は原稿の上でも強調されることになる。

僕はそのような状況があることを知っているので、課長さんに、「では、社長さんはいつもどんなことをおっしゃってるんですか？」という質問をするのです。

そうすると課長さんからは、「社長は『筋肉質な財務体質への転換』と『グローバル展開』みたいな話をしてますよね」というような答えが返ってきたりします。

▼

この答えが返ってきた時点で、「承認される稟議書」を書くための情報収集は完了するのですが、実はこの「承認される稟議書」を書くためには、少しばかり、人間の認知の仕組みを使います。

この人間の認知の仕組みを実感していただくために、この本を読んでくださっているあなたに少しだけ実験にお付き合いいただきたいのですが、今、ギュッと目をつぶっていただきたいのです。

そうしてギュッと目をつぶった状態で、頭の中で「赤い色のモノはどこ？」という質問をしてから、パッと目を開けると。

いかがでしょうか？

「赤い色のモノ」の上に視点が留まった方がいらっしゃるのではないかと思います。

つまり、人間は、自分が気にしていたり、注意を払っている内容があるときには、そこにパッと目が向いてしまうという認知の仕組みを持っているのです。

ということは、たとえば日常的に「リスク管理」という言葉を使っている部長さんが、自分のところに上がってきた稟議書を見たときに、そこに「リスク管理」という言葉があれば、そこに目が向いてしまうということになります。

また、日常的に「イノベーティブ」という言葉を使っている役員さんが、自分のところに上がってきた稟議書を見たときに、そこに「イノベーティブ」という言葉があれば、そこに目が向いてしまうということになります。

日常的に「筋肉質な財務体質への転換」という言葉や、「グローバル展開」という言葉を使っている社長さんが、自分のところに上がってきた稟議書を見たときに、そこに「筋肉質な財務体質への転換」という言葉や、「グローバル展開」という言葉があれば、そこに目が向いてしまうということになります。

そして、人は、自分が気にしていたり、注意を払っていたりする言葉が書かれた書類を見たときには、その書類に対して、「自分が注意を払っている内容について、きちんとケアがされている書類だ」という認識を持ちがちなのです。

その結果、それぞれの人がそれぞれに、そのような言葉が書かれている稟議書を承認する可能性は高くなる。

▼

もちろん、稟議書に書かれている取り組みの内容がもう全然話にならないという場合には、その稟議書に承認がおりることはないと思います。

その一方で、会社のためになる取り組みについて、一生懸命考えて稟議書を書いたのに、なかなか承認がおりない、というような状況が続いているのであれば。

今、お話ししたような工夫をするだけで、稟議書が承認されやすくなったりする。

とても単純なテクニックですが、大きな効果が期待できるテクニックでもあります。

ご自身が起票した稟議書がなかなか承認してもらえない、という感覚を持っている方がいらっしゃれば、ぜひ、ご活用いただければ幸いです。

【「承認される稟議書」を書くための３ステップテンプレート】

ステップ１．関係者それぞれが使っている言葉をピックアップする

稟議の起票者は、これから起票する稟議の承認プロセスに関わる関係者について、

・それぞれの人は日常的にどんな言葉を使っているか？

・その言葉はどこでピックアップできるのか？

この２点を確認し、それぞれの関係者が実際に使っている言葉をピックアップする。

（以下、課長が稟議の起票者となるケースを例に解説）

社長	どこで社長の言葉をピックアップするか? （例：社長挨拶の文章から）	実際の言葉は? （例：『筋肉質な財務体質への転換』『グローバル展開』）
担当役員	どこで担当役員の言葉をピックアップするか? （例：トイレで話をした際に）	実際の言葉は? （例：『イノベーティブ』）
担当部長	どこで担当部長の言葉をピックアップするか? （例：日々の報告の際に）	実際の言葉は? （例：『リスク管理』）
課長（今回の稟議の起票者）	今回の稟議書の起票者として、上記の内容を特定する	

ステップ２．ピックアップした言葉について、稟議書に書く順序を把握する

ステップ１でピックアップした「それぞれの関係者が日常的に使っている言葉」について、下記のテンプレートに当てはめ、稟議書に記載する順序を把握する。

	稟議で承認を受けたい内容：	①
社長	社長対策：稟議書に書くべき言葉 （例：『筋肉質な財務体質への転換』、『グローバル展開』）	⑤
担当役員	担当役員対策：稟議書に書くべき言葉 （例：『イノベーティブ』）	④
担当部長	担当部長対策：稟議書に書くべき言葉 （例：『リスク管理』）	③
課長（今回の稟議起票者）	起案の言葉	②

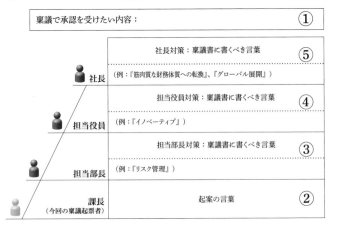

ステップ3．稟議書を起票する

ステップ2で把握した順序（前ページのステップ2の解説図に①～⑤の番号で記載）に基づき、この稟議の承認プロセスに関わる関係者それぞれが日常的に使っている言葉を織りまぜながら稟議書を起票する。

稟議で承認を受けたい内容：　①
起案の言葉：　②
担当部長対策：稟議書に書くべき言葉　③
担当役員対策：稟議書に書くべき言葉　④
社長対策：稟議書に書くべき言葉　⑤

締めの言葉：ご承認をお願いいたします。

第三章　組織を底上げするために

一条　なんか今までの話を聞いてると、「内部体制の最適化」って「組織開発」みたいな話に近いのかな、って思ったりもしてるんですけどね。

加藤　いや、そんな話ではないですよ（笑）
だって、「既存のリソースを有効に活用して、安定的に増収増益を達成できる体制を作る」っていう話ですからね。

一条　まぁ、そうなんでしょうけど。
でも、今までの話を聞いているとさ、いわゆる組織開発とかって話をしている人たちが話している内容と似てる気がしたりするしさ。
その一方で、「組織開発」とか、「組織の底上げ」って言葉って、言葉として好きな人も多い気がするわけですよ。

加藤　ああ。
それはなんとなくわかります。

一条　うん。だから世の中には「組織開発」とか「組織の底上げ」っていうテーマを専門に扱っている企業さんたちやコンサルタントさんたちもたくさんいらっしゃる気がするんだけど。

加藤　うん。

一條　だから、企業側の担当者さんたちも、「組織開発」とか、「組織の底上げ」っていうテーマを掲げて、いろんなコンサルティング会社さんとか、人材開発会社さんとか、最近だったら組織開発会社さんにお仕事を依頼してる気がするんですよね。

加藤　はいはい。
ちなみにそういう会社さんたちはなにをやってるんですか？

一條　え？　組織の開発じゃない？

加藤　でも、「組織」を「開発」することはできないでしょう？

一條　そうね。「組織」の「開発」って、言葉的にちょっと無理がありますよね。
オーガニゼーションデベロップメント。
もっともらしいと言えばもっともらしいけど、まぁ、わかったようでよくわからない言葉ですよね。

加藤　うん（笑）

一條　でも、なにかのサービスに「組織開発」っていうタイトルをつけたら依頼も来やすくなったりもするからさ。そういうタイトルをつけたサービスを上場企業さんたちに向けて提供していらっしゃる大手の企業さんたちもいらっしゃるわけですよ。

加藤　うん。

▼「組織開発」のロジック

一條　まぁ、そういうサービスを提供している企業さんたちやコンサルタントさんたちのロジックを見ていると、「社内の雰囲気が良くなれば、社員さんたちのパフォーマンスも上がりますよね」っていう感じになってることが多い気がするんですけどね。

加藤　なるほどね。
でもそれ、具体的にはなにをやってるんですか？

一條　え？　社内川柳大会とか？

加藤　（笑）

一條　いや、笑うけど、これ、本当だからね。
しかも結構大きな企業さんたちがそういうことを請け負って提供してるんだよ？

加藤　はぁ。
その目的はなんなんですかね？

一條　だから目的は、「社内の雰囲気を良くすること」なんじゃない？

加藤　ああ。なるほど。

一條　ロジックはわかるんですよ、ロジックは。
だから、社内の雰囲気が良くなれば、社員さんたちはパフォーマンスを発揮しやすくなるでしょうね、と。

加藤　はい。

一條　実際そうかもしれないんですけどね。
だけどさ、本社ビルの各階のエレベーターホールに、社員の誰かが書いた川柳が貼り出されることによって社内の雰囲気が良くなるんだろうかって、僕はすごく疑問なんですよね。

加藤　そうですよね。
でも、そういうのは僕が関わらせてもらっている企業さんのなかでもありましたね。

一條　やっぱり？

加藤　はい。
まぁ、でも、部門によって一生懸命取り組んでるところと、しらけてるところとがあってね。
これも部門によって見てるものが違うよなぁ、って思ってたんですけどね。

一條　そうですよねぇ。
まぁ、だから、その社内川柳大会とかっていう取り組みは、「こういうことをしたら社内の雰囲気が良くなりますよ」っていう文脈のなかで語られてる気がするんですけどね。

加藤 はい。

一條 まぁ、でも、もしも仮に、そういう取り組みをした結果、社内の雰囲気が良くなったとするじゃないですか？

加藤 はいはい。

一條 じゃあ、社内の雰囲気が良くなったら、安定的に増収増益が達成できるようになるのか？

加藤 ならないでしょうねぇ。

一條 うん。じゃあ、社内の雰囲気が良くなったら、既存客からの追加収益が確保できるようになるのか？

加藤 ならないでしょうね。

一條 うん。じゃあ、社内の雰囲気が良くなったら、営業計画が100％達成できるんですか？

加藤 できないでしょうね。

一條 うん。じゃあ、社内の雰囲気が良くなったら部門別採算管理における本社費の扱いに対しての不満が出なくなるんですか？

加藤　そうはならないでしょうねぇ。まぁ、そこからいろいろと連鎖していった結果として、そういうことになる可能性はゼロではないと思いますけどね。

一條　うん。
でもそこには直接的なつながりが見えないというか。
もちろん、なにかの業務を改善したりするときには、その改善策を考える時間が必要だし、そういうことを考えるためには余裕も必要でしょうよ、と。

加藤　うん。

一條　そのときに、お互いにギスギスしている状態とか、殺伐とした状態があったりしたら余裕も持ちにくいでしょう？　っていう話は理解できるんですけどね。

加藤　うん。だけどそれだと、企業としての増収増益っていう目的からはどんどん離れていきそうですよね。

一條　うん。そんな気がするんですよね。

▼「ロジカルに考えられる人」と「理に適わない業務」

一條　もっと言うとね、そういう取り組みを担当している上場企業側の担当者さんたちも、その人たちの話を聞く限りでは、そういう社内川柳大会みたいなことをすることで、なにかの成果が出るだなんてことは思ってないんですよね。

加藤　そりゃそうですよね。

一條　うん。だってさ、そういう上場企業にお勤めしている時点で、ロジカルに考えることができる人たちだと思うからさ。ご本人さんたちもやっぱり、そういう取り組みが理に適っていないことはわかってるわけですよ。

加藤　はい。

一條　だけど、なんだかわからないけど、「組織開発」というテーマでなにかをするという業務が自分に割り振られていて。その一方で、結構な大手の企業さんたちが、「組織開発」っていうタイトルをつけたサービスを提供しているという現実もあって。

加藤　うん。

一條　そうやって提供されている内容が社内川柳大会だったりするわけで。

加藤　うん。

一條　まぁ、だから、担当者さんとしても、どうしようもないというか。

加藤　はいはい。

一條　だから、「まぁ、大手の組織開発会社さんにお願いしとけばいいか」って感じになったりさ。「大手の広告代理店さんがこんな取り組みをしてくださいます」って感じにしとけば波風は立たないかな、って感じになったりしがちなんだと思うんですよね。

加藤　そうですよねぇ。担当者さんにも悪気はないですもんね。

一條　そうそう。悪気なんてないと思うんだけど。でもその担当者さん自身が、「こんなことやっても成果出ないよなぁ」って思いながらその業務を担当してたとしたら、やっぱりその人は肩身が狭くなっちゃう気がしたりするんですよね。

加藤　ああ。

一條　だって、社内川柳大会とかやってる時点で社内の誰かから、「こんなもん書かせやがって！」って言われてるはずだもん（笑）

加藤　言われてるでしょうねぇ（笑）

一條　うん。そんな気がするんだけどさ（笑）
その担当者さん自身も、「まぁ、僕もそう思うんですけどね」とか、「私もそう思ってるんですけどね」とかって思いながらその取り組みをしてたとしたらさ。そういうのってつらいなって思うんだけど。

加藤 うん。

一條 まぁ、実際に僕にそういう話を聞かせてくれる担当者さんもいらっしゃいますからね。

加藤 そうなんですねぇ。

一條 うん。

でもさ、そういう取り組みのことを「組織開発」とか、「組織の底上げ」って言ったりもするみたいでさ。その一方で、加藤さんみたいに「肩身の狭さがどうこう」っていう話をしてたら、下手したらそういう「組織の底上げの話ですね」って捉えられかねないような気もするなと思ってね。

加藤 ああ。

でも、そもそも僕のテーマは、「既存のリソースを有効に活用して、安定的に増収増益を達成できる体制を作ること」ですからね（笑）

一條 まぁ、そうなんだろうけどさ（笑）

▼営業マンの再配置

加藤 まぁ、でも、「組織開発」とか、「組織の底上げ」みたいな話をするのであれば、確かに上場企業さんたちの場合には、働いている社員さんたちの人数も多いから、なにかにつけておごとにされがちな気もするんですけどね。

一條　うん。

加藤　でも、そこにいる人たちはみんな肩身が狭いわけでしょう?

一條　まぁ、さっきの話からするとそうなりますよね。

加藤　うん。それで、みんな肩身が狭いからぎくしゃくやってるわけでしょう?

一條　まぁ、そうかもね。

加藤　その状態で川柳を詠んでも、ちょっと違う気がするんですよ。

一條　「肩身が狭いです」「肩身が狭いです」っていう川柳になるよね（笑）

加藤　うん（笑）

その一方でね、僕、肩身が狭い人たちの肩身の狭さが払拭されたときには、組織って勝手に底上げされてるんじゃないかなって思ってるんですよね。

一條　うん?　どういうこと?

加藤　だからたとえば、「営業計画の100%達成」っていう話であれば、今も各企業の事業部門のなかには、自分に割り振られた営業計画を達成できていない人たちがいっぱいいるわけですよね。

一条　そうでしょうねぇ。

加藤　うん。そしてその人たちは会議で問い詰められたりしてるから、肩身が狭くなってたりするんですよ。

一条　そうかもねぇ。

加藤　うん。でも、その営業マンさんたちを問い詰めている上司の部長さんだって、採算会議とかで役員さんたちから問い詰められてたりするわけでね。

一条　ああ。
部門としての計画が達成されてなかったらそうなるかもしれないですよね。

加藤　うん。なんだったらさっきの計画未達成の営業マンさんたちの影響で、部門全体が計画未達成になってたりもするわけですよ。

一条　うん。

加藤　だからその部長さんが、会議のあとに支社や事務所に戻ってきたときには、営業マンさんたちに対する当たりも厳しくなったりするわけですよね。

一条　うん。

加藤　でも、なんかそれだと、生産性は上がりようがないじゃないですか？

一條　そうですねぇ。

加藤　そう考えると、営業計画が未達成の営業マンさんたちに関しては、さっさと違う役割を割り振っちゃうのがいいかもしれないんですよね。

一條　ん？　違う役割ってどういうこと？

加藤　たとえばだけど、営業計画の未達成が続いている営業マンさんたちには、既存客にインタビューに行くっていう役割を割り振ったりね。

一條　ほう？「もう営業はしなくていいから、既存のお客さんたちのところにインタビューに行ってきて」っていう感じ？

加藤　そうそう。
そのインタビューで聞く質問もあらかじめ、15項目くらいしっかり決めておいてね。
その質問を聞いてくるだけの役割を割り振っちゃうわけですよ。

一條　ほう？

加藤　そうするとこれ、誰にでも遂行できる内容だから、その計画未達成の営業マンさんたちにも遂行できるんですよね。
でも、そうやってインタビューに行って、あらかじめ決めておいた質問をしてくると、追加の受注につながったりもするし、新しいサービスにつながる情報が手に入ったりもするんですよ。

一条　なるほど。

加藤　うん。
だから、インタビューって誰にでも遂行できる業務だけど、部門の役にも立つわけで。
その業務を、部門としてこの営業マンさんたちに割り振ったとしたら、ご本人さんたちとしても自分の役割ができるし、しかもその役割は必ず果たすことができるわけだから、その人たちも肩身が狭くならなくて済むでしょう?

一条　確かに。

加藤　そう考えたら、この人たちを「計画が達成できない営業マン」として部門に置いておくよりもはるかにプラスだと思うんですよね。
だから僕、別に誰かを問い詰めたりしなくても、全体の成果を生み出すことはできると思うんですよ。

一条　なるほどねぇ。

▼そこからどれだけの追加収益が生まれるのか?

加藤　あとはね、たとえば「既存客からの追加収益の確保」っていう話であれば、僕は基本的にこの取り組みを各社の営業事務の人たちと一緒にやらせてもらってるんですけどね。

僕からすると営業事務の人たちって肩身の狭さのど真ん中にいる人たちのように見えるんですよ。

一條　ほう？

加藤　というのもね。
営業事務の人たちって、「評価しようにも評価のしようがない人たち」って思われてることも多いじゃないですか？

一條　まぁ、そうかもしれないですね。

加藤　うん。だからまぁ、その人たちが所属している事業部門のなかで、その事業部門の一員としては見られていないというか。
言い方は悪いですけど、「受注案件の確定処理マシーン」のような扱いをされていることすらある気がするんですよ。

一條　そうですねぇ。

加藤　まぁ、ちなみにうちの奥さんも上場企業の営業事務だったんですけど。
僕は彼女の肩身が狭いピークを見てたんですよね。

一條　なるほど。

加藤　だから、営業事務の人たちがもっと評価されるようになればいいのになって思うんですけど。
でも、僕がこういう話をすると、「いやいやいや、営業事務の業務は数値化できないから評価のしようがない」とかって言われたりもするわけでしてね。

一條 うん。

加藤 ということは、その人たちに、数値として結果が出てくる業務を担当してもらったらいいのかな、と思いましてね。

一條 ほう？

加藤 だから僕、「既存客からの追加収益の確保」っていう取り組みを、営業事務の人たちにやってもらうようにし始めたんですよ。

一條 ほう？　そうすれば「売上」っていう数値で結果が見えるようになるからってこと？

加藤 そうそう。

一條 え？　でもさ、営業事務の人たちって業務的にパンパンよ？

加藤 そうですよね、わかります。

一條 それこそ時短勤務の人たちもいるし。

加藤 はい。

一条　そこにさらに負荷をかけるって、それ、きつくない？

加藤　まぁ、もちろん、あまり負荷がかからないように、片手間でできるように、業務の設計はするんですけどね。

一条　それにしたって少しは業務が増えるわけでしょう？

加藤　まぁ、そうですけどね。
でも、僕のまわりにいる営業事務の人たちは、「この取り組みで肩身の狭さを払拭しましょうよ」って話をすると、「じゃあ、やってみようかな」って感じになってくれる人が多いんですよ。

一条　ええ？　ほんとに？

加藤　うん。

一条　う〜ん。
その「肩身の狭さを払拭しましょうよ」っていうのは、加藤さんのキラーワードですよね。

加藤　まぁ、そうかもしれないんですけどね（笑）
いずれにしても、「肩身の狭さの払拭」と、「業務上で生まれる成果」はワンセットというか。
業務の上での成果にフォーカスすることは当然ですけど、同時に個人の内面にフォーカスしておくこともめちゃくちゃ大事だと思うんですよ。

一条　そうですよねぇ。

加藤　うん。しかも、そういう上場企業さんの場合には、営業事務の人たちが全社で5人っていうことはないですからね。30人、40人、50人、なんだったらもっと大勢の人たちいるわけで。

一条　うん。

加藤　その人たちが動いたとしたら、そこからどれだけの追加収益が生まれるかっていう話でしてね。これって企業さんからしても、ものすごいメリットでしょう？

一条　そうですよねぇ。ちなみにですけど、その人たちには実際になんて声をかけるんですか？

加藤　ん？　そのままですよ。だから、「一緒にこの取り組みをやって、肩身の狭さを払拭しましょうよ」とか。「一緒にこの取り組みをやって、ちゃんと評価してもらえるようにしましょうよ」って話をしたら、「じゃあ、やってみようかな」って感じになってくれる人は多いんですよね。

一条　そうなのか…。

▼怒鳴り込まれる経理部門

加藤　あとは、「部門別採算管理体制の再構築」も同じような話でしてね。

一条　ほう？

加藤　まぁ、僕が関わらせてもらっている企業さんたちの場合には、そういう部門別採算管理に関する資料を経理部門の人たちが作ってるところが多いんですけど。でもその人たちも、ただ集計した数字を並べて表を作ってるだけ、っていう感じになってることも多くてね。
その結果として、自分がなにかの役に立っているっていう実感を持てていない人たちも多かったりするんですよ。

一条　ああ、そうですよねぇ。
経理部門でお仕事している人たちのなかには、自分がやっていることに対して「なんのための仕事なのかがわからない」って感じのことを言ってる人もいらっしゃいますもんね。

加藤　うん。

一条　そういう話であればね、僕が前にお勤めさせてもらっていた上場企業さんでの話があってさ。あるとき、社内の経理部に、ある事業部門の部長さんが怒鳴り込んできたことがあったみたいなんですよね。

加藤　ほう？

一条　なんか、「部門別採算の資料の本社費の額がおかしい！」ってことだったみたいなんだけどさ。その部長さんが文句を言ってた相手がミズグチさんっていう、当時入社2年目の女の子でさ。

加藤　ほう？

一條　当然、彼女はその部長さんからは言いたい放題、言われたみたいでさ。結局、彼女は30分ぐらいずっとその部長さんの文句を聞いてたみたいなんですよね。

加藤　なるほど。

一條　まぁ、僕はその日のランチのときに彼女からその話を聞いたんだけどさ。まぁ、経理の人たちからしたら、ルールに基づいて計算してるだけだから、その内容を詳しく知ってるわけでもないじゃない？

加藤　うん。

一條　だけど、その内容について事業部門の部長さんたちから怒りをぶつけられたりするんですよね。こうなると、その人たちからすると、肩身の狭さを通り越して、つらいっていうか、切ないっていうか、「もうやってられない！」って感じになるんじゃないかなぁって思うんだけど。

加藤　そうですよねぇ。

一條　うん。まぁ、だから、そんな状況があったとしたら、自分がなにかの役に立ってる感覚なんて持てないだろうなって、今、思ったんですけどね。

加藤　うん。
まぁ、そういう状況があるなかでね、僕は経理部門の人たちに部門別採算の資料を作り直してもらったりするんですよ。

一條　うん。

加藤　そうするとその人たちに、「ああ、なんか役に立ててるなぁ」っていう感覚を持ってもらうことができるようになったりするんです。

一條　ふ～ん。じゃあ、その人たちと取り組みを始める前にも、その人たちに「この業務で肩身の狭さを払拭しましょうよ」って話をしてたりするんですか？

加藤　そうです、そうです。
そうすると「じゃあ、やってみようかな」って感じになってくれる人は多いんですよ。

一條　ふ～ん。
でも、そういう話だったら、経理部門全体が取り組みの対象になるってことですよね？
経理部門の社員さんたちのなかの誰かひとりが対象になるって感じじゃないですもんね？

加藤　そうそう。
だから経理部門の部長さんだって、自分がやってることに対して、確信が持ててなかったりもすると思うんですよ。

一條　まぁ、そうですよねぇ。
「曇りガラスのこちら側」で、「まったく先が見えません」って話ですもんね。

加藤　うん。

一条　まぁ、そういう言葉が口から出るってことは、「部長になったらこういう仕事をしてくださいね」っていうような内容がちゃんと説明されてないってことなんだろうなって思うんだけどさ。

加藤　そうですよねぇ。

一条　うん。だから、仕事をしていく上での拠り所にできるようなしっかりしたジョブディスクリプションがないというか。だから、たとえば人事異動があっても、もうずっと事業部門を渡り歩いてきて、その結果としてどこかの事業部門の部長になった人がいたとしたら、その人は営業面での指示はバンバン出せるからふんぞり返ってられるかもしれないんだけどさ。でも、その人が経理部門の部長になったりすると、途端に戦力外みたいになっちゃうというか。

加藤　うん。

一条　そうなると肩身も狭くなるかもしれないですよねぇ。

▼勝手に底上げされていく組織

一条　でもさ、そう考えたらさ、各事業部門の営業マンさんたちだって、自分が受け持つ営業計画が決まった根拠なんて聞かされてないもんね。
どこかの事業部門に配属になって、「お前のノルマはこれな」って感じで始まってさ。
それでずっとお仕事してる人もいるんだよね。

加藤　そうですよね。
だからみんな、自分がやってる業務についての不確かさを抱えているし、先も見えない感じになってるんじゃないかなって思うんですよ。

一條　そうですよねぇ。

加藤　うん。だから、「業務を行う上で拠り所にできる適切な枠組み」がないというか。
そういう枠組みがないから動こうにも動けないというか。

一條　うん。

加藤　動けないから肩身も狭くなってる、っていう感じなんじゃないかなと。

一條　なるほどねぇ。

加藤　うん。だからやっぱり、「業務を行う上で拠り所にできる適切な枠組み」みたいなものが提供されて、その結果として自分がやってる業務についての不確かさがなくなれば、その人たちは肩身も狭くなくなるし、業務の上でも、自然と成果を出していかれるんじゃないかなって思ってるんですけどね。

一條　ああ。なるほど。

加藤　だから、「組織を底上げしましょう」っていうよりも、なにかの取り組みをしていたら、「組織が勝手に底上げされてましたね」っていう感じになるんじゃないかなって思ってるんですよね。

一條　なるほどねぇ。

加藤　うん。だから、営業マンさんたちとか、営業事務さんたちとか、経理部門の人たちに対して、その人たちが業務を行う上で拠り所にできる適切な枠組みを提供して、その人たちが業務を実行できるプロセスを整えるってことをしていけば、結果として組織の底上げにつながるのではないかと。

一條　なるほどね。

加藤　うん。だってね、それぞれの人たちは、組織の底上げをしようだなんてことは思ってないはずなんですよ。
でも、自分の肩身の狭さの話であれば、それをなんとかしたいとは思ってる気がするわけでね。
だからその部分をしっかり取り扱うことが理に適ってると思うんですよね。

一條　なるほどねぇ。
でも、組織としてもそんな感じで、「結果として底上げされてしまう」っていうのは無理がなくていい気がするなぁ。

加藤　うん。
僕もそう思うんですよね。

一條コラム 2

取り組みが「失敗」と認識されることを避けるために

先程、「『承認される稟議書』の書き方」についてお話ししました。

実際の話をすると、あの単純なテクニックを使うだけで、おどろくほど簡単に、稟議への承認が取れていったりするのですが、その一方で、上場企業さんたちの社内を見ていると、稟議に承認がおりて、実際に取り組みを始めることができるようにはなったのだけれども、その取り組みで成果を出せなかったということになるケースもしばしば見かける気がします。

また、その取り組みで成果を出せなかった結果、取り組み自体が「失敗」だと認識され、その結果として自分に対する評価が下がってしまったという人たちもいらっしゃいます。

こうなると、その取り組みに対して一生懸命取り組んだ人であればあるほど、「がんばったのに評価してもらえない」と感じる人も出てくるかもしれません。

そのようなことになってしまっては、ご本人さんたちにとっても、企業さんたちにとってもいいことはない気がするのです。

そこでこのコラムでは、なにかの取り組みをするときに、その取り組みが「失敗」だと認識されないようにするための方法をお伝えしてみたいと思います。

▼ところで、このような話をすると、「成果をあらかじめコントロールすることなんてできないですよ」と言われることもあるのですが、でも僕はそこをコントロールしたいし、実際にコントロールすることができることも知っています。

では、実際に成果をコントロールするためにはなにをすればいいのかというと、これは簡単な話で、「あらかじめ必ず達成できることがわかっている内容」を、「その取り組みの達成度を測るための指標」として設定しておくということをすればいいだけなのです。

どういうことか。

そもそもの話をすれば、僕の経験上、いわゆる上場企業と呼ばれる企業さんたちの社内でなにかの取り組みが始められるときには、その取り組みが始められる前に、その取り組みでどのような成果を生み出そうとしているのかがしっかり検討されていないケースが非常に多いと感じます。

その話をわかりやすくするために、単純化した大きな話をしてみますと、たとえば、ある企業さんのなかで、ある事業部門さんが、その事業の売上を３００億円にするための取り組みをしようとしているとします。

この場合、稟議書には、「この取り組みによって、売上が３００億円になります」というようなことが書かれることになると思うのですが、たとえばですがその取り組みの結果として、売上の実績が３０２億円になることもあるかもしれませんし、もしくは２９８億円になることもあるかもしれないと思うのです。

このようなとき、多くの企業さんでは、その取り組みによって302億円という結果が出た場合にはその取り組みは「成功」とみなされ、298億円という結果が出た場合にはその取り組みが「失敗」とみなされるということが起こっているように感じるのですが、僕の感覚としては、302億円であれ、298億円であれ、稟議書に書かれていた「300億円」ぴったりではないですよね、と思うのです。

▼

というのも、そもそもの話をすれば、この取り組みの達成度を測るための指標は、「売上が300億円になったかどうか」に設定されていたはずなのです。

つまり、「売上が300億円を超えたかどうか」が指標になっていたわけではないはずなのです。

それにもかかわらず、売上が300億円を超えていれば成功とみなされ、売上が300億円を超えていなければ失敗とみなされるということが起こっていたりします。

しかし、繰り返しになりますが、そもそもこの取り組みの達成度を測るための指標は、「売上が300億円になったかどうか」に設定されていたはずなのです。

それにもかかわらず、売上が300億円を超えていれば成功とみなされ、売上が300億円を超えていなければ失敗とみなされるということが起こっているとすれば、それはそもそも設定されていた指標が、指標として用いられてないということになる。

そもそも設定されていた指標が指標として用いられない状況があるとすれば、その取り組みに取り組む社員さんたちからすると、どのような成果を出すように取り組めばいいのかがわからなくなると思うのです。

そのような状況のなかで、落ち着いて業務に取り組める人はいないのではないかと思うのです。

▼

その一方で、なにかの取り組みをするときに、取り組みを始める前から、「どう転んでも失敗と認識されることはない」とわかっている状況を作ることができたとしたらどうなるでしょうか?

「どう転んでも失敗と認識されることはないとわかっている」ということはつまり、「どう転んでも自分や自分たちへの評価が下がることはないとわかっている」ということです。

あらかじめこのような状況を作ることができれば、落ち着いて業務に取り組める人は増えるのではないかと思うのです。

ですので僕は、意図的にそのような状況を作り出したいと思うわけですが、では実際にはなにをするのか。

それが、「あらかじめ必ず達成できることがわかっている内容」を、「『その取り組みの達成度を測るための指標』として設定しておく」ということだったりするのです。

▼

たとえばですが、先程の「売上を300億円にする」ための取り組みを例にとってお話しすると、もちろん、「売上が300億円になったかどうか」という指標は持ったままでいいのですが、そこに別の指標を加えていくということをしていきます。

この場合であれば、たとえば、その「売上を300億円にする」という取り組みの一環として、「既存のお客さんにインタビューをする」ことが決まっているとします。

そうであれば、そうやってインタビューした内容を、社内の情報管理システムに載せて、社内の誰もがその内容を閲覧できるようにすることができますし、これはやればいいだけの話なので、実行すれば必ず達成できる内容になります。

では、もしもこの内容を、「この取り組みの達成度を測るための指標」として設定するとどうなるか。

▼

この時点で、「この取り組みの達成度を測るための指標」は、「売上が300億円になったかどうか」という指標と、「社内の人たちが、既存客へのインタビューの内容を閲覧できる仕組みができているかどうか」という指標のふたつになっています。

そして、今回追加された、「社内の人たちが、既存客へのインタビューの内容を閲覧できる仕組みができているかどうか」という指標は、実行すれば必ず達成できる内容なので、必ず達成できることがあらかじめわかっています。

ということは、取り組みを始める前から、ふたつある指標のうちのひとつは必ず達成される状態になっているということです。

つまり、取り組みを始める前から、「取り組みの達成度を測るための指標」の達成率が50％を下回ることがない状況を意図的に作り出すことができたということになります。

▼

では、このようにして、「あらかじめ必ず達成できることがわかっている内容」を、「取り組みの達成度を測るための指標」として何個も何個も設定していくとどうなるか。

その結果として、「売上が３００億円になったかどうか」という指標に加えて、「あらかじめ必ず達成できることがわかっている内容」が９個、指標として追加され、トータルで10個の指標が設定されたとします。

すると、この取り組みが終わったときには、もしも仮に「売上が３００億円になったかどうか」という指標が達成されていなかったとしても、残りの９個の指標は達成されている、という状態になっているはずです。

つまり、トータルで10個あった指標のうちの９個が達成されているわけですから、当初設定されていた「取り組みの達成度を測るための指標」の達成率は90％です。

では、このような達成率になっている取り組みを「失敗だ」と認識できるかというと、それはなかなかむずかしいと思うのです。

もちろん、10個の指標のうちの9個の指標が達成されていたからといって、その取り組みが「大成功だった」と認識されるかといえば、そんなことはないかもしれません。

ただ、10個の指標のうち、9個の指標が達成されている取り組みに対して、「失敗だった」という評価を下すことはできないはずなのです。

そうであれば、その取り組みに関わった人たちに対する評価が下がることもない。

▼

このような構造がわかっていれば、なにかの取り組みを行う際には、その取り組みを始める前に、「あらかじめ必ず達成できることがわかっている内容」を、「取り組みの達成度を測るための指標」として何個も何個も設定しておくことで、どう転んでも自分や自分たちへの評価が下がらない状況を作ることができます。

繰り返しになりますが、どう転んでも自分や自分たちへの評価が下がることがないとわかっていれば、落ち着いて業務に取り組める人は増えると思うのです。

その一方で、上場企業さんたちの社内では実際に、なにかの取り組みをするときに、その取り組みで成果が出せるかどうかに確証がないまま、手探りな感じでお仕事をすることになっている人たちも少なくないように感じます。

ですので、こういう話がなにかの役に立つ人もいらっしゃるのではないかと思ってお話ししてみました。

ぜひ、お役立ていただければ幸いです。

第四章　先が見える経営体制の構築

一條　ところで加藤さん。
加藤さんの目的は、「既存のリソースを有効に活用して、安定的に増収増益を達成できる体制を作る」ってことだったじゃないですか。

加藤　はい。

一條　そういう取り組みをするときに、一番のネックになることってなんなんですか?

加藤　まぁ、それはさっきもお話ししたように、それぞれの人やそれぞれの部門が見ているものが違うことだと思うんですけどね。
あとはね、売上とか利益を全社的な観点で見ている人がどれだけいるのかも大きい気がするんですよね。

一條　ほう?

加藤　まぁ、だから、上場企業さんたちにとっては、増収増益を達成することが重要なテーマだと思うんですけどね。そういう企業にお勤めしている社員さんたちってそこまで売上と利益を見ているのかなぁって思ったりもしてね。

一条さんから見るとどうです？

一条　う〜ん。
それはまぁ、各社さんともに部門別採算管理体制もあるわけだから、売上や利益もちゃんと見られているとは思うんですけどね。
でも、僕にとっては世の中って不思議なことも多くてさ。
たとえば上場企業さんでも、決算期末になったらいろんな企業さんたちが決算大セールとかするじゃないですか？

加藤　そうですね。

一条　でも、増収増益が目的なんだったら、そういうことをすると目的の達成から遠ざかるんじゃないかなって思うんですよね。

加藤　うん。

一条　実際にそういうことをした結果としてどんなことが起こっているかっていうと、増収減益、とかさ。

加藤　ああ。

一条　まぁ、各事業部門の商品やサービスの売上によって企業の損益のすべてが成り立っているわけではないことは重々承知しているし、利益の部分は特別会計の影響とかもあるだろうから、一概に決算セールで商品をディスカウント販売したから減益になったんだっていう話ではないとは思うんですけどね。
でも、普通に考えたらおかしいよなぁって、ちょっと違和感があったりするんですよね。

加藤　うん。

ということはやっぱり、部門別の採算状況もあまり把握されていない感じなのかもしれないですよね。

一條　う～ん。そんなことはないとは思うんですけどねぇ。

でも、結果だけ見てるとそうかもしれないよなぁって思ったりもしますよねぇ。

加藤　なるほどね。

いや、一條さん、ぜんぜん話は変わるんですけどね、僕、株式会社内部体制最適化っていう会社をやってるんですよね。

一條　なんかすごい名前の会社ですね（笑）

加藤　そう。内部体制の最適化しかやらない会社。

一條　まぁ、社名からしてそんな感じがしますけれども（笑）

加藤　うん。

でね、その会社の定款のなかで、この会社が提供すると定めている業務のなかに、「東証一部上場企業を対象とした、会計データの区分変更による経営状況把握の即時化に関するアドバイス業務」ってのがあるんですよ。

一條　ほう？

ということはさ、加藤さんのなかでは、そういう企業さんたちの社内では、経営状況が即時に把握できていない、っていう認識があるんですか？

加藤　そうそう。そうなんです。

一條　なるほどねぇ。

▼既存の人件費を有効に活用するために

一條　でもさ、経営状況を把握するときの指標にもいろいろあると思うんですけどね。

加藤　はい。

一條　そういう指標も人によって違う気がするんだけど、加藤さんは、経営状況を把握するためには、どこを見たらいいと思うわけ？

加藤　どこっていうか、まぁ、僕の場合にはそれぞれの企業さんたちのなかで行われているいろいろな取り組みに対して、その取り組みがその企業さんの増収増益につながるかどうかを見ている感じでしてね。

一條　ほう？

加藤　まぁ、そもそもの話をすれば、僕の場合には自分が関わらせてもらう企業さんたちに対しては、「増収増益を達成したいんですよね」って思っているところがあるんですよ。

一条 ほう？

加藤 だからいつも、その目的を達成するためにはどこに手をつけるのが早いのかな？　って考えてる感じなんですけどね。

まぁ、僕、むずかしい話はちょっとよくわからないんですけど、たとえば、既存客から追加の収益を確保するためのコストは安い、って話があったりもするじゃないですか？

一条 はいはい。

加藤 だけど、僕、それって実際のところはよくわからないなって思っていてですね。

だって、上場企業さんたちって、1件1件の案件の獲得にかかった営業のコストとか、そこまでしっかり出してます？

一条 いや、出してないと思いますよ（笑）

加藤 でしょ？

だから、既存客から追加の収益を確保するためのコストが安いのかどうかはわからないんですけどね。

一条 はい。

加藤 その一方でね。僕、既存のリソースを有効に活用して、安定的に増収増益を達成できる体制を作ることをテーマにしてるでしょ？

一条 はい。

加藤 その一環として既存の人件費を有効に活用しようとするのであれば、やっぱり僕は、新規のお客さんを相手にするよりも、既存のお客さんを相手にするほうが効率がいいと思ってるんですよ。

一條 ほう？

加藤 それがなぜかっていうと、既存のお客さんにアプローチするほうが、必要なステップが少なくて済むからなんですけどね。

というのもほら、僕、営業のプロセスを細かなステップに分けるでしょう？

一條 うん。そういう話でしたよね。

48ステップとかに分けるんでしょう？

加藤 そうそう。

でね、既存のお客さんにアプローチするときって、その48ステップのうちの10ステップとか15ステップとかを割愛できるんですよ。

だから、単純に手数が少なくて済むんです。

一條 なるほどね。

加藤 1件のお客さんにかかる手数が少なくなれば、ひとりの営業マンさんが関われるお客さんの数も増えるかもしれないでしょう？

一條 そうですね。

加藤　だから、既存のお客さんを相手にすることによって、既存の人件費を有効に活用できるようになるとも言えると思うんですよ。

一條　なるほど。

加藤　だから、既存の人件費を有効に活用することを考えると、既存のお客さんにアプローチして、そこから追加の収益を確保する取り組みというのは、「増収増益」という目的ともマッチするし、理に適ってると思うんですよね。

一條　なるほど。ということは、「既存のリソースを有効に活用する」っていう話のなかには、「既存の人件費を有効に活用する」っていう話もあるわけですか？

加藤　そうです、そうです。

一條　なるほどね。

▼収益はどこからやってくるのか？

一條　そういう話であれば、僕もまた別の意味で、「既存のお客さんにアプローチして、追加の収益を確保する」っていう取り組みは理に適っていると思ってましてね。

【既存客へのアプローチによる、既存人件費の有効活用】

新規営業のプロセス

（以下、理解を容易にするために、初回コンタクトから成約までに必要なステップの数が 10 ステップであると仮定）

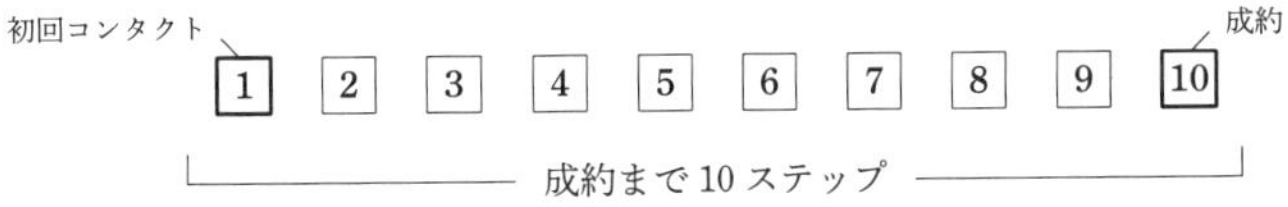

既存客に対する営業プロセス

既存客に対する営業プロセスでは、既に構築された関係性が土台となるため、新規営業プロセスの一部が割愛される。

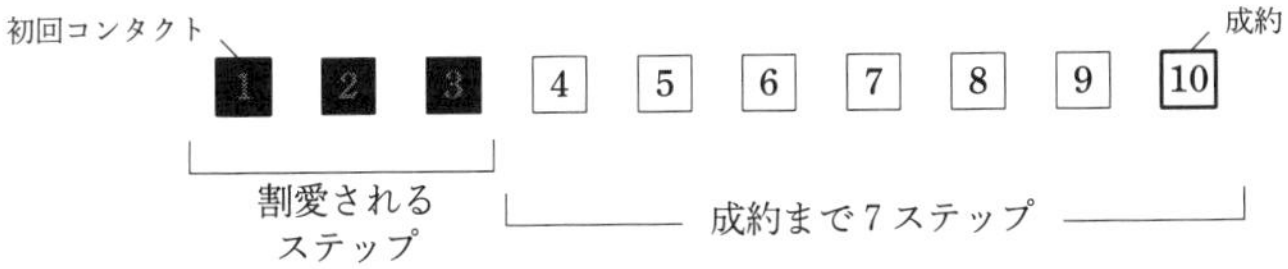

ひとりの営業マンが担当できる案件の数に対する考察

前提 1．新規営業プロセスは 10 ステップから成り立つ
前提 2．既存客に対する営業プロセスでは、10 ステップのうち初回コンタクトを含めた 3 ステップが割愛される
前提 3．ひとりの営業マンが 1ヶ月で実行できるステップ数の上限を 50 とする

新規営業だけを行った場合

上限ステップ数 50 ÷ 1 案件につき 10 ステップ = **5 件**

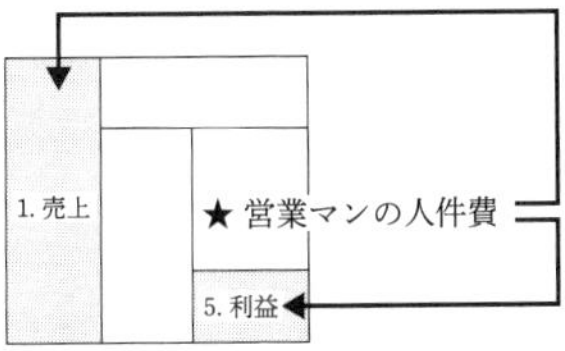

5 件分のインパクト／月

既存客だけを対象にして営業を行った場合

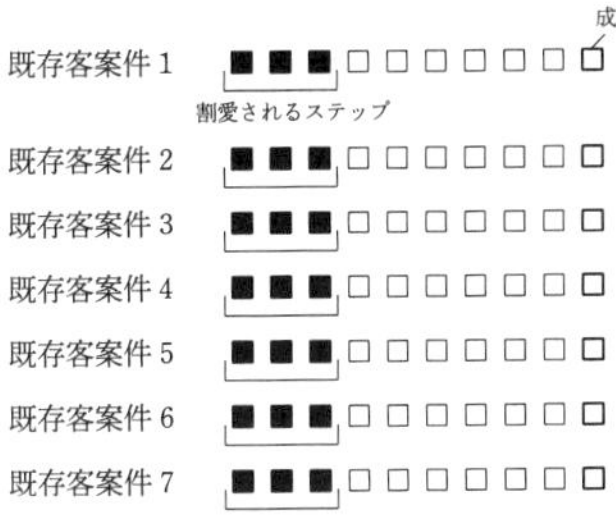

上限ステップ数 50 ÷ 1 案件につき 7 ステップ = **7.14 件**

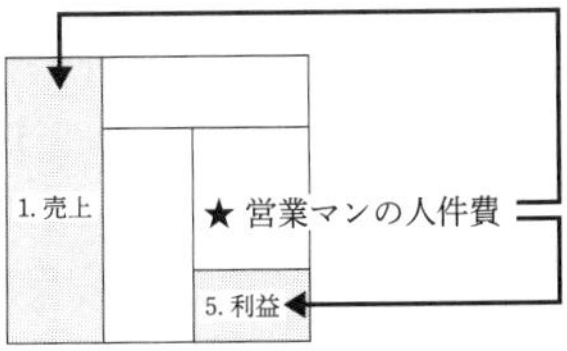

7 件分のインパクト／月

加藤　ほう？

一條　僕が関わらせてもらっている上場企業さんたちの話をすれば、もちろん、BtoCでコンシューマーさん向けの商品やサービスを扱っている企業さんたちもいらっしゃる一方で、上場企業さんたちを相手にしたBtoBの事業をしている企業さんたちもいらっしゃるわけですよ。

加藤　はいはい。上場企業さん同士の取引ですよね。

一條　うん。
そしてそういう上場企業さんたちのなかには必ず稟議制度があるから、なにかの商品やサービスを購入するためには、必ず稟議承認を取る必要があるわけでしてね。

加藤　うん。

一條　つまり、商品やサービスを提供する企業さんたちの側から見れば、自社にとって既存のお客さんがいるっていうことは、そのお客さんである上場企業さんの社内では、自社から商品なりサービスなりを購入するための稟議が既に1回は通ってるってことになるわけですよ。

加藤　うん。

一條　しかも、実際に購入が行われているっていうことは、法務部門によるチェックも終わってるし、その結果としてアカウントも開いてるってことになるわけでしてね。

加藤　うん。

一條　これを商品やサービスを購入する企業さんたちの側から見れば、もしもこれまでに取引履歴がないところからなにかの商品やサービスを購入したり、なにかの依頼をしようとしたら、アカウントを開けるところから始めないといけないし。

加藤　うん。

一條　稟議書を書いたとしても、前回の発注先との比較で「なんで前と違う発注先にしたんだ?」とか、「コストはこれで合ってるのか?」とかって感じで、社内でいろいろ言われたりするかもしれないじゃないですか?

加藤　うん。

一條　その一方で、既に1回は稟議が通ってるところで、しかもちゃんと成果が出てるところに発注するんだったら、「これ、前と同じところです」ってやっても別に問題なく稟議が通っていく可能性は高いわけですよね。

加藤　そうですね。

一條　まぁ、ぶっちゃけた話をすると、そういう上場企業さんたちから僕のところに来るお仕事の依頼も同じような感じなんじゃないかなって思ってましてね。

加藤　ほう?

一條　だから、僕の場合には、同じ企業さんから何回も依頼を受けてるからアカウントも開いてるし。それ

なりに成果も出てるしで、発注しやすいんだろうなって思ってるわけでしてね（笑）
だから、発注する側からしても、もう既に商品やサービスを購入したことがある相手に発注するほうが発注のハードルは下がると思うんですよね。

加藤 なるほどね。
そう考えるとやっぱり、コストがどうとかいう話はわからないですけど、増収増益を達成しようとする企業さんであればどこでも、「既存客からの追加収益の確保」という取り組みに手をつけるメリットは大きそうですよね。

一條 そうですよね。
まぁ、だから僕は、こういう話もある意味での「収益構造の理解」って話だと思ってるんですけどね。

加藤 ほう？

一條 でも、そういう「既存客からの追加収益の確保」っていうところに目を向けている上場企業さんたちは少ない気がするわけでしてね。
ということは、たとえば、各事業部門の部長さんたちからも、営業マンさんたちからも、こういう意味での収益構造は理解されてないってことなのかもしれないなって思ったりもするんですよね。

加藤 なるほどねぇ。

▼「経営者」か「管理者」か

一條　まぁ、でも考えてみたらそうなって当たり前かもしれなくてね。だって、そういういわゆる上場企業で部長さんとか役員さんとかになっている人たちって、社長さんも含めて自分で事業を起こした経験がなかったりしますからね。

加藤　そうですねぇ。ちなみにですけど、一條さんから見て、上場企業の社長さんたちってどういう人たちなんですか？

一條　あ、それは、自分で創業した企業を上場させた社長さんたちと、自分がお勤めしていた企業のなかで昇進していって社長になった社長さんたち、っていうふたつのタイプの社長さんたちがいらっしゃいますよね。

加藤　あ、じゃあ、さっきの自分で事業を起こした経験がないっていう話は、自分がお勤めしていた企業のなかで昇進していって社長になった人たちについての話ですか。

一條　そうです、そうです。まぁ、僕の場合には、前者を「オーナー社長」って呼んでいて、後者を「雇われ社長」って呼んでるんですけどね。まぁ、同じ上場企業って呼ばれる企業さんでも、社長がどっちの系統の人なのかによってぜんぜん違う社内文化や社内構造を持つことになるわけでしてね。

加藤　へぇ～。

一條　まぁ、さっきの話で言えば、僕が次世代経営人材開発っていうテーマで関わらせてもらうのは、いわゆる「雇われ社長系の上場企業」さんたちになるんですけどね。

加藤　あ、そうなんですね。

一條　うん。
まぁ、さっきもお話しした通り、その取り組みには各社さんのなかで「部長」と呼ばれる役職に就いている人たちが、「次の役員候補」として集められたりするんですけど。
そこにはやっぱり問題がありましてね。

加藤　ほう?

一條　まぁ、それぞれの部長さんたちは今、それぞれのお仕事をしていらっしゃるわけですけど。
でも基本的に、元手もないところから事業を作った人ってのはいないじゃないですか?

加藤　そうですよね。

一條　うん。
でも、経営って呼ばれる行為のなかには、事業を作ったりする話も含まれていて。
だから、元手もないところから事業を作った経験がないってことが、ご本人さんたちのなかでネックみたいになっていることも多くてね。

加藤　ほう?

一條　だってさ。そういう部長さんたちとお話ししてると、必ずといっていいほど「自分は経営のことはよくわかりませんから…」って言う人たちが出てくるんですよ。

加藤　ああー。

一條　だから、「経営人材」って呼ぶよりも、「管理人材」って呼んだほうが、ご本人さんたちも気がラクになって、力を発揮しやすくなるんじゃないかなっていつも思うんですけどね。

加藤　ほう？

一條　まぁ、「経営」っていう言葉も「管理」っていう言葉も、範囲が広すぎてよくわからない言葉だなとは思うんですけどね（笑）
でも、「経営」って言われるよりも「管理」って言われるほうが気がラクになって、力を発揮しやすくなる人は多いんじゃないかなって思うんですよね。

加藤　なるほどね。

一條　うん。まぁ、僕からすると別に元手もないところから事業を作った経験があるかないかなんて、業務上の成果を出すにあたってはそんなに関係ないんじゃないかなって思うんだけど（笑）
でもそういうところに引け目を感じる人もいらっしゃるわけですからね。

加藤　うん。でもそう考えると、「増収増益」とは言いつつも、なにをどうすればいいのかってことがわからないまま、お仕事をしている人たちとか、役職者になっている人たちも少なくないのかもしれませんよねぇ。

一條　そうかもしれませんねぇ。

▼コミュニケーションを円滑にするプログラム？

加藤　でも、そんななかでも各社さんたちは次世代経営人材開発とかっていうテーマで、役員候補の人たちに向けた研修とか、なにかの取り組みをしてるわけでしょう？

一條　そうですね。
まぁ、僕がそういう次世代経営人材開発っていうテーマで関わらせてもらってる企業さんたちの場合には、僕の前にそういう取り組みを依頼していた前任の企業さんとかがあるわけなんですけどね。だから僕、「前任の企業さんたちとはどんな取り組みをしてたんですか？」とかって聞いたりするんですよ。

加藤　はいはい。

一條　そしたら、ゲームをしてたりするわけでさ。

加藤　ゲーム？

一條　そうそう。
コミュニケーションを円滑にするためのゲーム形式のプログラム。

加藤　ほう？

一條　つまり、「役員候補者同士で、しっかりコミュニケーションが取れるようになりましょう」と。「そうしたらお互いが役員になったときのコミュニケーションも円滑になりますよね」と。「しかも、コミュニケーションの取り方がうまくなれば、今の部下さんたちにもパフォーマンスを発揮してもらいやすくなりますよね」っていう感じみたいなんだけど。

加藤　ああ。

一條　だけどさ。
まぁ、たとえばだけど役員さんになるためには、業務の力が必要になるんじゃないかな、って思ったりもするんだけど。でもそこはノータッチみたい。

加藤　ほう。

一條　だから、上の役職に上がっていく人は自分の力で勝手に上がっていけばいいいんじゃない？　っていう感じなのかもしれないし。

加藤　う〜ん。
そうなってくると、そこから役員になった人たちもなんだか行き当たりばったりで、なにかが積み上がってる感覚はないかもしれないですよね。

一条　そうですねぇ。そう考えたら、それこそ、部長さんたちが「まるで曇りガラスのこちら側にいるようです」とか、「まったく先が見えません」とかって言ってるけど、役員さんたちとか社長さんたちもそうなんじゃないかなって気もしてきますよね。

加藤　そうですよねぇ。

一条　なんだか不確かな感じがするというか。

加藤　うん。だからみなさん、肩身が狭くなってそうですよねぇ。

一条　え？　そこ？（笑）

加藤　だって、なにかにつけて「判断の基準」みたいなものがなさそうですもん。

一条　ああ。確かにねぇ。

▼「不確かさ」と「中長期経営計画」

加藤　でも、そういうなかでも各社さんたちは、中長期経営計画とかって感じで、先を見据えた計画を作ってたりもするわけじゃないですか？

一條　そうですね。
でも、ああいう計画って実は、大手のコンサルティング会社さんとか大手の広告代理店さんとかに丸投げされてることも多いですよ（笑）

加藤　そうなんですか？

一條　うん。
だって、そうやって丸投げした相手から返ってきた内容がいまいちだからっていう理由で、僕のところに「そのしりぬぐいしてくれ」っていうか、まぁ、「なんとかまとめてくれ」って感じの依頼が来ることがありますから（笑）

加藤　へー。

一條　いや、だから、中長期経営計画を作っても、その通りに行くと思ってる人はいないことも多い気がするんですよね。

加藤　ああ。

一條　でもその一方で、「増収増益」っていうテーマが各社さんたちのなかでの至上命題にもなっていて。
それがなぜかっていうと、「増収増益」を達成し続けないと自社の株式の株価が下がってしまうと思われてるからだと思うんですけどね。

加藤　はい。

一条 まぁ、実際の話をすれば、業績と株価は連動しないと思うんだけど。まぁ、でもいずれにしても、中長期経営計画は増収増益の計画にしようとされるわけで。

加藤 うん。

一条 その内訳はといえば、「新規事業を作って、増収増益を達成します」って感じになってたりもするし。

加藤 なるほどね。

一条 うん。じゃあその新規事業のネタはどこから来てるのかっていうと、これも大手のコンサルティング会社さんとか、大手の広告代理店さんとかが、「これからはこのマーケットが伸びますから、このマーケットで新規事業を始めるのがいいと思いますよ」って感じで提案してくる内容だったりするし。

加藤 うん。

一条 だから新規事業開発の担当者さんがそういう提案を受けて、それを役員会にかけたりしてさ。その結果、「まぁ、内容はよくわからないけど、どこそこ総研さんが言うなら間違いないだろう」みたいな感じで承認されたりすることもあるわけじゃないですか。

加藤 ああ。

一条 そういう感じで新規事業をポコポコポコポコ立ち上げていって。で、基本的に、新規事業に関してはいまだにセンミツというか、新規事業を1、000個立ち上げて、そのうちの3つが軌道に乗ればいい、っていう考え方もあったりするからさ。

とりあえずタネを蒔いておこう、っていう感じで、どんどんどんどん新規事業に投資をしていく企業さんたちも少なくないわけだけどさ。だけどその新規事業がうまくいくかどうかとか、うまくいきそうかどうかっていう判断はあんまりできてないいんじゃないいかなって気がするんですよね。

加藤　う～ん。今の話を聞いてると、そんな気がしてきますよねぇ。

一條　うん。まぁ、僕も新規事業開発についてのご依頼をいただいたりするんですけどね。

加藤　あ、そうなんですか？

一條　うん。なんか産官学連携分野でなにかをやりたい、とかさ。新規事業につながるような研究をしている大学とつないでくれ、とかさ。まぁ、そういう依頼もいただいたりもするんですけど。

加藤　なるほどね。

一條　うん。でも、だいたい上場企業さんたちってマーケットが大きいところに出ていこうとするわけでしてね。

加藤　はいはい。

一條　でも、それぞれの企業さんにはそれぞれの企業さん独自の歴史があると思うんですよ。

だからたとえば、これまではこういうサービスをこういう人たちに提供してきたっていう感じでさ。それぞれの企業さんの社内には、その企業さんのなかで蓄積されてきたなにかがある気がするんだけど。

加藤　はい。

一條　でも、「このマーケットが大きいから」とか、「このマーケットが伸びるから」っていう理由で新規事業を始めたとしても、その企業さんのなかに蓄積されてきた要素が使えるところではないところに行っちゃうことが多い気がするんですよね。

加藤　ああー。

一條　だからうまくいかないと思うんだけど、やっぱり案の定コケてたりするわけでしてね。

加藤　なるほどねぇ。

一條　で、また僕のところにしりぬぐいの依頼が来たりするわけなんですけれども（笑）

加藤　なるほど（笑）
なんか一條さんって「しりぬぐい担当」みたいになってますね（笑）

一條　（笑）
まぁ、でも、逆に言うと、今の既存事業でさえも、あんまりわからないままやってますって感じなのかもしれないですよね。

加藤　なるほどねぇ。

▼立ち回りのしやすい社内

一条　まぁ、でも、そういう企業さんたちの場合には社内での立ち回りがしやすいんですけどね。

加藤　ほう？

一条　だから僕は自分が関わる取り組みについては、その取り組みに関する稟議書を代筆したりすることもあるんですけどね。
まぁ、これまでのところ、１００％の確率で稟議が通ってましてですね。

加藤　え？

一条　まぁ、そういうのってのは、こういう上場企業さんたちの社内の構造を理解すれば誰にでもできることだと思うんですよ。

加藤　え？　それ、おもしろそうですね。

一条　うん。おもしろいですよ。
僕はこの社内構造のことを「保身のミルフィーユ」って呼んでるんですけどね（笑）

加藤　なんですかそれ？（笑）

一條　簡単に言うと、雇われ社長さんに率いられている上場企業さんたちに限った話をすれば、社長さん、役員さん、部長さん、課長さんの順に、「自分の身を守るために保身に走りたい」っていうニーズと、「他人よりも自分が抜きん出るために尖りたい」っていうニーズが交互に現れるっていう構造なんですけどね。この構造を踏まえて稟議書を書くと、スルスルって承認がおりたりするんですよ。

加藤　へー。

一條　まぁ僕も、自分が上場企業にお勤めさせてもらってた頃にはそういう構造があることに気づいてなくてですね。だから、稟議を通すのにもめちゃくちゃ苦労してましたけどね（笑）

でも構造がわかってしまえば簡単な話だし。

だから今、僕が関わらせてもらっている上場企業の人たちにはその構造をお伝えしてたりもするんですけどね。

加藤　あ、そうなんですか？

一條　そうそう。

だって、自分が置かれている状況が自分でわかったら、誰だってパフォーマンスを発揮しやすくなるでしょう？

加藤　確かにね。

▼「内部体制の最適化」と「先が見える経営体制の構築」

一条　まぁ、でも、加藤さんが、「肩身が狭い」「肩身が狭い」って言うからさ（笑）そうやって考えていくと、上場企業のなかって、確かに肩身が狭い人は多いのかもなぁって思ってるところなんですけどね。

加藤　うん。だから営業マンさんたちも、営業事務さんたちも、経理部門の人たちも肩身が狭いじゃないですか？

一条　そうですねぇ。

加藤　もともと僕は、部長さんたちも会議の席で責任を問い詰められてたりするから肩身は狭いだろうなぁって思ってたんですけど。でも、ここまでの話だとその上の人たちも肩身が狭い感じがしますよね。

一条　そうですよねぇ。というかやっぱり、先が見えないって苦しいですよねぇ。

加藤　うん。だから、企業としても、そこで働く個人としても、「先が見える」経営体制を構築する必要があるんじゃないかなって思うんですよね。

一条　ん？

加藤　だって、先行きが見えないからみんな不安になるわけでしょう？
でも、自分がやっている業務の先行きが見えて、自分がやっている業務がちゃんと積み上がっていくさまが自分で見えるようになったら、部長さんたちもさっきの「曇りガラスのこちら側」っていう世界ではなくなる感じがするじゃないですか？

一條　まぁねぇ。
理屈で言うとそうかもしれないんだけどさ。
でも、その「先が見える経営体制」ってどうやったら作れるんですか？

加藤　僕はそのための方法が、既存客から追加収益を確保し、営業計画を100％達成させ、その土台となる部門別の採算管理体制を再構築することだと思ってるんですよね。
この3つの業務上のテーマを同時に進めることで、「先が見える経営体制」ができてくると思ってるんです。

一條　ん？
じゃあ、「内部体制の最適化」という取り組みは、「先が見える経営体制」を構築する取り組みだとも言えるってこと？

加藤　まぁ、「内部体制の最適化」という取り組みの目的は、「既存のリソースを有効に活用して、安定的に増収増益を達成できる体制を作ること」ですからね。

一條　うん。そういう話でしたよね。

加藤　うん。そして、安定的に増収増益を達成できるようになったときには、「先が見える経営体制」になっているってことだと言えると思うんですよね。

一条　う〜ん。

なんか大きな話になってきてますねぇ。

加藤　いや、でもひとつひとつは小さな話ですから（笑）

一条　え？　そうなんですか？

加藤　そうですよ（笑）

一條コラム 3

上場企業の2分類

ここまで、「『承認される稟議書』を書くための方法」と、「実際の取り組みが『失敗』と認識されることを避けるための方法」をお伝えしてきました。

ところで、この「稟議」や「実際の取り組み」に関する話としては、また別の話もよく出てきます。

それがどういう話なのかというと、「うちの会社は新しいことをしようとしてもなかなか承認がおりないんですよ」という話です。

実際、僕が上場企業さんたちに関わらせてもらうときにも、それぞれの企業にお勧めしていらっしゃる人たちからそのような話を聞かせてもらうことがあるのですが、そのお話を聞いているとそこには、「そのような状況になっているのは自分が勧めている企業だけだ」というような認識があることが多いような気もします。

では、実際の状況はどうなっているのでしょうか？

▼

ちなみに僕が「上場企業」という言葉を使うときには、それは「2022年4月3日まで東証一部上場企業と呼ばれていた企業さんたち」のことを指しているのですが、このコラムではそのような企業さんたちがどのような特徴を持っているのかを考えてみたいと思います。

まず、そもそもの話をすれば、上場企業と呼ばれる企業さんとはどのような企業さんなのか。

その定義にはさまざまなものが考えられるとは思いますが、いわゆる「株式市場」と呼ばれる、不特定多数の人たちが参加できる市場で、自社の株式が売り買いされる状態になっている企業さんたちのことを上場企業と呼ぶと考えて間違いはないと思います。

つまり、それらの企業さんたちから見るとそこには「不特定多数の人たちによって、自社の株式が売り買いされている」という状況があるわけですが、この状況があるがゆえに、そういういわゆる上場企業と呼ばれている企業さんたちは、株主さんたちの目を意識せざるを得ない状況になっていたりもします。

なぜならば株主さんたちのなかには、自分が株式を持っている企業さんの経営方針などに、いろいろなことを言う人たちも出てくるからです。

しかし、企業としては、社外の人たちからいろいろと言われてはスムーズな事業運営ができにくくもなる。

そこで、このような上場企業さんたちの場合には、株主さんたちからいろいろなことを言われないように、株主さんたちの目を意識しながら事業活動をすることになったりもします。

▼このような状況があるわけですが、ではすべての「上場企業」が、同じように株主さんたちの目を意識することになっているのかというと、そうでもないようです。

僕は、いわゆる上場企業と呼ばれる企業さんたちを、「オーナー社長系の上場企業」と「雇われ社長系の上場企業」というふたつのカテゴリーに分類しているのですが、この「オーナー社長系の上場企業」とは、その企業を創業した社長さんが、そのまま「社長」という役職に就いている上場企業さんのことを指します。

その一方で、「雇われ社長系の上場企業」とは、その企業に就職をして、その企業のなかで昇進していった人が「社長」という役職に就いている上場企業さんのことを指しているのですが、では、この「オーナー社長系の上場企業」と「雇われ社長系の上場企業」のうち、どちらの上場企業のほうが、株主さんたちからの目を強く意識する傾向にあるのか。

この質問に対する答えは簡単で、「雇われ社長系の上場企業」のほうが、株主さんたちからの目を強く意識する傾向にあります。

▼これがなぜかと言えば、「雇われ社長系の上場企業」を率いている社長さんたちは、それぞれの企業のなかで昇進していった結果として、社長という役職にまで上り詰めた人たちになるわけですが、こういう企業さんたちの場合には社長という役職にはっきりとした任期があります。

つまり、その社長さんたちからすれば、その任期中に何事もなければ、自分のキャリアを上場企業の社長として終えることができるわけです。

その一方で、その任期中に、社内に不祥事があったりだとか、なにか新しいことに手をつけて大失敗したというようなことがあれば、株主さんたちからの抗議によって退陣に追い込まれる可能性もある。

そのようにして、退陣に追い込まれてしまえば、自分のキャリアを上場企業の社長として終えることはできなくなるわけです。

▼

また、このような「雇われ社長系の上場企業」の社長さんたちの場合には、その所得も給与所得がメインになっていることが多かったりもします。

ですので、任期中に退陣に追い込まれるようなことになれば、経済的にもダメージを受けることになりかねない。

このような状況に置かれると、たいていの人は、自分の任期の間はつつがなく物事を収めたいと考えるようになりがちです。

別の言葉で言うと、その社長さんの基本的なスタンスが「保身」になるということなのですが、企業という存在は、基本的にはその企業を率いる社長さんのスタンスと同じスタンスをとることになります。ですので、企業としてのスタンスも「保身」になってくる。

こうなってくると、社内でなにか新しい取り組みをしようと思う人がいたとしても、なかなかものごとを進めることができないということにもなる。

もちろんその取り組みの内容が小さなものであれば、そこまで取り組みを進めにくくなることもないかもしれませんが、その取り組みの内容が大きなものになればなるほど、この傾向は強くなる。

▼

このような状況があるように見受けられるわけですが、この部分を取りあげて、「うちの会社では新しいことができない」とか、「うちの会社は保守的だ」という話がされるケースも少なくない気がします。

そしてそのような話がされるときにはそこには、「そのような状況になっているのは自分が勤めている企業だけだ」という認識があるようにも感じるのですが、実際の話をすれば、「雇われ社長系の上場企業」であればどこでも、同じ状況になっていると考えて間違いないと思います。

これは、それがいいとか悪いとかの話ではない一方で、実際にそのような状況があるのであれば、その状況を正確に理解しておくことが、自分がなにかをするときの役に立つのではないかと思うのです。

というわけで、「雇われ社長系の上場企業」が持つ特徴として、そもそものスタンスが「保身」になっているということと、その背景をお話しさせていただきました。

このお話が、なにかのお役に立てば幸いです。

（補足）

ところで、「オーナー社長系の上場企業」の場合には、そこまで強く株主さんの目を意識することはないという傾向があるのですが、そこにも当然、理由があります。

というのも、「オーナー社長系の上場企業」の社長さんの場合には、自分が創業した企業を上場させた時点でお金も結構入ってきています。

あとは、自分が創業した企業を、一代で上場させることができたということで、この社長さんのなかにある「自分に対する自負」もものすごく強くなっているケースが多いです。

また、社長の任期もあってないようなものだったりします。

そうなると、株主さんたちから多少なにかを言われたとしても、そんなに気にすることもない。

これは僕が実際に、そういうオーナー社長系の上場企業の社長さんたちとお話をさせていただいてきたなかで感じていることだったりもしますが、先程お話しした「雇われ社長系の上場企業」の社長さんたちを取り巻く状況との対比で見てみると、いろいろと見えてくることがあると感じる方もいらっしゃるかもしれません。

ご参考までにシェアさせていただきます。

第五章　孤立する部長たち

一条　ちなみになんですけどね、この「内部体制の最適化」っていう取り組みに取り組むときには、加藤さんは誰に関わるんですか？

加藤　まぁ、基本的には各企業の部長さんたちに関わらせてもらって。
そこからその部長さんたちを経由して、その部下の人たちにも関わらせてもらっていく感じですね。

一条　まぁ、業務的に考えたらそうなるか。

加藤　うん。
あとはね、業務的な話とは違う意味でも、僕は部長さんたちに関わらせてもらうことを意図してるんですよね。

一条　ほう？　どういうことですか？

加藤　これはですね、影響力と人数との兼ね合いなんですけどね。
たとえば、東証一部上場企業って呼ばれていた企業さんたちの場合だと、社長さんは合計で2、000人ぐらいでしょう？

一條　そうね、2、200人弱かな？

加藤　2、200人弱。うん。役員さんはというと、この8倍とか10倍でしょう？

一條　うん。そうですよね。

加藤　うん。それに対して部長さんってもっといるでしょうから、相当多いと思うんです。

一條　そうですね。

加藤　うん。そしてその人たちの下にはもっと多くの人がいて、この部長さんたちからの影響を受けてるわけですよ。
だから僕は部長さんたちにしっかり関わっていけば、こういう取り組みから生まれる影響も大きくなっていくと思ってるんです。

一條　なるほどねぇ。
でもさ、部長さんたちは、この「内部体制の最適化」っていう話がストンと理解できるんですか？

加藤　いや、僕の経験上、ストンとは理解できないですね（笑）

一條　やっぱり（笑）
そんな感じがしますよね。

加藤　うん。

一條 でもさ、加藤さんは部長さんたちに関わることを意図してるって言うけどさ。その加藤さんは、「内部体制の最適化」っていうものをテーマにして、業務を提供してるわけでしょう?

加藤 はい。

一條 その一方で、その業務を提供する対象である部長さんたちが、その「内部体制の最適化」っていう概念を理解できないとしたらさ、加藤さん、仕事にならないじゃない?(笑)

加藤 まぁ、でも部長さんたちも肩身が狭いじゃないですか?

一條 ん?

加藤 その肩身の狭さを払拭するために、「内部体制の最適化」という取り組みに取り組むわけですから。

一條 え? 部長さんたちにもそうやって言うの?

加藤 言いますよね。

一條 そしたら部長さんたちも動いたりするの?

加藤 そうそう。

一條 え。そうなの?

加藤　うん。まぁ、そりゃあ、最初から肩身の狭さについての話が話題の中心になることはほとんどないですけどね（笑）

一條　そうですよね（笑）

加藤　うん。最初はやっぱり業務上の成果についての話が中心になりますけど。でも、2回、3回と話をしていくなかでは、必ず肩身の狭さの話にはなりますよね。

一條　え？　それ、たとえばどんな感じの話になるの？

加藤　いや、だから「今のままだと肩身も狭いじゃないですか」とか。

一條　え？　そうすると「そうですね」とかって返事が返ってきたりするの？

加藤　そうですね。

一條　そうなの？

加藤　うん。最終的にはやっぱりそうなりますよね。

一條　そうなんだ…。

加藤　うん。
だって、僕から見てると、上場企業にお勤めしている人たちって、部長さんも課長さんも一般社員さんもみんな、基本的には肩身が狭い感じになってる気がするんですよ。
だから部長さんも課長さんも一般社員さんも、肩身の狭さを払拭したいというのが根幹にある強いニーズなんじゃないかなって思うんですよ。

一条 う～ん。

加藤 そうなると、そこを払拭するためにはなにをすればいいかっていう話になるわけで。
だから僕の場合には、「業務上の成果を出しながら、肩身の狭さを払拭していきましょう」っていう感じではなくて、「肩身の狭さを払拭していくと、業務上の成果もついてきますよ」っていう感じでお話しさせてもらってる感じなんですよね。

▼「肩身の狭さの払拭」と「業務上の成果」

一条 え？　肩身の狭さの払拭が先にあるってこと？

加藤 まぁ、それはあくまでも僕の感覚ですけどね（笑）
でも肩身の狭さが払拭されることで、そこが営業計画の１００％達成とか、既存客からの追加収益の確保とか、部門別採算管理体制の再構築みたいなところにつながっていくだけって感じがするんですよ。

一条 そうなの？

加藤　いや、だって仕事とか業務とかっていうのははっきり言ってなんとかなりますよ。はっきり言って。

一條　まぁ、なるよね（笑）

加藤　うん。ちょっとしたことを知るだけでなんとかなる。

一條　それはわかる。

加藤　じゃあ、そういう仕事とか業務とかに関するようなことでつらい想いをしてても意味がないでしょう？

一條　まぁ、そう言われりゃそうですけどね。
でもさぁ、部長さんたちってそれなりに役職があって、それなりに決裁権もあって、それなりに影響力もあるわけですよ。
そういう人たちがね、ホイホイホイホイそんなんで動くのかな？　って気がするんだけど。
まぁ、だからさ、もちろん業務上達成しないといけないことが達成されるなら、それはそれでニーズはあると思うんだけどさ。
僕のところに来る依頼も基本的には、「業務で成果を出したいんだけど」っていう話だからさ。

加藤　うん。

一條　だから成果を出せなかったら話にならないわけだけど。

加藤　はい。

一條　だけど、この「内部体制の最適化」っていう取り組みは、話の規模も大きい感じがするから、業務の部分だけをとってみても「本当にできるんですか？」って言われたりすると思うんですよね。でも加藤さんはそれを飛び越えて、業務上の成果が出るのは当たり前だけど、「そんなことより、あなた、肩身が狭いでしょ？」とか、「その肩身の狭さを払拭しましょうよ」って言うってことなんでしょ？

加藤　そうですね（笑）

一條　そしたらその部長さんたちが、「じゃあ、やってみようかな」って感じになるってことなの？それ、その部長さんたちって、よっぽどつらい状況にいるってこと？

加藤　いや、つらいでしょう。たとえば、あるエネルギー関連の企業さんで、新規事業の立ち上げのためにヘッドハンティングされた部長さんがいるんですけどね。

一條　うん。

加藤　その企業さんは、新規事業として訪問販売事業を始めようとしていてね。その事業の立ち上げのためにその人をヘッドハンティングしたらしいんですけど。

一條　はい。

加藤　3年たっても黒字化の目処が立ってなくてね。それでその部長さんは、役員さんたちや他の部門の部長さんたちから、めちゃくちゃ白い目で見られてたりするんですよ。

一條　ほう。

加藤　まぁ、その部長さんはヘッドハンティングされてるから、他の部長さんたちよりもお給料が高いみたいなんですけどね。
そんな人が「なにやってんだ」みたいな感じで見られていて。
実際、まわりからも協力してもらえていない。

一條　う～ん。

加藤　でもよくよく見てみると、3年かけたなりにちゃんと仕組みも作ってるんですよ。
もちろん、テコ入れのポイントはあるけど、悪い流れにはなっていない。
でも役員さんたちからも、他の部門の部長さんたちからも白い目で見られていて。
会議では発言すらさせてもらえない。
これって、つらくないですか？

一條　それは確かにつらいですねぇ。
でもそれ、当初は何年で黒字化するって話だったんですか？

加藤　5年だったんですけどね。

一條　え？　じゃあ、まだ2年残ってるじゃん。

加藤　そうなんですけどね。でも、もう白い目で見られてて。
あとはその部長さんが採用した新規事業立ち上げのためのスタッフさんたちがいるんですけど、部長さんから言われたことをやっているのに成果が出ないから、その人たちも肩身が狭くなってるみたいなんですよね。

一條 なるほどねぇ。

▼報われない感覚

加藤 あとは別の企業さんでも同じようなことがありましてね。

一條 ほう？

加藤 その企業さんは建設業で、その社内に新規エリアへの出店を担当している部長さんがいるんですけど。最近、新しく、競合も強くて、なかなか厳しいエリアに出店したんですよ。

一條 ほうほう。

加藤 で、今、新店が立ち上がって2年目なんですけど、一期目は赤字でしてね。
まぁ、赤字になることは予想されてたんですけど、赤字の額が予想をはるかに上回ってるから、この部長さんは会議でその責任を問い詰められてるみたいでね。

一條 ああ。

加藤　ただ、その部長さんも、なんか、会議とかでもっともらしいことを言ってたみたいなんですよ。たとえば、「マーケティングプランがこうなります」みたいな話とか、ちょっと知ったような感じで話をしてたみたいでね。

一條　ああ。それ、上場企業の社員さんたちによくあるパターンのような気がするけど（笑）

加藤　うん。まぁ、だから、最初のうちはまわりの人たちも「それはいいね」って感じで受け取ってたみたいなんですけどね。でも今では、「もっともらしいこと言ってた割に成果が出てないじゃないか！」って感じになってるみたいでね。

一條　ああ。

加藤　だからそういうもっともらしいことを言わなきゃいいのに、って思うんだけど。でもなんか、そういうことを言わざるを得ない状況もあるみたいでね。なんかそれも大変だなって思うんですよね。

一條　なるほどねぇ。

加藤　うん。だから、この部長さんもまわりの人たちから協力してもらえなくなっていってですね。

一條　ああ。それはきついですね。

加藤　きついと思います。

一條　うん。でも僕、上場企業さんとか見てて思うけど、お互いに協力する気はない感じがしますもんね。

加藤　そうですよね。

一條　うん。でも、上場企業で「部長」っていう役職に就いている人たちの話をすれば、その人たちはみんな、これまでに業務上の成果も出してがんばってきた人たちのはずなのにね。

加藤　うん。

一條　それなのに、そういうつらい状況になるっていうのは、なんだか報われない気もしますよね。

加藤　うん。僕もそう思うんですよね。

▼部門間、断絶のススメ？

一條　でも、そういう「まわりからの協力が得られなくなってる部長さんたち」がいるってことを考えると、やっぱり部門間での断絶っていうのは起こってるし、起こるってことですよね。

加藤　うん。

これ、本当に今までの流れで、各事業部門を競い合わせて優劣をつける、みたいな部門別採算管理の体制を強化すれば強化するほどそういう断絶が起こりやすくなる気がするんですよ。もともと協力するって感じでもないところに数字で競争させられるから。

一條　うん。

でもさ、これって今は事業部門の部長さんたちの話だったけど、他の部門でも同じ感じになってる気がしますよね。

なんか僕、あんまりそうやって考えたことがなかったけど、ここまでの話を聞いてると、上場企業さんたちのなかでは、部門間が断絶するように断絶するように、いろんなことが行われているように見えてくるんだけど。

加藤　そうですよねぇ。

一條　うん。なんか「部門間、断絶のススメ」、みたいなさ。

加藤　それはちょっといただけないススメですねぇ（笑）

一條　そうですねぇ。

とはいえ、その断絶が加藤さんの言っている肩身の狭さとどう関係するのかは、僕にはまだちょっとわからないんですけどね。

だけど今の部長さんたちの話を聞いてると、まわりとのつながりがなくて孤立してる感じがしますよね。

加藤　うん。つながりはないでしょうね。

一條　うん。その部長さんたちが相談できる部長さんたちもいないでしょうし。役員さんたちにも相談できそうにないし。

加藤　うん。
だから耐えるんじゃないですか。

一條　耐える？

加藤　耐える以外にないでしょう？
とりあえずがんばって次の人事異動まで耐えればいいって思う人もいるかもしれないし。

一條　ああ。

加藤　でも、そういうことをしてる間にも、自分がやってることに対する不確かさみたいなものが積み上がっていっちゃうから。

一條　そうですよねぇ。
自分で自分の首を絞め続けてる感じになってるのかもしれませんよねぇ。

加藤　うん。だから異動したとしてもつらさは消えないし。

一條　うん。ますます誰かに相談しにくくなるかもしれないし。

加藤　うん。

だからそういう意味では、孤立している部長さんたちって結構いらっしゃるんじゃないのかなぁって思うんですよね。

一條　なるほどねぇ。

一條コラム 4

上場企業にお勤めしている人たちが持つ「特徴」についての考察

先程、いわゆる上場企業と呼ばれる企業さんたちも分類ができるというお話と、「雇われ社長系の上場企業」のスタンスについてのお話をさせていただきました。

これに関連して言うと、実は上場企業にお勤めしている人たちにも特徴があります。

ただし、僕が見ている限りにおいていうと、この特徴が実際に上場企業にお勤めしている人たちご自身のなかで自覚されていないことも多い気がします。

その一方で、なにをするにしても自分が置かれている状況や自分自身の傾向を理解しておくことはとても役に立つことだと思います。

そこで、このコラムでは、上場企業にお勤めしている人たちの特徴についてお話ししてみたいと思います。

▼

僕が見ている限りにおいていうと、上場企業にお勤めしている人たちには「3つの特徴」があります。

その特徴のひとつめは、「自分の能力に対する自負がある」ということです。

これは考えてみれば当然の話で、そもそもそういう東証一部上場企業と呼ばれていたような企業に就職するためには、就職活動の段階でいろいろな競争をくぐり抜ける必要があります。

つまり、「今、上場企業にお勤めしている人たち」は、「その競争をくぐり抜けてきた人たち」だということになります。

また、その人たちの学歴を見てみると、世間的に「いい学校」と言われている学校を卒業している人たちも多かったりします。

ということは、その人たちはおそらく、学校でもある程度の成績を残してきた人たちだと考えられます。

このような要素によって、上場企業にお勤めしている人たちのなかには、その人が自覚しているかどうかに関わらず、自分の能力に対する自負が醸成されている。

僕はそのように捉えているのですが、その一方で、僕がこういう話をすると、「いやいやいや、私なんてなにもできませんよ」という反応をする人たちも出てきます。

特に上場企業にお勤めしていらっしゃる女性の社員さんたちのなかにはこのような反応を示す人が多いのですが、では、その人たちが自分の能力を「下の下」だと認識しているかというと、そんなことはないと思うのです。

実際、自分の能力に対して少なくとも、「中の上」もしくは「上の下」ぐらいの認識を持っている方が多いように感じます。

いずれにしても、上場企業にお勤めしている人たちのなかには、「自分の能力に対する自負」があることが少なくないようです。

ですので僕は、このことを、上場企業にお勤めしている人たちが持つ特徴のひとつだと捉えています。

▼ふたつめの特徴は、「相対的に高い給与を受け取っている」ということです。

もちろんひとくちに「上場企業」といっても、それぞれの企業さんにはそれぞれの給与体系がありますので、それぞれの企業にお勤めしている人たちが受け取っている給与の額には幅があると思います。

ただ、相対的に見てみると、上場企業にお勤めしている人たちの給与の水準は、たとえば国内の企業数の90％以上を占める中小企業と呼ばれる企業にお勤めしている人たちの給与の水準に比べると、はるかに高いのです。

その一方で、僕がこういう話をすると、「いやいやいや、そうは言ってもうちはそんなに給料、高くないんですよ。だから結構厳しいんです」というようなお話をしてくださる人たちもいらっしゃいます。

では、その人たちの給与の水準が「下の下」なのかといえば、そんなことはなくて、冷静に金額を見てみれば、悪くても「中の中」という感じになっている。

そのような状況があったりします。

いずれにしても、上場企業にお勤めしている人たちは、相対的に高い給与を受け取っていることが少なくない。

ですので僕は、このことも、上場企業にお勤めしている人たちが持つ特徴のひとつだと捉えています。

▼

みっつめの特徴は、「上場企業にお勤めしている時点で、まわりの人たちから『すごい』と認識されがちである」ということです。

実際に、今、上場企業にお勤めしている人たちのなかには、たとえばその上場企業に就職が決まったときに、ご家族の方や親戚の方、もしくは近所にお住まいの方たちから、「すごいね」とか、「よかったね」という声をかけられた方も少なくないと思います。

これは、世の中の一般的な傾向として、いわゆる上場企業と呼ばれている企業が、「普通の人が入社するのはむずかしいくらいすごい企業である」と認識されているからだと思われますが、いずれにしても、上場企業にお勤めしている人たちは、上場企業にお勤めしている時点で、まわりの人たちから「すごい」と認識されることが少なくないようです。

ですので僕は、このことも、上場企業にお勤めしている人たちが持つ特徴のひとつだと捉えています。

▼ここまで、上場企業にお勤めしている人たちが持つ「3つの特徴」についてお話をしてきました。

ただ、このコラムの冒頭でもお伝えしたとおり、これらの特徴が実際に上場企業にお勤めしている人たちご自身の中で自覚されていないことも多い気がします。

そういう意味で、ご自身も含めて、自分の同僚も、自分の上司も、自分の部下も、そういう特徴を持っているのだという理解があれば、いろいろな面で役に立つこともあるかもしれないと思い、少しお話しさせていただきました。

この理解を持って、社内の人たちを観察してみると、今まで気づかなかったことに気づく方もいらっしゃるかもしれません。

ご参考にしていただける部分があれば幸いです。

第六章　企業内部に必要な「デフラグメンテーション」とは

一条　あのね。僕、今までの話を聞かせてもらってて思うことがあるんですけどね。僕、昔、上場企業にお勤めさせてもらってたときに、システム部に所属していたことがありましてね。

加藤　はい。

一条　パソコンって長い間使ってるとデータとデータの間のつながり悪くなってきて、読み込みに時間がかかるようになったりするんですよ。

加藤　ほう？

一条　まぁだから、取り出したいデータはそのパソコンのなかにあるのに、なかなか目的とするデータが取り出せないってことにもなるわけでさ。だからある意味で、既存のリソースを活用しにくい状況になっているとも言えるかもしれないなって思うんですけどね。

加藤　ほう？

一條　まぁ、そういうデータとデータとのつながりをよくするというか、データとデータとのつながりを回復させることを、「デフラグメンテーション」って言うんですけど。
今の加藤さんの話を聞きながら、組織にもデフラグメンテーションが必要ってことなのかなって思ってたりするんだけどさ。

加藤　つながりの回復？

一條　うん。つながりの回復というか、断絶の解消というか。
だから、いわゆる上場企業さんたちの内部では部門間の断絶があったりとか、いろんなところに断絶があって、肩身が狭い思いをしている人たちがいるっていう感じがするんですけどね。

加藤　はいはい。

一條　「内部体制の最適化」という取り組みを行うことによって、その断絶が解消されるということなんだろうか？

加藤　ああ。そういう言い方をすればそうかもしれませんね。

一條　ふ〜ん。
それさ、具体的に言うと、どんな断絶がどんなふうに解消されるんですか？

▼「既存客からの追加収益の確保」によるデフラグメンテーション

加藤　そうですね。じゃあまず、「既存客からの追加収益の確保」に関してお話をさせてもらうとですね。

一條　はい。

加藤　僕はこの取り組みを各社の営業事務の人たちと一緒にやらせてもらってるんですけどね。さっきもお話ししましたけど、営業事務の人たちって、その人たちが所属している事業部門のなかで、その事業部門の一員として見られていないことも多い気がするんですよね。

一條　うん。

加藤　だから各事業部門のなかで「受注の確定処理をするだけの人」というか、これもさっきの言葉じゃないですけど、「受注案件の確定処理マシーン」のような扱いをされていることもあるというかね。

一條　うん。

加藤　それって、営業事務の人たちからすると、「自分」と「自分が所属している部門」とのつながりが断絶している状態だと言えるかもしれないなって思うんですけど。
でも、その人たちが、「既存客からの追加収益の確保」という業務に取り組み始めて、その結果として、既存客からの追加収益が生まれ始めるようになると、その事業部門のなかで評価されたり、感謝されたりし始めるんですよ。

一条　うん。

加藤　そうするとその人たちが、「受注案件の確定処理マシーン」のような扱いをされていた状態が消えていって、その人たちがその事業部門の一員として認識される状態になっていくわけでしてね。

一条　うん。

加藤　これはつまり、「営業事務の人たち」と、「その人たちが所属している事業部門」との間にあった断絶が解消されていったというか、つながりが回復されていったということだと思うんです。

一条　なるほどね。

加藤　あとは、営業事務の人たちを見ていると、その人たち自身のなかに、「自分は実際にたいしたことをしていないしな」っていう感覚があるような気がするんですよ。「私、特別なことはなにもできないんですよ」って感じになってるというか。

一条　うん。

加藤　でも、そういう人たちも上場企業に入社してる時点で、「自分はそこそこできる」って思ってるはずなんですよね。だからそこにもなにかの断絶がありそうな気がするんですよ。

一条　そうですねぇ。

加藤　だから自分で自分を信頼できないって感じになっちゃってるのかもしれないし。

一条　ああ。

加藤　まぁ、そんな状況があるように見えるんですけど。そこに既存客からの追加収益という成果がついてくることで、「私、できないわけじゃないかも」っていう感じになっていってもらえたらいいじゃないですか？
なにもなかったところから追加の収益が生まれたら、そういう感覚も持てそうでしょ？

一条　確かにね。

加藤　うん。その人たちがそういう感覚を持てるのと持てないのとではすごく大きな違いがあると思うんですよ。

一条　そうですよねぇ。

加藤　うん。だからそれをなんと言えばいいのかはわかりませんけど、まぁ、自分に対する不確かさが払拭されていくというか。
自分のなかで、「自分はできる」と思っている自分と、「自分はたいしたことをしていない」って思ってる自分が和解するというか。
だからそこでもなにかの断絶が解消されていってるというか、なにかのつながりが回復されていってる感じがするんですよね。

一条 なるほどねぇ。

加藤 あとは当然、既存のお客さんたちにまた関わっていくということは、企業さんから見たら、既存のお客さんたちとの間にできていた断絶が解消されていくというか、つながりが回復されていくということにもなるでしょう？

一条 そうですねぇ。じゃ、「既存客からの追加収益の確保」という取り組みをしていけば、企業としては既存のお客さんたちとのつながりが回復するし、各事業部門のなかでは営業事務の人たちと部門とのつながりが回復するし。

加藤 はい。

一条 あとは営業事務の人たち自身のなかでもなにかのつながりが回復されるかもしれないですよね、っていう話？

加藤 そうですね。

▼「営業計画の100％達成」によるデフラグメンテーション

加藤 あとは、「営業計画の100％達成」の話であれば、たとえば自分の営業計画が達成できていない、計画未達成の営業マンさんたちって、そもそもその事業部門のなかで置いていかれてる感じがするじゃないですか。

一條 そうですね。

加藤 立場もないし、その事業部門のなかでなにかを言っても無視されて、逆に問い詰められるだけって感じになってることも少なくない気がするんですよ。

一條 うん。

加藤 だから、ある意味で、そこにはいるんだけど、いない人であるかのように扱われているというか。

一條 ああ。
「戦力外」って感じで見られてるってこと？

加藤 そうそう。
だからそういう営業マンさんたちからすると、さっきの営業事務の人たちと同じで、「自分」と「自分が所属している部門」とのつながりが断絶している状態だと言えるかもしれないんですけど。

一條 うん。

加藤 でも、その人たちがさっきからお話ししているような、細かいステップから成り立つ初回コンタクトから成約までのプロセスみたいなものを使うようになると、計画が達成できたりし始めるんですよ。もしくは、計画が達成できないにしてもステップを進めることができるようになり始めるんですよ。

一條 うん。

加藤 そうなってくると、そこに上司や同僚がサポートに入れるようにもなるでしょう？ すると、計画が達成できてもできなくても、この人が「戦力外」っていう扱いをされていた状態がちょっとずつ消えていって、その結果、その人もだんだんとその事業部門の一員として認識される状態になっていくわけで。

これはつまり、「営業マンさんたち」と、「その人たちが所属している事業部門」との間にあった断絶が解消されていくというか、つながりが回復されていくということだと思うんです。

一條 なるほどね。

加藤 あとはね、そもそも営業計画の未達成が続いてる営業マンさんたちって、自信のなさっぷりがすごいでしょう？

一條 うん。

加藤　「自分はダメなんです」って感じになっちゃってる人もいるわけで。そういう人たちって、「自分は営業部に所属しています」って胸を張って言えてない気がするんですよ。

一條　ああ。「だってお前、計画達成できてないじゃん。なにもやってないじゃん」とかって言われちゃうから？

加藤　そうそう。でも、そこが計画達成できるようになったり、もしくはステップを進めることができるようになってくると、「自分は営業部に所属してます」って言えるようになる感じがするじゃないですか。

一條　そうですねぇ。

加藤　うん。だからこれもなんと言えばいいのかはわかりませんけど、まぁ、自分に対する不確かさが払拭されていくというか。自分のなかにあるなにかの断絶が解消されていくというか、なにかのつながりが回復されていく感じがするんですよね。

一條　なるほどねぇ。

加藤　あとはね、この「営業計画の100％達成」の話で言えば、さっきは計画未達成の営業マンさんたちが置かれている状況についての話をしましたけど、自部門の営業計画を達成できていない事業部門の

部長さんたちも同じ状況に置かれているわけでしてね。
つまり、自部門の営業計画を達成できていない事業部門の部長さんたちは、自部門の営業計画を達成できている事業部門の部長さんたちからは置いていかれてる感じになっているでしょうし、立場もないじゃないですか。

一条　そうですね。

加藤　うん。だから、役員さんたちや部長さんたちが集まる採算会議でも発言権なんてなさそうだし、なにかを言っても無視されて、逆に問い詰められるだけって感じになってる部長さんたちも少なくない気がするんですよ。

一条　うん。

加藤　ところが事業部門として自部門の営業計画を達成できるようになってくると、その状況が変わっていって。役員さんたちもその部長さんたちの話を聞くし、その部長さんたちもいろいろ発言できる状況になっていくわけでしてね。
これはつまり、「部長さんたち」と「役員さんたち」との間にあった断絶が解消されたというか、つながりが回復されたということだと思うんです。

一条　なるほどねぇ。

加藤　あとはもちろん企業としても新規のお客さんが増えていくわけですから。
おのずとお客さんとのつながりも増えていきますよね。
まぁ、これはつながりの回復ではないですけど、つながりが増える。

一条　うん。
それは、企業さんとしてはうれしいことかもしれないですね。

加藤　そう思うんですよね。

▼「部門別採算管理体制の再構築」によるデフラグメンテーション

一条　じゃあ、「部門別採算管理体制の再構築」っていう取り組みでも、そういう断絶の解消とか、つながりの回復が起こるんですか？

加藤　そうですね。
たとえばですけど、さっき「部門別採算管理体制の再構築」の取り組みの一環として、各事業部門が負担している本社費を一覧にした資料を作るっていう話をしたでしょう？

一条　はい。

加藤　そういう資料が社内で配られ始めるとね、もうその資料を見た時点で、その資料を見た人たち全員の認識が変わっちゃうわけですよ。

一條　ん？

加藤　いや、だから、さっきも言ったように、多くの企業さんたちのなかでは部門別採算管理というものが、各事業部門に優劣をつけるためのものになってる気がするんですよ。

一條　まぁ、実際にそういう側面はありますよね。

加藤　うん。
そうなると、ある事業部門さんから見たときには、自分たちとは違う他の事業部門が、自分たちと同じ目的を持って動いている存在だとは思えなくなると思うんです。

一條　まぁ、そりゃそうですよね。
どちらかといえば競争相手って感じの存在になりますもんね。

加藤　そうそう。
でもその一方で、どの事業部門さんも本社費を負担してたりするわけじゃないですか。

一條　まぁ、そうですね。

加藤　うん。
でね、この「本社費」ってものは、ある観点から見れば「企業の存続を支えるための費用」であるという見方もできると思うんですよ。

一条　まぁ、そうですよね。

加藤　うん。だからつまり、その費用が賄えなかったら、本社機能は機能できなくなるわけだし。

一条　うん。

加藤　そうなると、その企業が存続することもむずかしくなるんじゃないかなとも思うんですよ。

一条　そうですよね。
特に規模の大きな企業になればなるほど、そういう傾向は強くなるかもしれないですよね。

加藤　そうそう。
ということは、「本社費」は、ある観点から見れば「企業の存続を支えるための費用」だということにもなりますし。

一条　うん。

加藤　そしてそれぞれの事業部門はそれぞれに、本社費を負担してるわけですから。

一条　うん。

加藤　各事業部門は、本社費を負担することによって、企業の存続を支えているってことになると思うんですよ。

一條　まぁ、それはそうでしょうね。

加藤　うん。
そしてこれは、どの事業部門も同じだと思うんですけどね。

一條　はい。

加藤　そこに資料として、「各事業部門が負担している本社費の一覧」が出てくるとね。
まぁ、その資料を見ることによって、自部門は自社の存続を支えているんだっていう認識も持てると思うんですけど。

一條　うん。

加藤　それと同時に、その資料を見ることによって、他の事業部門も自社の存続を支えているんだなってことが認識されちゃうんですよ。

一條　ああ。
まぁ、一覧資料になってますもんね。
見る気がなくてもそういう情報が目に飛び込んできちゃいますよね。

加藤　そうそう。
その人に自覚があろうとなかろうと、そういうことが認識されちゃうわけですよ。

一條　まぁ、そうでしょうね。

加藤　うん。
そうなるとね、各事業部門同士で、自分たちは同じ目的を持って動いている存在なんだなっていう認識が持たれるようになったりするんですよ。

一条　そうなの？

加藤　うん。
だって、資料に出てますから（笑）

一条　う～ん。

加藤　もちろん、その資料があるからといって、いきなりなにかが起こるってことはないですよ？
だけど、少なくとも、「他の事業部門と自分たちの事業部門には共通した目的がある」ということが認識されるようになるというか。
そうなってくると、競争関係にはなりにくくなるというか。
まぁ、その結果として、すごく緩やかにではあるかもしれないですけど、各事業部門間のつながりが回復されていくような気がするんですよね。

一条　う～ん。そうなのか…。

加藤　うん。

これは実際にこの「部門別採算管理体制の再構築」の取り組みをしている企業さんたちを見ているとそういう気がするんですよ。

一條　なるほどねぇ…。

加藤　あとはね、さっきのミズグチさんの話みたいに、事業部門の部長さんが経理部門の担当者さんのところに「なんだこれ！」って怒鳴り込んでくるとかって話があるじゃないですか？

一條　ありますよね。

加藤　うん。そのときの彼女は30分もその部長さんから文句を言われてたってことなんですけど、ということはつまり、まわりの人たちが彼女のことをかばってあげられなかったってことだと思うんですよね。

一條　まぁ、そうですよね。まわりの人たちがかばってくれてたとしたら、彼女も僕に「聞いてくださいよ〜！」とかって言って来てなかったかもしれないですもんね。

加藤　そうそう。じゃあ、なんでまわりの人たちが彼女のことをかばってあげられなかったのかっていうと、それはきっと、自分もその部長さんからの問い掛けに答えることができない状況だったからなんじゃないかなって思うんですよ。

一条　うん？

加藤　つまり、彼女のまわりの経理部の人たちも、部門別に採算を管理することの意味とか目的とか、そもそもどういう意図でどういう資料が作られているかってことを理解できていなかったから、怒鳴られている同僚をかばいに出ることができなかったんじゃないかなって思うんです。

一条　ああ。
下手にそこに出ていっても、その部長さんに説明することもできないし、巻き添えを食らうだけになっちゃうから出るに出られない、みたいな感じ？

加藤　そうそう。
でも、これ、経理部のなかで、そもそも部門別に採算を管理することの意味とか目的とか、あとは自分たちが作っている資料はどういう意図で作られるべき資料なのかっていうこととかが理解されるようになってくると、もしも仮にどこかの事業部門の部長さんが怒鳴り込んできたとしても、経理部全体で対処ができるようになってくるんですよね。

一条　じゃあ、誰かが怒鳴られてたとしたら、そこをかばってあげられるようになるかもしれないってこと？

加藤　そうそう。
そうなると、もし仮に経理部の誰かがどこかの事業部門の部長さんから怒鳴り込まれたとしても、その人はひとりぼっちにはならないでしょう？

一条　まぁ、そうかもねぇ。

加藤　まぁ、実際にそんな感じで怒鳴り込んでくる人がいるかどうかはまた別の話ですけど、これはつまり、経理部門のなかにあったなにかの断絶が解消されたというか、なにかのつながりが回復されたっていうことだと思うんです。

一條　なるほどねぇ。

加藤　あとはね、僕から見てると、経理部門でお仕事をしている人たちのなかには、「自分がなんの仕事をしているのかがわからない」とか、「自分の仕事がどこにどうつながっているのかわからない」っていう感覚を持っている人たちも少なくない気がするんですよ。

一條　うん。

加藤　だから不確かな感覚を抱えながらお仕事をすることになっていて。その結果として、「自分はここにいてもいいのかな？」っていう感覚を持ち始める人たちもいるし。まぁ、いずれにしても「自分は役に立っているんだ」っていう感覚を持ちながら業務に取り組めている人ってあんまりいない感じがするんですよね。

一條　うん。

加藤　でもその人たちが、そもそも部門別に採算を管理することの意味とか目的とか、あとは自分たちが作っている資料はどういう意図で作られるべき資料なのかっていうことを理解した上で、そういう資料を作り始めるようになるわけでしてね。

一條 うん。

加藤 そうすると、「自分は役に立ってる」っていう感覚を持ち始める人たちも出てくるんですよね。

一條 なるほどねぇ。

加藤 うん。そうなってくると、「自分がなんの仕事をしているのかがわからない」っていうような『自分が担当している業務についての不確かさ』も払拭されていくし、「自分はここにいてもいいのかな？」っていうような『自分の存在に対する不確かさ』も払拭されていくわけでしてね。

ここでもなにかの断絶が解消されていくというか、なにかのつながりが回復されていく気がするんですよね。

▼自分に寄りかかれない人たち

一條 なるほどねぇ。

でもさ、さっきから加藤さんの話を聞いてるとさ。

毎回毎回、それぞれの人の内側にあるなにかの断絶についての話が出てくる気がするんだけどさ。

やっぱり僕、すごく気になるのが、その人たちの内側になんの断絶があるのかっていうことなんですよね。
そこになにかの断絶があることはもうわかるんだけどさ。
それ、言葉にできないよね。なんなんだろうね。
だから、いろんな取り組みをしていった結果、営業事務の人たちだったら、「私、できないわけじゃないかも」っていう感じになるんでしょ？

加藤　はい。

一条　営業マンさんたちだったら、「自分は営業部に所属してます」って言えるようになるんでしょ？

加藤　うん。

一条　経理の人たちだったら、「自分は役に立ってる」っていう感じになるんでしょ？

加藤　はい。

一条　ということは、その人たちには今、そういう感覚がないってことなんでしょ？

加藤　そうだと思いますよ。

一条　う～ん。

でも、部長さんも役員さんも社長さんも、多かれ少なかれそういう感じなのか。たとえば社長さんだって、「自分はちゃんと社長をやれている」って感じで思えてない可能性はありますもんね。
上場企業の社長でキャリアをあがった人の話を聞いてても、なんかそんな感じで思えてなかったのかなって気がすることがありますもん。

加藤 うん。
だって一條さん、雇われ社長系の上場企業の社長さんは、元手のないところから事業を作ったりした経験がないんでしょう?
本当に社長業ができるって感じで自分で自分のことを頼れる感じはしなくないですか?

一條 う〜ん。そうかもしれないですよねぇ。

加藤 うん。自分に頼れない。頼りにできない。頼りにできるものがない。
多くの人はそこを「自信がある」とか「自信がない」とかって話にしてるけど、なんか自信よりももっともっと手前の話なんじゃないかなって思うんですよね。

一條 そうですよねぇ。
自信があるとかないとかって話じゃなさそうですよね。

加藤 うん。
だから「自分に寄りかかれない感じ」というか。

一條 ああ。

寄りかかったら倒れちゃう、みたいな?

加藤　そうそう。
だから自分の足で立っている感覚が持てないというか。

一條　なるほどねぇ。

▼連動する「つながり」

一條　まぁ、話を戻すと、この「内部体制の最適化」っていう取り組みに取り組めば、今、お話ししてくれたようなつながりが回復されますよってこと?

加藤　そうそう。
だから実際にこの「内部体制の最適化」に取り組んでいる企業さんたちを見ていると、部門間のつながりが回復されたり、個々の人とその人が所属している部門とのつながりが回復されたり、上司さんと部下さんとのつながりが回復されたり、それぞれの人のなかで自分自身とのつながりが回復されたりしてる気がするんですよね。

一條　ふ~ん。

加藤　だから、業務的な面でのつながりも、業務以外の面でのつながりもいろいろ回復されていくんだなって思って見てるんですけどね。

一條 う〜ん。
なんか、話を聞いてると本当に大きなところから小さなところまでって感じだけどさ。
大きな話ですよね、それ。

加藤 大きな話なんだけど、でも小さな話で全部一緒ですよ。

一條 全部一緒なの？
それ全然わかんないけど（笑）
それ一緒って言う人、あんまりいないと思うけどさ。
加藤さんのなかでは一緒なんですね。

加藤 うん。
だって、部門間のつながりも、個人と部門とのつながりも、上司さんと部下さんとのつながりも、それぞれの人のなかでの自分自身とのつながりもすべてが連動してるし。

一條 ほう？

加藤 どこかのつながりが切れたらまた全部崩れていくわけですから。

一條 なるほどねぇ。

一條コラム5　上場企業にお勤めしている人たちが持つ「切なさ」についての考察

先程、上場企業にお勤めしている人たちが持つ「3つの特徴」についてお話ししました。

ではなぜ僕が、そのような「3つの特徴」についてお話ししたのかというと、実は、この「3つの特徴」が、上場企業にお勤めしている人たちにとっての問題を生み出しているケースがあるからなのです。

そしてそれらの問題は、「上場企業にお勤めしている人であれば、必ず抱えることになる問題」でもあります。

必ず抱えることになる問題なのであれば、あらかじめその内容を知っておくことで、それらの問題に対処しやすくすることができるかもしれません。

そこでこのコラムでは、上場企業にお勤めしている人たちが持つ「3つの特徴」によって引き起こされる問題について、お話ししてみたいと思います。

▼

ところで僕が上場企業さんに関わらせてもらうときには、次世代経営人材開発というようなテーマでお仕事のご依頼をいただいたりもするのですが、そのときには、各企業のなかで「次の役員候補」とされている部長さんたちに関わらせてもらうことになります。

その経験からお話しすると、そういう部長さんたちのなかには、「業務上、先が見えないような感覚」を持っていらっしゃる方も少なくない気がします。

実際、そういう部長さんたちが頻繁に口にする言葉として、「まるで曇りガラスのこちら側にいるようです。まったく先が見えません」という言葉があったりするからです。

僕は、この言葉を聞いているだけで、もうかなり切ない気持ちになったりもするのですが、しかし、この「切なさ」という話であれば、その言葉の裏側には、もっともっと具体的な「３つの切なさ」が隠れているように感じるのです。

では、その「３つの切なさ」とは具体的にどういうものなのか。

▼

まずひとつめの切なさは、「能力はあるはずなのにもかかわらず、人事異動でまるで勝手がわからない部門に異動になり、なにもできない人のようになってしまう」というものだったりします。

これは先ほどお話しした「上場企業にお勤めしている人たちが持っている『３つの特徴』」のうちの「自分の能力に対する自負があること」という特徴から生まれる切なさなのですが、先程もお話ししたとおり、上場企業にお勤めしている時点で、みなさん、自分の能力に対する自負があることがほとんどです。

ましてや、今、例として取りあげている人たちのように、上場企業のなかで「部長」という役職に就いている人たちであればその自負もそれなりに強くなっていることが多い気がするのです。

その一方で、ご存じのとおり、上場企業のなかには人事異動という制度があります。

するとそこでなにが起こるかと言えば、たとえば、それまで経理部門で部長補佐のような立場でお仕事をしていた人が、人事異動でいきなりどこかの事業部門の部長になったりすることもあるわけです。

そうなるとこの人は、部長として事業部門に着任したものの、業務上、なにをやったらいいのかがわからないという状況になったりもします。

その一方で、部下の人たちからは、「なんだ、こいつ。部長とかいってるけど、業務のことなんて、なにも知らないだろ?」と思われたりもします。

つまり、自分のことを「できる人」だと思っている人が、人事異動によって「できない人」のようになってしまう。

ここに、「能力はあるはずなのにもかかわらず、人事異動でまるで勝手がわからない部門に異動になり、なにもできない人のようになってしまう」という切なさが生まれているように見受けられるのです。

▼

ふたつめの切なさは、「相対的に高い給与を受け取っているのにもかかわらず、お金に余裕があるとは感じられない」というものです。

これは先ほどお話しした「上場企業にお勤めしている人たちが持っている『3つの特徴』」のうちの「相対的に高い給与を受け取っている」という特徴から生まれる切なさなのですが、先程もお話ししたとおり、上場企業にお勤めしている時点で、みなさん、相対的に高い給与を受け取っていることがほとんどです。

今、例として取りあげている「部長」という役職に就いている人たちの場合には、年収で1,200万円とか、1,500万円になっているケースが多い印象があります。

そのような状況があるわけですが、僕が次世代経営人材開発という取り組みのなかで、そういう部長さんたちと話をしていると、今、書店で売れている本の話が出てくることがあります。

それがどういう内容なのかといえば、「一條さん。今、『年収300万円で幸せに暮らす』みたいな本が売れていますよね？」という内容だったりするのです。

実際、そういう本が売れていたりもしますので、「そうですね」とお答えしたりもするのですが、すると、「僕はその5倍もお給料いただいてるんですけど、お金に余裕がないのはなんでなんでしょうか？」というような話になったりするのです。

この質問に対する答えを先に言ってしまえば、その人たちがそのような状況になっている理由は、その人たちの生活の水準が高いからだと思うのですが、そのような自覚を持っている方は多くはないような気がします。

ちなみに、その人たちの生活の水準がどのようなものなのかといえば、たとえばお住まいは、都心部に近い、閑静な住宅街にあったりもします。

また、お子さんは私立の中学校に通っていらっしゃったりもしますし、車もそこそこいい車、という感じになっている人も少なくない気がするのです。

こうなるとなかなかお金に余裕は生まれない。

その一方で、『年収300万円で幸せに暮らす』というような本に書かれてる人たちというのは、たとえば住んでるところは田舎で、家は親が建ててくれた二世帯住宅です、という感じであったり。

お子さんは公立の学校に通っていて、お休みの日には近所の河原に行ってバーベキューをして、という感じでたのしく暮らしてます、というような人たちだったりするわけです。

しかし、上場企業にお勤めしている部長さんたちからすると、そもそも実家からは遠く離れた場所に暮らしている人たちも多いですし、今お話ししたような感じで生活をしている人たちもまわりにあまりいなかったりしますので、そういう状況が理解しにくいことも少なくない気がするのです。

もちろん、本の内容を読んでみれば、自分が送っている生活スタイルとは違う生活スタイルについての内容であることも理解できるかもしれませんが、たとえばふらりと書店に入ったときに、『年収300万円で幸せに暮らす』という本のタイトルだけが目に飛び込んできて、そのタイトルと、自分が認識している自分の状況とのギャップにやられてしまう、ということになっている人たちは少なくない気がするのです。

いずれにしても、事実としてその人たちは相対的に高い給与を受け取っているわけですが、その一方で、お金に余裕があると感じているかと言えばそうでもない。

ここに、「相対的に高い給与を受け取っているのにもかかわらず、お金に余裕があるとは感じられない」という切なさが生まれているように見受けられるのです。

▼

みっつめの切なさは、「社外の人たちからは『すごい』と言われるのにもかかわらず、社内では埋もれてしまっている」というものです。

これは先ほどもお話しした「上場企業にお勤めしている人たちが持っている『3つの特徴』」のうちのひとつである「上場企業にお勤めしている時点で、まわりの人たちから『すごい』と認識されがちである」という特徴から生まれる切なさなのですが、先程もお話ししたとおり、上場企業にお勤めしている時点で、みなさん、まわりの人たちから『すごい』と言われていたりします。

ましてや、誰もが知っている上場企業で「部長」という役職に就いていたりすれば、その傾向はますます強くなりがちです。

その結果、たとえば、ご近所の人たちから、「あそこの旦那さんは上場企業にお勤めしていて、部長さんにまでなってるってすごいよね」というような認識が持たれるようになることもあるわけです。

その結果、たとえばその部長さんの奥さんがご近所の奥さんから、「お宅の旦那さんはあんないい会社にお勤めしていて、すごいわよね」というようなことを言われることもあるかもしれません。

そうするとこの奥さんはちょっとうれしくなって、帰宅した旦那さんに、「近所の奥さんからこんなことを言われたよ」という話をしたりするかもしれません。

それを聞いた旦那さんはひょっとしたら「まぁね。僕もがんばったからね」とまたちょっとうれしくなったりするかもしれないわけです。

では、その旦那さんが次の日に出社したときにどういう状況が待っているのかといえば。

自分と同じフロアでお仕事をしている人たちは全員、同じ企業にお勤めしている人たちだったりするのです。

場合によっては、そのビル1棟のなかにいる全員が、その企業にお勤めしている人たちだったりすることもあります。

つまりそこには、「社外の人たちからは『すごい』と言われているのに、社内ではその他大勢の中に埋もれてしまっている」という状況があるわけです。

ここに、「社外の人たちからは『すごい』と言われるのにもかかわらず、社内では埋もれてしまっている」という切なさが生まれているように見受けられるのです。

▼

さて、ここまで、上場企業にお勤めしている人たちが抱えることになる「3つの切なさ」について、「部長」という役職に就いていらっしゃる人たちを例にとってお話ししてきました。

しかし、この「3つの切なさ」は、「部長」という役職に就いている人たちだけが抱えるものではありません。

上場企業にお勤めしている人であればその企業自体とその企業を取り巻く環境の構造上、程度の差こそあれ、必ずこの「３つの切なさ」を抱えることになる。

そこには、役職も、性別も、年齢も、社歴も、関係がない。

そのような理解と認識を持っておけば、実際に自分がそれらの「切なさ」を抱えていることを認識したときに、その切なさを自分だけが抱えているものであると思う余地はなくなりますし、その結果、その切なさを自分ひとりで抱え込む必要もなくなるかもしれません。

これも、それがいいとか悪いとかという話ではない一方で、上場企業にお勤めしている人には必ずついてくるお話だと思うのです。

ですので、このような理解がなにかの役に立つ方もいらっしゃるかもしれないと思って、少しお話させていただきました。

ご参考にしていただける部分があれば幸いです。

第七章　既存客へのアプローチ

一条　ここまで、「内部体制の最適化」について、いろいろとお話を聞かせてもらってるんですけどね。その取り組みが実際にうまくいくのか、僕にはまだちょっとわからないんですよね。だからちょっと聞いてみたいんですけど、加藤さんが実際に「内部体制の最適化」っていうテーマでお仕事の依頼を受けるときって、さっきから話に出てきている業務上の3つのテーマのなかだったら、まず最初になにから手をつけるんですか？

加藤　まぁ、「内部体制の最適化」という取り組みは、「既存客からの追加収益の確保」と、「営業計画の100％達成」と、その土台としての「部門別採算管理体制の再構築」っていう業務上の3つのテーマがセットになったものですから。だから別にどこから手をつけてもいいんですけどね。

一条　それは理解してるんですけど。たとえばどこから始めてもいいなら、どこから始めることが多いんですか？

加藤　そうですね。その場合には、「既存客からの追加収益の確保」から始めることが多いですね。

一条　それはなんでなんですか？

加藤　それは、この「既存客からの追加収益の確保」という取り組みが企業さんたちの目的である増収増益につながりやすいからなんですけどね。
だって一條さん。
「既存客からの追加収益の確保」に手をつけている上場企業さんって多いですか？

一條　いや、僕が見ている感じでは、そこに手をつけている上場企業さんはほぼないんじゃないかと思いますよ。

加藤　そうでしょう？
だからそこに手をつけるんですよ。

一條　ほう。

加藤　だって各社さんたちが手をつけてない部分なんだから、そこに手をつければ手っ取り早く成果も出せるし。
あとは、そうやって手っ取り早く成果を出すことによるメリットもありますし。

一條　ん？

加藤　というのも僕はテレビやビジネス誌にばんばん登場している有名人でもなんでもないですから、上場企業さんたちからすれば、どこの馬の骨かわからない存在だと思うんですよね。

一條　はいはい。

加藤　うん。だから、僕のことを見て、「誰だコイツ？」って思う人も多いと思うんですよ（笑）
だから、そこで最初に成果を出しておけば、その後のお仕事がやりやすくなるでしょう？

一條　ああ、だからまずは成果で力を証明してしまおうってこと？

加藤　そうそう。
そういう意味で、特に企業さんの側に希望がなければ、僕は成果を出しやすい「既存客からの追加収益の確保」から始めることが多いですね。

一條　なるほどね。

一條　じゃあ、その「既存客からの追加収益の確保」に手をつけた後はなにに手をつけるの？

加藤　次はやっぱり、「営業計画の100％達成」に手をつけることが多いですね。

一條　それはそもそもの目的が、安定的に増収増益を達成できる体制を作ることだから？

加藤　そうですね。

一條　じゃあ、その次に「部門別採算管理体制の再構築」に手をつけるって感じですか？

加藤　そうですね。
でも、実際の話をすると、さっきもお話しした通り、この業務上の3つのテーマはひとつのセットですから。つまり、最終的には3つの取り組みを全部やることになるはずですから。
だから別に、どこから始めてもいいいと思うんですよね。

一條　ふ〜ん。

でもさ、この業務上の3つのテーマって、企業さんたちのなかでは担当する部門が違うと思うんですよ。

加藤　そうですね。

一条　うん。じゃあさ、それぞれ違う部門から同時にポンッと依頼が来てもそれはそれでいいの？

加藤　問題ないですよ。同時に進められますから。

一条　なるほどね。

▼放置される「既存客」

一条　じゃあ、最初に手をつけることが多い「既存客からの追加収益の確保」っていう業務上のテーマに関していうと、具体的にはなにをするんですか？

加藤　具体的にはまず、この「既存客からの追加収益の確保」の取り組みをする事業部門さんの過去の受注リストを出してもらって、それぞれのお客さんからの受注状況と、最終受注から今までのコンタクトの履歴を確認しますよね。

一条　ふ～ん。
それさ、今までの加藤さんの経験から言うと、どんな状態になってることが多いんですか？

加藤　やっぱり最終の受注の後に、コンタクトをとっていないお客さんが多かったりしますよね。最終受注から何年もほったらかしになってるお客さんたちばっかりだったりして、全然関わってないんだなって気がすることもありますし。

一條　なるほどね。

加藤　うん。だから、事業部門の部長さんたちも営業マンさんたちも、そこに重要性があるとは思ってない感じがするんですよね。

一條　そうですよねぇ。
まぁ、人事異動もありますからね。

加藤　ん？

一條　いや、3年とか5年とか経ったら人事異動でその部門からいなくなると思ったらさ。
しっかり腰を据えて既存のお客さんとの関わりを強くしようって考えるよりも、手っ取り早く新規のお客さんを開拓しようって考えることになるケースは多い気がするんですよね。

加藤　ああ。
だから、上場企業にお勤めしている人たちって、既存のお客さんに注目する感覚自体があんまりないのかもしれないですね。

一條　うん。
そうやって冷静に考えてみたら、上場企業の構造として、既存のお客さんたちに注目する感じにはなりにくい状況があるのかもしれないですね。

加藤 そうですねぇ。
でも、増収増益を目的にしてるんだったら、それはもったいない話だと思うんですけどねぇ。

一條 そうですねぇ。
まぁ、話を戻すと、まずはそうやって過去の受注リストを確認するんでしょう?

加藤 はい。

一條 その次はなにをするんですか?

加藤 まぁ、そういう感じで、既存のお客さんたちにコンタクトが取られていないことがわかった時点で、部長さんに「既存のお客さんたちにコンタクトをとれば、追加の収益が確保できますよ」っていう話をさせてもらうんですけどね。

一條 ほう。
するとどうなるの?

加藤 大体の部長さんはそういうことをやったことがないからか、「ほんとにそうなるんですか?」って顔になりますよね（笑）

一條 やっぱり（笑）

加藤 うん。

だって、やっぱりこれまでにそういう取り組みをしたことがないからかもしれないし。

あとはまぁ、そういうことをする必要性を感じてなかったり、もしくは、これまでそんな選択肢を持ったことがなかったからかもしれないし。

一条 まぁ、そうですよね。

でもそうやって部長さんに、「既存のお客さんたちにコンタクトをとれば、追加の収益が確保できますよ」って話をしたとして、その次はなにをするんですか？

加藤 その次は部長さんに、「営業事務のスタッフさんたちの力を借りて既存客にアプローチする」ってことを了承してもらうんですけどね。

一条 ほう？

それさ、部長さんは「ダメ」とかって言わないの？

加藤 僕の経験上、「ダメ」って言われたことはないですね。

それよりも部長さんたちは大体、営業事務の人たちに自分がどう説明していいのかわからないって顔になるので。

一条 ほう？

加藤 だから、部長さんたちに負担がかからないようにするために、「僕がみなさんに説明する機会を設けてください」ってお願いするんですよね。

一條　なるほどね。
それで、加藤さんが営業事務の人たちと話をするわけですか。

加藤　そうですね。

一條　そのときに、例のキラーワードを使うわけ？

加藤　そうですね（笑）

一條　すると、「じゃあ、やってみようかな」って言われると。

加藤　そうそう。

一條　なるほどねぇ。
じゃあ、その次はなにをするんですか？

加藤　その次は、既存のお客さんたちに向けた提案書を作るんですよ。

一條　ふ〜ん。
その提案書は加藤さんが作るんですか？

加藤　はい。

一條　それ、加藤さんはどうやって提案書を作るんですか？

▼「特殊な提案書」の作り方

加藤　そこにはいくつかのステップがありましてね。
まずは営業マンさんたち全員と、営業事務の人たち全員にヒアリングをさせてもらうんですけどね。その企業さんでの取引の流れとか、これまでの取引の内容とか、商品の内容とかを細かく細かく聞かせてもらうんですよ。

一条　なるほど。

加藤　あとはそのヒアリングと並行して、既存のお客さんにアンケートをとるんですけどね。

一条　ほう？

加藤　そして、そのアンケートの回答を回収するところまで終わったら、あとは既存のお客さんから追加の注文が入りやすくなる提案書の書き方があるので、その書き方に沿って提案書を作るっていう感じですね。

一条　ふ～ん。

加藤　もちろん、その提案書の内容は部長さんにも、営業マンさんたちにも、営業事務のスタッフさんたちにも見てもらって。
最終的に全員が「ＯＫ」ってなったら、営業事務のスタッフさんたちにお願いして、その提案書を既存のお客さんたちのところに直接持って行ってもらうか、もしくは郵送してもらうんですよ。

一条　そうすると、追加の注文が入ってくるんですか?

加藤　そうですね。

一条　ということは、その提案書の作り方にノウハウがあるってことか。

加藤　するどいですね（笑）

一条　ちょっとそのノウハウを話してもらいたいんですけど（笑）

加藤　もちろんです。

加藤コラム 1

既存客から追加の収益を確保するための「提案書作成ノウハウ」

過去に自社からなんらかの商品やサービスを購入してくれた既存のお客さんたちに対して、営業事務のスタッフさんたちからコンタクトを取ることで、追加の注文をしてもらう。

この目的を達成するために使えるのが「提案書」です。

この提案書の目的は、「既存のお客さんたちから追加の注文をしてもらうこと」ですから、その内容も一般的な提案書の内容とは違った、ちょっと特殊な内容になります。

というのも、一般的な提案書の場合には、自社の商品やサービスの説明が書かれていたり、ちょっと気の利いた提案書になってくると、対象となる相手の問題点や課題についての分析が書かれていたりすると思うのです。

その一方で、このコラムでその内容を解説する「提案書」はあくまでも、「過去に自社からなにかの商品やサービスを購入してくれた既存のお客さんたちから、追加の注文をしてもらうこと」を目的とした提案書です。

この提案書のキモは、自社の商品やサービスの説明をすることにはありません。

この提案書のキモは、対象となる相手の問題点や課題についての分析を伝えることにもありません。

この提案書のキモは、ずばり、「過去に自社との間に取引があった事実を思い出してもらうこと」にあるのです。

繰り返しになりますがこの提案書の目的は、「過去に自社からなんらかの商品やサービスを購入してくれた既存のお客さんたちから、追加の注文をしてもらうこと」です。

そのために役に立つ内容がこの、「過去に自社との間に取引があった事実を思い出してもらうこと」なのです。

▼具体的な話をすると、この提案書は次の４つのセクションから成り立っています。

セクション1．「これまでの取引内容」が記載されたセクション

セクション2．「窓口となる担当者さんについての情報」が記載されたセクション

セクション3．「提案する商品やサービスにかかわる自社のスタッフさんたちについての情報」が記載されたセクション

セクション4．「提案する商品やサービスについての情報」が記載されたセクション

▼次に、それぞれのセクションに書く内容について解説してきます。

セクション1．「これまでの取引内容」

このセクションには、過去に相手と自社との間にあった取引内容を記載します。

・いつ、どんな取引があったのか

・その結果、どういう成果が出たのか

それらの内容を、最新のものから過去にさかのぼる形で書いていきます。

もしも1ページに収まらないときには、2ページになっても、3ページになっても構いません。

その相手と自社との過去の取引について、

・いつ、どんな取引があったのか
・その結果、どういう成果が出たのか

を書いていきます。

セクション2．「窓口となる担当者さんについての情報」

このセクションには、その提案書をお客さんのところに持って行く、もしくは郵送する営業事務の担当者さん本人についての情報を記載します。

とはいっても、これはその担当者さんの生年月日や学歴というようなものを書くのではありません。

そのような情報の代わりに、

・その人のニックネーム
・買っているペットの名前
・最近ハマっていること など

その担当者さんの人柄が伝わる内容を書いていきます。

このセクションは1ページに収めます。

セクション3.「提案する商品やサービスにかかわる自社のスタッフさんたちについての情報」

このセクションには、配送を担当する担当者、設置を担当する担当者、問い合わせに対応する担当者、アフターフォローを担当する担当者という具合に、今回提案をすることになる商品やサービスにかかわる自社のスタッフさんたちについての情報を記載します。

それぞれの人の顔写真と名前、そしてひとことメッセージがあれば十分です。

このセクションも1ページに収めることができれば1ページに収められるといいですが、もしも1ページでは足りない場合には、複数ページにまたがっても構いません。

セクション4.「提案する商品やサービスについての情報」

このセクションには、この提案書で提案することになる商品やサービスの内容を記載します。

このときに大切なことは、商品やサービスが持つ「機能」や「スペック」を最初に書くのではなく、その商品やサービスを購入した際に相手が得られる「メリット」を最初に書くことです。

それらの「メリット」を書いた後に、商品やサービスが持つ「機能」や「スペック」を書いていきます。

▼

このように、大きく分けて4つのセクションによってこの提案書は成り立っているわけですが、それぞれのセクションに記載する内容にはその内容を記載する理由があります。ですので次に、それぞれのセクションにそれぞれの内容を記載する理由をお伝えします。

セクション1.「これまでの取引内容」

まず、この提案書では、表紙をめくった次のページには、過去に相手と自社との間にあった取引ついての記載があります。

・いつ、どんな取引があったのか
・その結果、どういう成果が出たのか

それらの内容が、最新のものから過去にさかのぼる形で書かれています。

つまり、このセクションによって、相手には「自社との間に過去に取引があったという事実」を認識してもらえるわけですが、ではなぜこのような内容を書くのかといえば、人はこれまでにお金を払った相手に対しては否定的な反応をしにくいという傾向があるからです。

また、過去に取引があったという事実を認識してもらうことで、「取引先企業としての口座も既に開かれている」ということを認識してもらうこともできます。

これから取引先企業としての口座を開かなければならない新規の取引先と、既に取引先企業としての口座が開かれている既存の取引先。
もしなにかの商品やサービスを依頼するのであれば、後者に依頼をするほうがやりやすいはずです。

また、このセクションでは過去の取引のなかで出た成果についても書きますが、これは、過去の取引のなかで出た成果を思い出してもらうためです。

過去の取引のなかで出た成果を思い出してもらえれば、次の取り組みでも成果が得られるのではないかと想像してもらいやすくなります。

このような理由から、このセクションに「これまでの取引内容」を記載することで、相手のなかで、提案された商品やサービスへの発注を行う際の心理的なハードルを下げることができるのです。

セクション2.「窓口となる担当者さんについての情報」

次のセクションには、その提案書をお客さんのところに持って行く、もしくは郵送する営業事務の担当者さん本人についての情報が記載されています。

その内容は、この担当者さんの人柄が伝わる内容になっているわけですが、ここにも理由があります。

そもそも、人が誰かになにかを依頼しようとするときに、依頼先の候補として「知っている人」と「知らない人」がいた場合、「知っている人」に依頼したくなるという傾向があります。

では、その人のニックネームを知っている相手と、その人のニックネームを知らない相手とであれば、どちらの人のほうが「知っている人」に思えるでしょうか？

もしくは、その人が飼っているペットの名前を知っている相手と、その人が飼っているペットの名前を知らない相手とであれば、どちらの人のほうが「知っている人」に思えるでしょうか？

「知っている人」と「知らない人」がいた場合、なにかを依頼するのであれば、「知っている人」に依頼したいと考える人は多いものです。

つまり、このセクションに「窓口となる担当者さんについての情報」を記載することで、相手のなかで、提案された商品やサービスへの発注を行う際の心理的なハードルを下げることができるのです。

セクション3.「提案する商品やサービスにかかわる自社のスタッフさんたちについての情報」

次のセクションには、今回提案をすることになる商品やサービスにかかわる自社のスタッフさんたちについての情報が記載されています。

具体的にはそれぞれのスタッフさんの名前と顔写真、そしてひとことメッセージが記載されているわけですが、セクション2に記載された「窓口となる担当者さんについての情報」に加えて、このセクションに今回提案することになる商品やサービスにかかわるスタッフさんたちについての情報を記載しておくことで、相手からすれば、なにかトラブルがあったときにも、窓口となる担当者さん個人の責任ではなく、企業の責任として対応してもらえそうだという認識をもってもらうことができます。

そうなれば、提案されている商品やサービスへの発注を行う際の心理的なハードルは下がります。

つまり、このセクションに「提案する商品やサービスに関わる自社のスタッフさんたちについての情報」を記載することで、相手のなかで、提案された商品やサービスへの発注を行う際の心理的なハードルを下げることができるのです。

セクション4.「提案する商品やサービスについての情報」

このセクションにはまず、今回提案をする商品やサービスを購入した際に相手が得られる「メリット」が記載されていますが、そこにも理由があります。

通常、商品やサービスに関する提案書では、その商品やサービスが持つ「機能」や「スペック」についての情報が記載されることが多いと思います。

しかし、その商品やサービスを発注する側の担当者さんは、その商品やサービスに詳しくないことがほとんどです。

その状態で、その商品やサービスが持つ「機能」や「スペック」についての情報が提供されたところで、その商品やサービスを発注する必要があるのかどうか、もし発注するのであればなにを発注すればいいのかなどの判断をすることはなかなかむずかしいと思うのです。

その一方で、その対象がどんな商品やサービスであれ、それらを発注する側にはなんらかの目的があるはずです。

別の言葉で言えば、商品やサービスを発注する側は、その商品やサービスを購入しようとしているのではなく、その商品やサービスによってもたらされる「メリット」を購入しようとしているということになります。

そうであれば、商品やサービスが持つ「機能」や「スペック」についての情報を提供するよりも先に、その商品やサービスを発注することによって相手が得られる「メリット」についての情報を提供したほうが、発注へのハードルを下げることができます。

もちろん、商品やサービスが持つ「機能」や「スペック」についての情報も、発注への意志決定には必要なので記載をしますが、記載する順序としてはまず「メリット」を記載して、その後に「機能」や「スペック」を記載するという順序にします。

このような順序で、このセクションに「提案する商品やサービスについての情報」を記載することで、相手のなかで、提案された商品やサービスへの発注を行う際の心理的なハードルを下げることができるのです。

いかがだったでしょうか？

ひとくちに提案書と言っても、いろいろなものがありますが、目的を「過去に自社からなんらかの商品やサービスを購入してくれた既存のお客さんたちから、追加の注文をしてもらう」ということに絞った場合には、今、ご説明した提案書の作り方がきっと役に立つはずです。

ぜひ、ご活用いただければ幸いです。

一條　なるほどねぇ。こういう感じで設計された提案書が既存のお客さんたちのもとに届くと、追加の注文が入ってくるって感じなんですか？

加藤　そうそう。だいたい3ヶ月以内に追加の注文が入ってくるっていう感じですね。

一條　あ。結構スパンが長いんですね。

加藤　そうですね。お客さんの側でそんなにすぐに決裁がおりない可能性も見越してるので、そこはあらかじめ3ヶ月ぐらいの期間は見てますね。

一條　そんなにすぐに決裁がおりないっていうことは、それは扱ってる商品やサービスが高額だということなんですか？

加藤　まぁ、そこそこ高額なこともありますね。基本的には僕が関わらせてもらってる企業さんは、BtoBの事業をされているところも少なくないので。

一條　ほう？　じゃ、加藤さんが「内部体制の最適化」っていう業務を提供する対象は、基本的にはBtoBの事業をされている企業さんになるってこと？

加藤　いや、そういうわけではないんですけど。でも、お客さんに接触すればするほど受注の確率が高まるタイプの商品やサービスを扱っている企業さんのほうが成果は出やすいと思います。

一條　なるほどね。

じゃあ、そういう企業さんで、こういうことをすると追加の注文が入ってきたりもしますよ、と。

加藤　そうですね。

一条　その結果、企業さんとしては売上も上がるし、既存のお客さんたちとのつながりも回復しますよ、と。

加藤　そうそう。

一条　ふ～ん。

▼「つながり」の盲点

一条　でもそんなに簡単にいくのかなぁ？

加藤　なんでそう思うんですか？

一条　いや、だから繰り返しになりますけど、営業事務のスタッフさんたちがそんなに簡単に動いてくれるのかなって気がするんですよね。
だって、相手先に訪問したりもしてもらうんでしょう？
しかも今までコンタクトもとってなくて疎遠になってる相手にさ。

加藤　あ、それはそんなに疎遠になってるわけでもなくてですね。

一條　ん？

加藤　営業マンさんたちは相手先にコンタクトしてなかったりしますけど、営業事務のスタッフさんたちは、業務的な話で、日常的に相手先の担当者さんたちとコンタクトをとってたりするんですよ。

一條　え？　じゃあ、営業事務の人たちからしたら、コンタクトをとる相手は、いつも接触している人たちって感じなの？

加藤　そうそう。だから実は、既存のお客さんと営業事務の人たちとの間には意外につながりがあるという（笑）

一條　それは盲点ですねぇ。

加藤　うん。まぁ、そうやって日常的につながっている先方の担当者さんが発注の担当者さんであるケースは多くはないというか、そんなケースはなかなかないんですけど。まぁでも、いつも話をしている先方の担当者さんに提案書が渡れば、その提案書は先方の発注担当者さんにも渡っていきますからね。

一條　なるほどねぇ。

加藤　うん。

まぁ、そういう前提があるなかで、営業事務のスタッフさんたちには、比較的近場で直接訪問できるところには、事前に先方に連絡した上で直接訪問してもらったりもするんですけど。営業事務の人たちにとっては、社外に出ることが息抜きにもなるみたいだし。

一條　ああ。

加藤　あとはね、営業事務のスタッフさんたちの訪問を受けるお客さんの側からしても、その営業事務のスタッフさんは知らない人ではないですからね。そんな人が「どうもこんにちは」って訪問してきたら、「まぁまぁ、お茶でもどうぞ」って感じになったりするんですよ。

一條　え。そうなの？

加藤　そうそう。だからそんな感じになったところで、提案書について軽く説明してもらうというか、提案書を渡してきてもらうって感じなんですよね。

一條　え？　そんなことできるの？

加藤　もちろんですよ。だって、それまでに直接会ったことがある場合もあるし、直接会ったことがない場合でも電話では日常的にやり取りをしている相手だし。提案書の書き方のところでもお話しした「そのお客さんとの間の過去の取引の内容」も頭に入れてから訪問してもらってるから、モジモジして話ができないということもないですし。
まぁ、一応、トークスクリプトみたいなものも用意してますからね。
だから問題が起こったことはないですよ。

一條 う〜ん、そうなのか。

加藤 うん。
あ、でもね、営業事務のスタッフさんたちのなかに、どうしても訪問するのが嫌だっていう人がいた場合には「電話でどうぞ」って言ってますし、そこは無理にはやってないですよ。

一條 じゃあその場合には、その営業事務の人たちが電話で提案書の説明をするの？

加藤 うん。
説明っていうか本当に簡単な話をしてもらうだけですけどね。

一條 彼女たちはそこに抵抗とかないの？

加藤 どうだろう。
でも彼女たちって電話対応にも慣れてますしね。
というか、大体売り込みの電話じゃないですからね。
「今度、資料を送ります」とかって電話ですからね。

一條 ああ。
だから、電話で話をすることに対するハードルは低いってこと？

加藤　もちろんです、もちろんです。提案書自体も売り込みの提案書ではないですしね。

一條　なるほどねぇ。でも考えたら面白いですよね。確かに、営業マンさんたちがコンタクトをとってないから、営業っていう面では既存のお客さんたちとのつながりが断絶してるみたいに見えるけど、でも実務面では、営業事務の人たちとお客さん側の担当者さんたちがつながってたりするんですもんね。

加藤　そうなんですよね。

一條　なるほどねぇ。

▼既存リソースの「一員化」

加藤　まぁ、そういうことをしていくと、営業事務の人たちをとおして売上が上がっていくわけなんですけどね。そうすると営業事務の人たちが、普通に評価されるようになっていくわけでしてね。

一條　うん。

加藤　でね、僕、さっき、つながりの回復みたいな話をしましたけどね。

やっぱり、営業事務の人たちにとっては、自分はこの部門で必要とされているんだ、というか、この事業部門の一員なんだっていう感覚を持てるかどうかがとても大切なことのような気がするんですよ。

一條 そうですよねぇ。
営業事務の人たちって、なんだか蚊帳の外みたいに扱われてることがありますもんね。

加藤 あ。一條さんから見てもそんな感じに見えますか？

一條 うん。
だからさっき加藤さんが言ってたみたいな、「受注案件の確定処理マシーン」のような扱いをされてる部分がある気もするというか。

加藤 うん。
でも、そういう状況があるなかで、その人たちが「既存客からの追加収益の確保」という業務で成果を出し始めると、普通に評価されるようになってくるわけでしてね。
そうなってくると、「受注案件の確定処理マシーン」のような扱いをされることはなくなるし。

一條 うん。

加藤 そうなってくると、営業事務の人たちにとっては、自分はこの部門で必要とされているんだ、っていう感覚も生まれてくるかもしれないし。
すると、自分はこの事業部門の一員なんだ、っていう感覚も持てるようになるかもしれなくてね。
そうするとその人たちのパフォーマンスも上がってくるわけですよね。

一条　ああ、なるほど。
加藤　うん。まぁ、企業全体から見ると、その営業事務の人たちの力も既存のリソースになるわけですから。そう考えると、その人たちのパフォーマンスが上がってくるということは、既存のリソースが有効に活用されるようになっていってるということだとも言えると思うんですよね。
一条　なるほどねぇ。

▼私、やっぱりできない子じゃなかったかも

加藤　あとはこれもさっきの話の繰り返しですけど、営業事務の人たちって、自分が今やってる業務に対してなにか特別なことをやれてるっていう感覚は持てていないことが多いと思うんですよ。
一条　うん。そういう話でしたよね。
加藤　うん。実際に今やっている業務に対してはたいした評価もされていないわけですから。
一条　そうですねぇ。
加藤　でも一条さん。
そもそも上場企業にお勤めしている人たちって、自分にそこそこ自信があったりもするじゃないですか？

一條　そうですよね。
だからそれなりに「できる人」っていう自覚を持ってる人も多い気がしますよね。

加藤　そうでしょう？
だけど営業事務として配属されて、受注の確定処理業務を担当していくうちに、そういう感覚が損なわれていくというか。

一條　うん。今の話を聞いてるとそんな感じですよね。
なんか「私、そんなにできない子じゃなかったはずなのにな」って感じになっていく人も出てきてそうですよね。

加藤　そうそう。
そうなるとその人のなかでなにかの断絶が起こる気がするじゃないですか。

一條　そうですねぇ。
でも、それはなんの断絶なんでしょうね。
自分の一部が自分と乖離してる感じなのかな。いや、むずかしいなこれ。

加藤　うん。
だから自分のなかで、「自分はできる」と思ってる自分と、「自分はたいしたことをやっていない」と思ってる自分が葛藤しちゃうというか。

一條　うん。

加藤 その結果として自分のことを頼れなくなるというか。

一條 そうですよねぇ。
なんかちょっといびつな感じがしますよね。
一方では「自分はできる」と思ってるけど、一方では「たいしたことやってないしな」って思ってるって話ですもんね。

加藤 そうそう。
でも、そういう人たちに「既存客からの追加収益の確保」という取り組みに取り組んでもらって、そこで成果が出てくると、その人たちのなかに自分の能力や自分自身に対しての信頼感みたいなものが生まれてくるんですよね。

一條 ああ。
さっきの話に出てきてた「私、できないわけじゃないかも」みたいな感じ？

加藤 そうそう。

一條 でもそれって「私、できるんだ！」って感じではないですよね、きっと。

加藤 うん。
だってすべてがお膳立てされたなかでやってるわけだから、「自分だけの力でやり遂げた！」って感じにはならないはずなんですよ。
だけど、「私、できなくもないんじゃない？」っていう感じにはなる可能性が高いわけで。

一条　ああ。「やっぱり私、そんなにできない子じゃなかったかも」みたいな感じなんですかね？

加藤　うん。
でも、「やっぱりできない子じゃなかった」って思えるだけでもちょっと気がラクになると思いません？

一条　そうですよねぇ。

加藤　うん。そうすると、それぞれの人のなかで、自分自身とのつながりが回復していくというかね。
だからそんな感じで営業事務の人たちには、こういう「既存客からの追加収益の確保」という取り組みを通じて、自分自身とのつながりを回復していってもらえてる気がするんですよね。

一条　なるほどねぇ。

▼「明日は我が身」か「片手間」か

一条　だけどさ、加藤さん。
今、「既存客からの追加収益の確保」という取り組みを、営業事務の人たちにやってもらうっていう話になってるじゃないですか。

加藤　そうですね。

一条　でもさ、これも繰り返しになるけど、営業事務の人たちって僕が知っている感じだと、営業マンさんたちから「早くしてくれ」とかってせっつかれたりしててさ、結構、業務量も多いと思うんですよ。

加藤　はい。

一条　時短勤務の人たちもいるだろうし。
そうするとそもそも物理的に動ける時間も短いじゃないですか。

加藤　はい。

一条　だからさ、その人たちに「既存客からの追加収益の確保」っていう取り組みをしたら、こういうつながりが回復できるし、肩身の狭さも払拭できますよ、って話をしたとしてもさ、「そんなことやれる余裕なんかないです」とかって話にならないの？

加藤　ならないですね。

一条　なんで？

加藤　まぁ、もちろん、ちょっと電話をかけてもらうとか、ちょっと提案書を持って行ってもらうとかってことはしてもらうことになるんですけどね。
でも、片手間でやってもらえるようには設計してるし。

一条　う〜ん。そうはいっても、パンパンの人たちからするとさ。

加藤　う〜ん。
でも、僕が知ってる営業事務の人たちは、もうとにかく職場で肩身が狭い人たちが多いんですよ。
というのも僕は、この取り組みを始める前には必ず、おひとりおひとりの人からお話を聞かせてもらうようにしてるんですけどね。

一條　ほう？

加藤　だからそれぞれの人たちが今、社内で置かれている状況とか、その人たちが感じている取り残されているような感覚とか、評価されていないなっていう感覚とかもちゃんと把握した上で、「肩身の狭さを払拭できたらどう？」って話をさせてもらうわけなんですけどね。
そうすると大体みなさん、「これ以上肩身が狭くなるぐらいだったら」とか、「片手間ぐらいで済むんだったら」っていう感じで、「じゃあ、やってみようかな」ってなってくれる人は多いんですよね。

一條　え？
「これ以上肩身が狭くなるぐらいだったら」ってことは、その人たちは、ほっといたらどんどんどんどん自分の肩身が狭くなっていくっていう認識を持ってるわけ？

加藤　そうですね。
だってその人たちって、今までそういう肩身の狭さを理由に辞めていった先輩たちを見てるじゃないですか。
だからいつかは自分にもその順番が来るっていう、なにか目に見えない空気感みたいなものがあるみたいですよ。

一條　明日は我が身、みたいな感じ？

加藤　そうそう。

一條　なるほどねぇ…。
そうなることを考えたら、片手間でできることで肩身の狭さがなくなるんだったら、「じゃあ、やってみようかな」って感じになるってことかぁ…。

加藤　うん。そんな感じになってる気がするんですよね。

一條　なるほどねぇ。

一條コラム 6

上場企業勤務者が「切なさ」を解消するための方向性についての考察

先程、上場企業にお勤めしている人であれば、必ず抱えることになる「3つの切なさ」についてのお話をさせていただきました。

このコラムでは、この「3つの切なさ」について、もう少し深く掘り下げていこうと思います。

なぜかというと、このような問題が起こることがわかっている以上、その問題を抱えた人がその問題をどのように解決しようとするのかという傾向を知っておくことには意味があると思うからです。

▼

そのお話をする前提として、もう一度確認をしておきますと、上場企業にお勤めしている人であれば誰もが抱えることになる「切なさ」には3つのものがありました。

ひとつが、「能力はあるはずなのにもかかわらず、人事異動でまるで勝手がわからない部門に異動になり、なにもできない人のようになってしまう」という「切なさ」。

ひとつが、「相対的に高い給与を受け取っているのにもかかわらず、お金に余裕があるとは感じられない」という「切なさ」。

ひとつが、「社外の人たちからは『すごい』と言われるのにもかかわらず、社内では埋もれてしまっている」という「切なさ」でした。

これらの「3つの切なさ」は、それぞれの人の性格や特性によるものではなく、「上場企業」と呼ばれる企業にお勤めしている人であれば誰もが必ず抱えることになってしまうという、いわば「構造的な内容」です。

ですので、上場企業にお勤めしている人であれば、自覚の有無に関わらず、それぞれの人がそれぞれに、この「3つの切なさ」を抱えることになるわけですが、しかし、こうなってくると、それぞれの「切なさ」について、その切なさを解消したい、というニーズを持つ人たちも出てきます。

では、これらの「切なさ」を解消したいと思ったときに、どの「切なさ」から解消したいと思う人が多いのか。

僕が見ている限りにおいていうと、やはり「相対的に高い給与を受け取っているのにもかかわらず、お金に余裕があるとは感じられない」という「切なさ」に目が向く人は多い気がするのです。

世の中的にも、「お金に余裕がないという状況」は、あまり良い状況ではないですよね、というような認識があるようにも感じますし、実際の問題として、いろいろと支払うべき支払いもある。

そのような理由からか、「相対的に高い給与を受け取っているのにもかかわらず、お金に余裕があるとは感じられない」という状況を改善したいと思うようになる人は少なくない気がするのです。

▼

ところで、今、僕は、上場企業にお勤めしている人たちが必ず抱えることになる切なさのひとつとして、「相対的に高い給与を受け取っているのにもかかわらず、お金に余裕があるとは感じられない」という「切なさ」を取りあげてお話をしているわけですが、実際にこの「切なさ」を抱えている人たちのほとんどは、自分がそのような「切なさ」を抱えていることを認識していないことがほとんどです。

では、その人たちがどのような認識を持っているのかといえば、その人たちは「お金に余裕がない」という認識を持っていたりします。

ですので、よくよく理解をすれば、その人たちが持っているニーズは、「『相対的に高い給与を受け取っているのにもかかわらず、お金に余裕があるとは感じられない』という状況を改善したい」というニーズであることがわかりますが、このニーズは一般的には「『お金に余裕がない』という状況を改善したい」というニーズとして認識されることが多い傾向があります。

このような状況があるわけですが、いずれにしても上場企業にお勤めしていらっしゃる人たちのなかで、「お金に余裕がある状態になりたい」と考えるようになる人たちは少なくない気がするのです。

▼

そしてそのように「お金に余裕がある状態になりたい」と考え始めた人たちの頭の中には、お金に余裕がある状態になるための情報についてのアンテナが立ち始めます。

そうすると、たとえばですが、「収入を増やすための方法」や、「お金を稼ぐための方法」といった情報に目が留まるようになってきます。

その結果として、そういう情報が書いてあるＷｅｂサイトや雑誌や書籍を見るようになる人たちが出てくるわけですが、たとえばそのような「お金を稼ぐための方法」が記事になっている雑誌を開いてみると、「中卒の僕でもこんな車が買えました！」というような小見出しと共に、超・高級とされる外車を背景にニッコリと笑っているペンキ屋さんの社長さんの写真が載っていたりするのです。

これは実際に、僕にその写真が載った雑誌を見せてくださった上場企業の部長さんがいらっしゃったわけですが、ここで言いたいのはペンキ屋さんという事業がいいとか悪いとかという話ではありません。学歴の話がしたいわけでもありません。

そうではなくて、そういう雑誌やＷｅｂサイトを僕に見せてくれる部長さんたちの話を聞いていると、その部長さんたちの頭の中には、「この社長さんよりも、自分の方が、絶対に能力が高い」という想いがあることが感じられるという話がしたいのです。

これはそれがいいとか悪いとかという話ではない一方で、でも、考えてみればそうなることは当然かもしれないとも思うのです。

なぜならば先程もお伝えしたとおり、そもそも上場企業にお勤めしている時点で自分の能力に対する自負がある人たちは少なくないですし、ましてやそのなかで「部長」という役職に就いている人であれば、その自負も強くなっていておかしくないからです。

では、自分よりも能力が低いと思われる人が、自分よりも経済的に成功しているという姿を見たり聞いたりしたときに、「じゃあ、自分も独立して、ひと花咲かせよう！」と思う人がいるかといえば。

上場企業にお勤めしている人たちに限った話をすれば、そのように思う人は多くはない気がするのです。

それはなぜなのか。

実はここにも、上場企業にお勤めしている人たちに特有の思考がある。

▼

では、それがどのような思考なのかといえば、それが「寄らば大樹の陰」のような、「自分以外のなにかの力に頼りたい」という思考です。

ご本人が自覚しているかいないかに関わらず、上場企業にお勤めしている人たちは、上場企業にお勤めしている時点で、この思考の持ち主である可能性が非常に高い。

そのように思うのです。

これは、僕が日常的に関わらせてもらっている上場企業勤務者の方たちの話を聞いていても感じることですし、僕自身が最初の就職先として上場企業を選んだ背景にも、そのような思考があったと認識しています。

いずれにしても、上場企業にお勤めしている人たちに限った話をすれば、上場企業にお勤めしている時点で、「自分以外のなにかの力に頼りたい」という思考の持ち主である可能性が高い。

そのように理解することができると思うのです。

そうであれば、その人たちが雑誌などで、自分よりも能力が低そうな人が、自分よりも経済的に成功を収めている姿を目にしたとしても、自分でなにかをしようとは思わないはずなのです。

なぜならば、自分でなにかをしてしまえば、「大樹の陰」にいることができなくなるからです。

その結果として、「お金を稼ぐための方法」や、「収入を増やすための方法」といった情報に目が留まるようになっても、実際に、なにかをやってみようという感じにはならない人が圧倒的に多いという状況があるように見受けられるのです。

▼

ところで。

このような状況があるように見受けられる一方で、上場企業にお勤めしている時点で、それぞれの人がそれぞれに、「3つの切なさ」を抱えているという事実は変わりません。

そうなってくるとやはり、この切なさを解消したいと思う人は少なくない気がするのです。

では、そのときに上場企業にお勤めしている人たちはどのようにしてその状況を変えようとする傾向にあるのか。

僕が見ている限りにおいていうと、「社内での自分のポジションを確保すること」によって、状況を変えようとする人が多いように感じます。

この「社内での自分のポジションを確保すること」が、人によっては「社内での自分のポジションを上げること」と同義になることもありますので、その部分だけが取りあげられて、この話が「出世欲」の話として捉えられることもある気がするのですが、これは実際には「社内での自分のポジションを確保すること」のバリエーションのひとつとして捉えると理解がしやすいのではないかと思います。

▼

では、社内での自分のポジションが確保されるとどのようなことが起こるのか。

もしも社内で確固たるポジションが確保できれば、「さすがですね」と言われるようになるかもしれません。

その結果、「できる人なのにもかかわらず、できない人扱いされる」という状況もなくなるかもしれません。

それと同時に、「社外の人たちからは『すごい』と言われるのにもかかわらず、社内では埋もれてしまっている」という状況もなくなるかもしれません。

また、そのようなポジションが確保できれば、今よりもお給料が上がるということも起きるかもしれません。

そうすれば、「高いお給料をもらっているのにもかかわらず、お金に余裕があるとは感じられない」という状況もマシになる可能性がある。

このような流れを自覚しているかいないかにかかわらず、自分がなんとなく感じている居心地の悪さを解消するために、社内での自分のポジションを確保しようとしている人は非常に多いように感じます。

そして、この傾向は男性の社員さんたちにも女性の社員さんたちにも共通するものであると感じますし、どんな役職に就いている人にも共通するものであると感じます。

これもこれまでのお話と同じく、いいとか悪いとかいう話ではなくて、ただ単に上場企業にお勤めしている人たちのなかには、そういう傾向があるようですよ、というだけの話なのですが、こういう傾向があることを理解しておくと、社内でいろいろな物事を進めるときにも役に立つかもしれないなと思いましたので、少しお話しさせていただきました。

ご参考にしていただける部分があれば幸いです。

（補足）

「自分以外のなにかの力に頼りたい」という思考を持っているのは、上場企業にお勤めしている人たちだけではありません。

たとえば、僕がお仕事で関わらせてもらっている人たちのなかでいえば、いわゆる「医師」と呼ばれる職業に就いている人たちもその思考を強く持っているように感じます。

つまり、その人たちの内部には、「医師免許という免許に頼りたい」という思考があるわけです。

あとはたとえば、「弁護士」と呼ばれる職業に就いている人たちや、「税理士」と呼ばれる職業に就いている人たちも同じ思考を持っているように感じます。

そもそもの話をすれば、そのような思考を持っている人たちが、たとえば上場企業と呼ばれる企業に就職しようとしたり、「医師」と呼ばれる職業に就こうとしたり、「弁護士」や「税理士」と呼ばれる職業に就こうとしたりする。

その結果として、そのような思考を持っている人たちが、上場企業に就職したり、そのような職業に就いたりしている。

このように考えてみるとまた違った景色が見えてくると感じられる方もいらっしゃるかもしれません。

ご参考までにシェアさせていただきます。

第八章　営業プロセスの細分化

一條　じゃあ、「既存客からの追加収益の確保」に手をつけたあとはなにをするんですか？

加藤　その次は、「営業計画の１００％達成」に手をつけるんですけどね。

一條　はい。
そこでは具体的になにをするんですか？

加藤　まずは、この取り組みをする事業部門に所属している営業マンさんたち全員にヒアリングをさせてもらって、それぞれの営業マンさんにとっての「お客さんとの初回コンタクトから成約までのプロセス」とか、どんなやり方で営業しているのかを聞かせてもらいますね。

一條　なるほどね。

加藤　まぁ、そういう事業部門には複数の営業マンさんたちがいらっしゃるわけですけど、やっぱりヒアリングさせてもらうと、それぞれの人がやってることが結構バラバラなんですよ。
つまり、営業の進め方がそれぞれの営業マンさん任せになっちゃってる感じなんですけど。

一條　うん。

加藤　こうなると管理のしようもないし、フォローもできないし、って感じですよね。そういう状態のままだと、「営業計画の100％達成」っていうのはなかなかむずかしいんじゃないかなと思うんですよ。

一條　うん。まぁ、すごくできる人ばっかりが集まってる事業部門だったらそれでもいいのかもしれないですけどね。

加藤　そうそう。

一條　でもそれにしたって、なにかひとつ歯車が狂ったら一気に崩れる感じがしますもんね。

加藤　そうなんですよ。そういう意味では、やっぱり安定的に成果を出していこうと思ったら、しかも部門として統一感を持たせようというか、それぞれの人が見ているものを揃えようと思ったら、やっぱり初回コンタクトから成約までのプロセスを細かなステップに分けて、しっかり管理していく必要があると思うんですよね。

一條　うん。

加藤　だから僕は、そのヒアリングが終わったら、細かいステップから成り立つ、初回コンタクトから成約までのプロセスを作るんですよ。

一條　え？　いきなり？

それ、加藤さんが作るんですか？

加藤 そうです、そうです。まず僕が、たたき台を作っちゃうんですよ。

一條 ほう？　さっきの話だったら48ステップっていう話もありましたけど、あれも加藤さんが作ったの？

加藤 そうですね。

一條 へぇー。
でもさ、ステップをそこまで細かくするメリットってなんなの？

加藤 これはさっきもお話しした通り、「先が見えるようになること」なんですけどね。
まぁ、この「先が見えるようになる」っていう話にもふたつの意味がありましてね。

一條 ほう？

▼「将来の成約見込み」の詳細把握

加藤 まず、ステップを細かくしておくと営業マンさんたちは次になにをすればいいのかがわかるようになるから、その意味で先が見えるようになるわけですけどね。

一條　うん。「次になにをすればいいのかがわかる」っていう意味ね。

加藤　そうそう。あとはね、それとは別に、ステップを細かくしておくと、将来の成約の見込みがかなり正確に把握できるようになってくるんですよね。

一條　ほう？

加藤　というのもね、営業マンさんたちって営業会議とかで先行の成約見込みを報告したりするでしょう？

一條　はい。

加藤　だけど、そういう見込みってだいたい主観的というか、信憑性が低いことも多いじゃないですか？

一條　そうですね。まぁ、それぞれの営業マンさんからすれば、見込みがあるように見せたい気持ちも強いでしょうしね。

加藤　うん。だけど、ステップを細かくしておくと、営業マンさんたちから「成約する見込みです」って報告された案件について、その信憑性が高いのかどうかを第三者が判断できるようになるんですよ。

一條　ほう？

加藤　だからたとえば48ステップあるうちの40ステップまでが埋まっている案件があったとしたら、「この案件は来月には成約しそうだね」っていう判断ができたりするかもしれないし。逆に、48ステップあるうちの5ステップしか埋まっていない案件があったとすれば、「この案件はしばらくは成約にはなりそうにないよね」っていう判断ができたりもするわけですよ。

一條　なるほどね。

加藤　うん。だからそういう意味で、ステップを細かくしておくと、事業部門としての「将来の成約の見込み」がかなり正確に把握できるようになるわけで。これって事業部門全体として見たときにはとても大きなメリットだと思うんですよね。

一條　確かにね。

加藤　うん。あとはね、上場企業さんたちの場合には、株主さんたちに対する説明責任があるでしょう?

一條　そうですね。

加藤　そうやって株主さんたちに説明する内容のなかには、今後の業績の見込みに関する情報もあると思うんですよ。

一條　そうですね。

加藤　うん。だから、その見込みの話もこの取り組みを通じて、より確かな感じになっていきますからね。

【営業プロセスを細分化することによる効能】

営業プロセスを細分化することには、
少なくとも下記のふたつの効能がある

効能1.

営業プロセスを細分化することで、
営業マンが次になにをすればいいかがわかるようになる

効能2.

営業プロセスを細分化することで、
将来の成約見込みの把握の精度が上がる

↓

「先が見えるようになる」

一条　なるほどね。

加藤　うん。だから、より確かな情報を株主さんたちに提供できるようになるわけで。そうすると、企業さんの側からすると、あれやこれや言われにくくなるというメリットも出てくると思うんですよね。

一条　なるほど。

▼営業マンの「ドキドキ」

一条　そういう話であればさ、それぞれの営業マンさんたちからしても、今は適当に「来月は何件の成約の見込みです」とかって言ってるかもしれないけどさ。そういうことを言うたびに、「これ、突っ込まれないかな」とか、「これ、適当に言ってるってばれないかな」とかって感じでドキドキしてたりするかもしれないじゃないですか。

加藤　そうかもしれないですね（笑）

一条　うん。
でも、ステップの埋まり具合で成約の見込み度合いを判断されるようになると適当なことも言えなくなるから、逆にそういう心配もしなくてよくなるのかもしれないですね。

加藤　うん。

一條　だから、ステップが埋まってなかったとしても、ちゃんとサポートしてもらえるっていう前提があれば、そこが明らかになってもイヤではないというか。

加藤　うん。

一條　それは結構いいかもしれないですね。

加藤　そうですね。
あとはステップを細かくしておくメリットとしては、ステップを細かくしておくと、個人プレーによる業務の抜けや漏れが出なくなるというものもありますね。

一條　ああ。

加藤　まぁ、誰かが個人プレーに走ると、本来やっておかなければならないことが抜けたり漏れたりしがちだと思うんですけどね。
送るべき資料を送っていなかったりだとか、かけるべき電話をかけていなかったりだとか。

一條　うん。

加藤　でもステップを細かくしておけば、そういう抜けや漏れがないかを第三者がチェックすることもできるし。
そうやってチェックしたときに、埋まっていないステップがあれば指摘もしてあげられるわけでしてね。

一条　そうですね。

加藤　うん。まぁ、だからそういう感じでやっていくと、個人プレーもなくなるし、そうすると業務の抜けや漏れも出なくなってくるんですよね。

一条　なるほどねぇ。

まぁ、でも、どこの組織でも個人プレーに走ろうとする人は出てくると思うんだけどさ。

加藤　うん。

一条　だけど、そうやって個人プレーに走ってる人って、どこかのタイミングで不確かな感じになることがある気がするんですよね。

加藤　そうですよね。

一条　うん。だから、なんか、全部自己流でやってると、全部自分の責任になっちゃうわけでさ。

加藤　うん。

一条　うまくいってるときはそれでもいいのかもしれないけど、ちょっと歯車が狂うと途端にしんどい状況になりそうな気もするし。

加藤　そうですねぇ。

一條　うん。そうなると、そこでまたドキドキする人も出てくるかもしれないから（笑）ステップが細かく設定されていることによって、そういう不確かさを抱える余地がなくなるってのはいいことかもしれないですよね。

加藤　うん。僕はそう思うんですよね。

▼組織に余裕を生み出す「ふたつの変更」

加藤　ところでね、今の「営業マンさんたちのドキドキ」っていう話に関連して言うと、僕から見ると、どんな企業にお勧めしている人でも営業マンさんたちってやっぱり余裕がない感じがするんですよ。

一條　そうですよねぇ。

加藤　うん。だからその人たちに余裕を持ってもらえるようにする必要もあると思っていてですね。

一條　ほう？

加藤　だから、僕がこの「営業計画の100％達成」の取り組みをする事業部門さんたちにかかわらせてもらうときには、「細かいステップから成り立つ初回コンタクトから成約までのプロセス」を作ることと並行して、営業マンさんたちの業務上の成果に対する「評価対象期間の変更」と「評価対象の変更」ってことをやってもらうんですよ。

一條　ん？
営業マンさんたちの業務上の成果に対する「評価対象期間の変更」と「評価対象の変更」？

加藤　うん。
あのね、大体の事業部門さんって、毎月月末にその月の成果を取り纏めて。
毎月1回の営業会議で、営業マンさんたちが計画を達成しているかどうかを報告して、計画未達成者が責任を問い詰められる、って感じになってるところが多いでしょう？

一條　そうですね。

加藤　うん。前の月に計画を達成できた人たちだって、次の月はまた成約ゼロ件のところからスタートしたりするわけですよ。

一條　うん。

加藤　その流れが毎月毎月繰り返されてると思うんですけど。
僕、これだと心に余裕が生まれないと思うんですよ。
だから僕はその人たちの肩身の狭さって、そういうところからも生まれてるんじゃないのかなって思ってましてね。

一條　なるほど。

加藤　だから僕は、ここにも手をつけるんですけどね。

一條　ん？　手をつけるって、具体的にはなにをするの？

加藤　具体的には、営業マンさんたちの業務を評価するときの「評価の対象となる期間」がたとえば今、1ヶ月間に設定されているのであれば、その期間をたとえば3ヶ月間に延ばしてもらったりするんですよ。

一條　うん？

加藤　だから、3ヶ月間で3ヶ月分の営業計画が達成できていればそれでOKにするっていう感じにしてもらうんですけどね。

一條　ほう？

加藤　まぁ、もちろん毎月の営業会議はやっていただいていいんですけど。毎月毎月、直前の1ヶ月の成果を見るというのではなくて、「3ヶ月の間に3ヶ月分の計画が達成できればよし」という前提で、3ヶ月間の成果を見ていくようにしてもらうんですね。

一條　ほう？

加藤　あとはね、そもそも今は、ほとんどの企業さんで「成約の数」が営業マンさんの業務を評価するときの評価の対象になってたりするでしょう？

一條　そうですね。

加藤　その「評価の対象」自体も変えてもらうんですよ。

一條　ほう？　なんかそこにもノウハウがありそうですね。

加藤　するどいですね（笑）

一條　ちょっとそのノウハウも話してもらいたいんですけど（笑）

加藤　もちろんです。

加藤コラム　2

営業マンの業務上の成果に関する「評価対象期間の変更」と「評価対象の変更」

営業マンの業務上の成果に関する「評価対象期間の変更」と「評価対象の変更」を行う目的は、「顧客候補」となる対象に、「はじめまして」と接触してから、商品やサービスに対する注文を受けるまでの「一連の営業プロセス」を「一連の営業プロセス」として評価できる体制を作ることです。

この「一連の営業プロセス」のことを一條さんと加藤との対話のなかでは、「初回コンタクトから成約までのプロセス」と呼んでいますが、いずれにしても多くの企業のなかで、この「一連の営業プロセス」

が「一連の営業プロセス」として評価されていない状況があるように感じます。

また、そもそもの話をすれば多くの企業では、営業マンの業務上の成果を評価する際の対象として「成約の数」が使われているという状況があります。

そのため、営業マンの業務の進捗状況を確認する営業会議などの場面でも、「成約の数」が問われることが多いようです。

「成約の見込みがある案件」についての確認がされることもありますが、そこまで深く内容を確認されることはないというのが実情ではないでしょうか。

その一方で、実際の営業プロセスは、「顧客候補」となる対象に、「はじめまして」と接触してから、商品やサービスに対する注文を受けるまでの一連のプロセスであると言えます。

その意味で言えば、営業マンの業務のほとんどは、「顧客候補」となる対象から商品やサービスに対する注文を受けるためのものになるはずです。

しかし、多くの企業ではこの「『顧客候補』となる対象から商品やサービスに対する注文を受けるための一連のプロセスの進捗度合い」ではなく、「実際に成約した数」、つまり、「実際に注文を受けた数」のみが評価の対象となっています。

つまり、「営業マンが行っている業務」と、「営業マンが行っている業務を評価するための対象」がズレているのです。

その結果、「成約数」の計画が達成できていない営業マンが、営業会議で延々と責任を追及されることになっていることもあります。

また、「成約の見込みがある」と報告された案件について、その成約の見込みがどれほど確実なのかが確認されることもないため、その案件がなかなか成約しないということにもなりがちです。

その結果、「成約の見込みがある」と報告していた案件が成約にならなかった営業マンはまた、なぜ成約にならなかったのか、とその責任を問われることにもなります。

また、「成約」するかしないかが個人の責任とされるので、部門内でお互いを助け合う動きも生まれません。

その結果、自分の営業計画を達成できていない営業マンはますます営業計画の達成から遠ざかり、また、その結果としてその部門の部門長は自部門の計画達成がおぼつかないという状況になったりもします。

もちろん、個人の力で自分の営業計画を達成できている営業マンに関しては特に問題は起こらないようにも感じますが、部門全体が「成約数至上主義」のようになってしまうので、いったんなにかの要因で自分の営業計画が達成できなかったときには、この渦のなかに巻き込まれてしまう。

各社でこのような状況が生まれているように見受けられるのです。

しかし、そもその話をすれば、「顧客候補」となる対象から商品やサービスに対する注文を受けたという結果は、営業マンがその「顧客候補」となる対象に、「はじめまして」と接触してから、商品やサービスに対する注文を受けるために働きかけた結果として生まれるものです。

つまり、これは一連のプロセスなのですから、「一連のプロセス」を「一連のプロセス」として評価できるようにすることで、状況を改善することができます。

このときに役に立つのが、「営業マンの業務上の成果に関する『評価対象期間の変更』と『評価対象の変更』」なのです。

具体的に言うと、通常は

・1ヶ月間という期間で

・「注文を受けた案件の数」を対象にして

行われている「営業マンの業務上の成果に対する評価」を、

・3ヶ月間〜5ヶ月間という期間で

・「注文を受けるために必要なプロセスがどの程度進捗しているのか」を対象にして

行うように変更していきます。

この変更を、本書のなかでもお伝えしている「細かいステップから成り立つ営業プロセス」と併用することで、次の4つの効果が見込めます。

効果1．各営業マンが次月以降にどれだけの案件から注文を受けることができそうかが、高い確率で予測できるようになる

効果2．部門全体としても次月以降にどれだけの案件から注文を受けることができそうかが、高い確率で予測できるようになる

効果3．各営業マンは、ひとつひとつの案件に対して、3ヶ月間〜5ヶ月間という長い期間のなかで取り組めるようになるので、精神的なプレッシャーが軽減される

効果4．各営業マンが、注文を受けるために必要なステップを実行できていない部分に関しては、部門長や同じ部門の営業マンがサポートに入ることができるようになる

「営業マンの業務上の成果に対する『評価対象期間の変更』と『評価対象の変更』」を行うことによってこれらの効果が見込めるわけですが、では、「営業マンの業務上の成果に対する『評価対象期間』」はどのくらいの期間に設定するのが適切なのか。

まず、現状では多くの企業さんたちが1ヶ月単位で営業マンさんたちの業務上の成果を評価している状況があると思うのですが、この期間は延ばす必要があることがほとんどです。

かといって、対象期間を1年間に延ばしてしまえば、その期が終わってしまいます。

6ヶ月間に延ばしても上半期、もしくは下半期が終わってしまうでしょう。

その一方で、対象期間を現状の倍の2ヶ月間にしたとしても、大きな変化は見込めないと思われます。

そう考えていくと、この『評価対象期間』は、各企業や各事業部門の状況に応じてアレンジしながら、3ヶ月間～5ヶ月間のどこかに設定することが理に適っていると思われます。

さて、このコラムでは、「営業マンの業務上の成果に対する『評価対象期間の変更』と『評価対象の変更』」についてお伝えしてきました。

これらの変更の目的は、「顧客候補」となる対象に、「はじめまして」と接触してから、商品やサービスに対する注文を受けるまでの「一連の営業プロセス」を「一連の営業プロセス」として評価できる体制を作ることです。

営業マンの業務上の成果に対する評価対象期間を延ばし、その評価の対象を「注文を受けた案件の数」から「プロセスの進捗度合い」に変更する。

そうと聞くと、「営業マンを甘やかす」、もしくは「計画未達成の言い訳の温床になる」という考えを持つ方もいらっしゃいますが、これらの変更の意味をしっかりと理解して、「細かいステップから成り立つ営業プロセス」と併用すれば、個々の営業マンさんたちのパフォーマンスを大幅に引き上げることができるだけでなく、部門全体の先行きも見えるようになるはずです。

ぜひ、ご活用いただければ幸いです。

一条 う〜ん。

だからたとえば今月の成約は0件だったとしても、来月と再来月の2ヶ月間で、今月の分も合わせて3ヶ月分の計画を達成できるだけの成約数が確保できそうだとわかっていれば、「それでいいんじゃないの」と言われて終わりと。

加藤 そういうことです。

一条 で、たとえばその次の月も成約が0件だったとしても、その次の1ヶ月間で、「先月の分も、先々月の分も、今月の分も合わせた3ヶ月分の成約数が確保できる見込みです」ってなってればそれでOKになるってこと？

加藤 そういうことです。

一條　ほう。でも普通そんなことしたらもう、言い訳のオンパレードになりそうな気がするんだけど（笑）

加藤　うん。
確かに初回コンタクトから成約までのプロセスをそれぞれの営業マンさん任せにしてたらそうなると思うんですけどね。
でも、細かいステップから成り立つ営業プロセスがあればそうはならないですよね。

一條　そうなの？

加藤　うん。
だってさっきも言ったように「将来の成約見込み」がかなり正確にわかりますからね。
たとえば、48ステップのうちの40ステップまでが埋まっている案件については、「もうすぐ成約するね」って判断できるかもしれないし。
逆に48ステップのうちの5ステップしか埋まっていない案件があったら、そこにテコ入れもできる。

一條　なるほどね。
だからこれは個々の営業マンさんを部門全体としてサポートするっていうことが前提になってる話なんですよね。

加藤　そうです、そうです。
だって、部門全体としてサポートできる体制があるから、部門全体として計画達成するんですよ。

一條　なるほどねぇ。
でも、計画を達成できてない営業マンさんたちに対して、「なんで達成できてねーんだ！」とかって罵声が飛んでる企業さんも多いですよね。

加藤 そうなんですよ。
でも、そうやって営業マンさんたちを問い詰めてる部長さんたちだって、本来は営業マンさんたちをサポートして計画を達成したいはずなんですよ。

一條 そうですよね。
自部門の計画が達成できなかったら、部門長である自分に対する評価が下がるわけですからね。

加藤 そうそう。
だから回り回って自分に返ってくるんだから、営業マンさんたちを追及するとか問い詰めるとかではなくて、しっかりプロセスを管理して、それぞれの営業マンさんたちをサポートできる体制を作るほうが理に適ってるんじゃないかなって思うんですよね。

一條 確かにねぇ。

▼肩身の狭さを払拭する「営業マンの再配置」

一條 でもさ、そういう「細かいステップから成り立つ営業プロセス」に沿っていったとしても、営業マンさんたち全員が計画達成できるようにはならないんでしょう?

加藤　うん。
これはやっぱりさっきも言ったとおり、全員が計画を達成できるようにはならないですから、そういうことが起こる前提で物事を考えておく必要があるんですよね。

一條　うん。加藤さんはそういうときはどうするの？

加藤　そういうときはさっきもお話しした「営業マンの再配置」をするんですよ。
だから、細かいステップから成り立つプロセスに沿って動いても、なかなか成果が出ない営業マンさんたちに関しては、その人たちを「既存客をインタビューする担当者」として再配置したりするんです。

一條　それ、新規にお客さんになりそうなところにはインタビューしに行かないの？

加藤　そこには行かないですね。
というのも、新規にお客さんになりそうなところにインタビューに行くと、なんか、営業みたいになっちゃいかねないじゃないですか？

一條　まぁ、そうかもしれないですね。

加藤　でもそもそも、この再配置の対象となる営業マンさんたちは、その営業がなかなかうまくいかない人たちですからね。

一條　ああ、そうか。

加藤　うん。

だから、新規にお客さんになりそうなところではなく、もう既に自社の商品やサービスを購入してくれている既存のお客さんたちのところにインタビューをしに行ってもらうんですよ。

一条 なるほどね。

加藤 うん。まぁ、そもそもの話をすると、もう自社の商品やサービスを購入してくれている既存のお客さんたちにインタビューすると、事実に基づく具体的な情報が手に入ったりしますからね。商品やサービスを購入したときの状況も聞けるし、商品やサービスについての今の利用状況も聞けるし。

一条 うん。

加藤 あとはそうやって既存のお客さんたちにインタビューしていくと、新しいサービスにつながる情報が手に入ったり、紹介の案件が手に入ったりもしますから。

一条 そうですよねぇ。

加藤 うん。だから細かいステップから成り立つプロセスに沿って動いても、なかなか成果がでない営業マンさんたちに関しては、その人たちを「既存客にインタビューをする担当者」として再配置して、その人たちが活躍できる場所を作るっていうことをしたりもするんです。

一条 なるほどね。まぁ、でもその業務が、部門として正式に割り振られている業務だったとしたら、その営業計画が未達成の営業マンさんたちも自分の役割ができて肩身が狭くない感じになりそうですよね。

加藤　そうなんですよ。

一条　じゃあ、加藤さんは「営業計画の１００％達成」という取り組みに関してはそういう内容を業務として提供してるってことなんですね。

加藤　そうなんですけどね。

▼「上司と部下とのつながり」と「既存リソースの有効活用」

加藤　僕、さっき、つながりの回復みたいな話をしましたけどね。

一条　はい。

加藤　この「営業計画の１００％達成」という取り組みに関して言えば、やっぱり、上司さんと部下さんとのつながりの回復という部分がキモのような気がするんですよ。

一条　ほう？

加藤　というのもね、さっきもお話ししましたけど、たとえば計画未達成の営業マンさんたちだったら、その事業部門の部長さんからまるでそこにいない人であるかのように扱われてたりもするんですよ。

一條　ああ。「戦力外」みたいに扱われるってことですよね。

加藤　そうそう。

でも、そういう状況のなかでその営業マンさんたちが高いパフォーマンスを発揮できるかっていったら、とてもじゃないけど、高いパフォーマンスなんて発揮できないと思うんですよね。

一條　そうですよねぇ。

加藤　うん。

これは計画未達成の事業部門を率いている部長さんたちも同じでしてね。

たとえばですけど、採算会議でなんの発言もさせてもらえず、しかも計画未達成の責任を問い詰められるだけになっている部長さんがいたとしたら、その部長さんが高いパフォーマンスを発揮できる気はしないじゃないですか？

一條　そうですねぇ。

加藤　うん。その一方で、企業さんにとってみれば、そういう営業マンたちも、部長さんたちも、「人」という既存のリソースにあたるわけですから。

一條　そうですね。

加藤　その人たちがパフォーマンスを発揮できない状態にあるということは、企業さんからすれば「人」という既存のリソースを有効に活用できていない状態にあるということだと思うんですよね。

一条　確かに。

加藤　うん。その一方で、こうやって初回コンタクトから成約までのプロセスをしっかり管理して、個々の営業マンさんをきちんとサポートできる体制が作られてくると、部長さんと営業マンさんたちとのつながりも回復していくし。

一条　うん。

加藤　そういう取り組みをした結果として、部門の採算計画や営業計画も達成されるようになっていくし。

一条　うん。

加藤　その結果として、部長さんと役員さんたちとの間にある断絶も解消されていくわけですから。

一条　うん。

加藤　それって、全社として見たときには、既存のリソースとしての「営業マンさんたちの力」や「部長さんたちの力」が有効に活用される状態になっていってるってことだと思うんですよね。

一条　なるほどねぇ。

▼「自分の能力」という「既存のリソース」

加藤 あとはね、既存のリソースの有効活用という話であれば、個人個人の営業マンさんにとっても、「自分の能力」という既存のリソースが活用できる状態になったらいいなと思うんですよ。

一條 ほう？

加藤 だからたとえば営業マンさんたちのなかには、「営業計画未達成です。会議では罵声を浴びせられてます。計画達成できた月があっても翌月にはまたゼロ件からのスタートになって苦しいです」っていう感じになっている人もいると思うんですよね。

一條 うん。

加藤 でもその人たちが、プロセスに沿って動いていくと成約が取れたり、自分の営業計画が達成できたりしていくわけですよ。

一條 うん。

加藤 ということは、その人たちがこれまで自分の営業計画を達成できていなかったのは、その人たちに能力がなかったからではなくて、ただ単に自分の能力という既存のリソースを使える状況になっていなかったからだってことになると思うんですよね。

一條 ああ、なるほどね。

本当になんの能力もなければ、どんな状況があってもなんにもできないってことになるはずだから？

加藤　そうそう。でも、細かいステップから成り立つ営業プロセスに沿って動いていった結果、いろいろとものごとが進められるようになるわけですから。ということは、能力がなかったわけではなくて、ただ単に能力を使える状況になってなかったんですね、っていう話になると思うんですよ。

一條　なるほどね。

加藤　うん。まぁ、いずれにしても、これまで計画未達成だった営業マンさんたちが計画を達成できるようになっていくと、その人たちは自分に対しての信頼を回復していったりもするわけでしてね。

一條　うん。

加藤　それでも成果が出ない人たちについては、たとえば「既存客にインタビューをする担当者」として再配置することもできるわけでしてね。

一條　うん。

加藤　そうすると、その人たちは、自分は新規顧客の獲得という役割は果たせないかもしれないけど、既存客へのインタビューという役割は果たすことができる、っていう感じになるわけですから。

一條　うん。

加藤　だから、自分にもやれることがあるんだ、って感じになったりもするわけでね。そうすると、今までその事業部門の一員じゃないみたいな感じになっていた人が、自分もちゃんとこの部門の一員なんだっていう実感を持てるようになったりするわけでね。これって、その人にとっては、「自分の能力」という既存のリソースを活用できる状態になったってことなのかもしれないなって思うんですよね。

一條　なるほどねぇ。

▼新しい「つながり」

加藤　あとは、こういった取り組みで各事業部門が営業計画を達成していくわけですから、企業として見たときには新規のお客さんが増えることになるわけで。

一條　はい。

加藤　これはつながりの回復ではないけれど、つながりが増えていくわけで。

一條　うん。

加藤　だから、「営業計画の１００％達成」という取り組みを通じて、部長さんと営業マンさんたちとのつながりや、部長さんと役員さんたちとのつながりや、個々の営業マンさんと部門とのつながりや、営業マンさん自身のなかでの自分とのつながりが回復されていくし。

一條　うん。

加藤　企業さんと新しいお客さんたちとのつながりも増えていくよなぁ、って思って見てるんですけどね。

一條　なるほどねぇ。

一條コラム 7

「事業主体の分類」についての考察

先程、上場企業にお勤めしている部長さんたちを例にとって、上場企業にお勤めしている人であれば必ず抱えることになる「3つの切なさ」と、その解消に向かう際の方向性についてお話しさせていただきました。

そのなかで、「3つの切なさ」を解消するために、自分でなにかをしようとする人は多くはないというお話をしましたが、その一方で、「3つの切なさ」を解消するために、お勤めしていた企業を退職して独立をする方もいらっしゃいます。

また、今お勤めしている企業のなかでの自分の将来が見えているということを理由に、退職を検討している方もいらっしゃいます。

たとえばですが、僕が次世代経営人材開発という業務でかかわらせていただいている部長さんたちのなかには、「自分は役員候補としてこの場に呼ばれてはいるけれども、でも、自分が役員になることはないだろう」と思っている方たちも少なくありません。

そのような状況がある一方で、人生はこの先も何十年かは続いていく。

ではこの先にどのような仕事をすればいいのか、と考えたときに、たとえばですが、今まで自分が上場企業のなかで仕事をしてきた経験を活かして、独立をすることはできないだろうかと考える方もいらっしゃいます。

実際に僕に、「自分が今後、コンサルタントとして活動する道はあるか」という相談をしてくださる方もいらっしゃるからです。

▼

そのような状況があるわけですが、僕が見ていると、実際にお勤めしていた上場企業を退職して、コンサルタントのような立ち位置で独立をした人たちのなかには、業務的な能力は高いにもかかわらず、まわりの環境にもみくちゃにされ、力を発揮できない状況になっている人たちも少なくないような気がします。

ではなぜそのようことになってしまうのか。

そこにはいくつかの要因があるように見受けられるのですが、そのなかでも最大の要因は、その人たちの頭の中の「事業主体の分類」にあるのではないかと思うのです。

そこで、このコラムでは、「事業主体の分類」についてお話をしてみたいと思います。

▼

まず、この「事業主体の分類」とは、読んで字のごとく、世の中の事業主体をどのようなカテゴリーに分類するかという話なのですが、僕が見た限りでは、世の中に数多くある事業主体さんたちを「個人事業」、「中小企業」、「大企業」という3つぐらいの分類で捉えている人たちは少なくない気がします。

その一方で、先程、第四章の章末のコラムでお伝えした通り、たとえば「上場企業」と呼ばれる事業主体さんたちも、「オーナー社長系の上場企業」と、「雇われ社長系の上場企業」のふたつのカテゴリーに分類することができますし、そしてそれぞれのカテゴリーに属する企業さんたちのなかには、もう一方のカテゴリーに属する企業さんたちのなかでは生まれない構造が生まれていたりもするのです。

そう考えると、この「個人事業」、「中小企業」、「大企業」という分類ではざっくりしすぎているとも言えますし、このようにざっくりした分類で世の中の事業主体を捉えていると、いろいろと見落としてしまう要素も出てくるような気がします。

では、世の中の事業主体をどのように分類すればいいのか。

その分類の仕方は人によってさまざまだと思いますが、僕の場合には、世の中の事業主体を次ページの7つのカテゴリーに分類して把握しています。

そこで、このコラムでは、世の中の事業主体に対して、あなたがあなたなりの分類を行っていくための参考にしていただけるように、僕の頭の中にある「事業主体の分類」を使って、それぞれのカテゴリーに属する事業主体さんの特徴をお話ししてみようと思います。

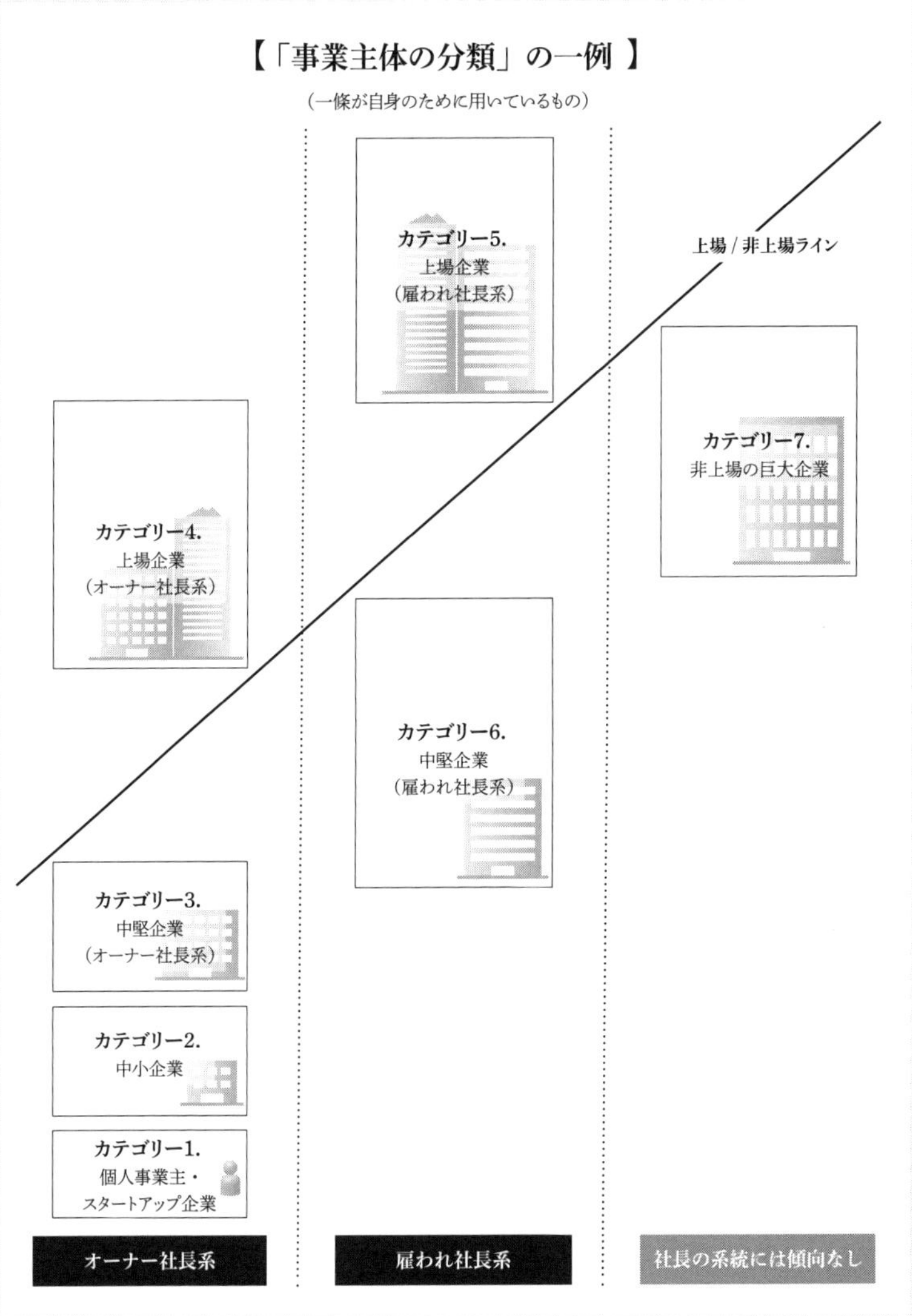
【「事業主体の分類」の一例】
（一條が自身のために用いているもの）
カテゴリー5.
上場企業
（雇われ社長系）
上場／非上場ライン
カテゴリー7.
非上場の巨大企業
カテゴリー4.
上場企業
（オーナー社長系）
カテゴリー6.
中堅企業
（雇われ社長系）
カテゴリー3.
中堅企業
（オーナー社長系）
カテゴリー2.
中小企業
カテゴリー1.
個人事業主・
スタートアップ企業
オーナー社長系
雇われ社長系
社長の系統には傾向なし

カテゴリー1．個人事業主、スタートアップ企業

このカテゴリーは、自分で事業を始めてまもない人たちをその象徴とするような事業主体のカテゴリーです。

個人事業として事業を始める方もいらっしゃれば、最初から法人として事業を始める方もいらっしゃいますが、いずれにしてもその事業規模は小さいことが特徴です。

カテゴリー2．中小企業

先程の「個人事業主、スタートアップ企業」というカテゴリーの事業主体の事業が少し成長すると、いわゆる中小企業と呼ばれるカテゴリーの事業主体になっていきます。

この時点での事業規模は、たとえば年商3億円とか、もしくは年商10億円という規模になってきます。

このカテゴリーの事業主体さんを率いる社長さんたちの傾向としては、その社長さんが男性であれば夜の街にすごくお金を使うようになったりだとか、その社長さんが女性であれば高級ブランドのバッグを買い漁るというような感じで、お金を使い始める印象があります。

もちろん、すべての社長さんがそういう傾向を持つようになるというわけではありません。

カテゴリー3．　中堅企業（オーナー社長系）

そこからさらに事業が成長すると、今度は中堅企業と呼ばれるカテゴリーの事業主体になっていきます。

この時点での事業規模は、たとえば年商30億円とか、年商１００億円という規模になってきます。

こうなってくると、いろいろな人たちがこのカテゴリーの企業の社長さんたちのまわりに集まり始めます。

たとえばですが、地域の企業の集まりの会では、「やはりこの会の会頭は社長にお願いしないといけませんね」というような感じで、その会の会頭を依頼されるようになったりしていきます。

カテゴリー4．　上場企業（オーナー社長系）

そこからさらに事業が成長すると、上場したりする企業さんも出てきます。

この時点での事業規模は、たとえば年商３００億円とか、年商1、０００億円という規模になってきます。

このカテゴリーの企業の社長さんは創業社長になるわけですが、やはり自分の一代で自社を上場させたという実績から、自分の能力に対しての強い自負を持つことになる人が多い気がします。

その結果、社長の一存でいろいろなものごとが決まったり、ひっくり返ったりしていく状態が続くわけですが、このため、これらの企業の多くでは、社員さんたちが社長さんの顔色を見ながら仕事をするという文化ができあがったりもします。

外部の第三者さんたちも、社長の顔色を見ながらお仕事をするというスタンスになりがちです。

その一方で、先程、第四章の章末のコラムでお伝えしたとおり、いわゆる上場企業と呼ばれる事業主体も「オーナー社長系の上場企業」と「雇われ社長系の上場企業」とに分類することができます。

では、「雇われ社長系の上場企業」とはどのような事業主体なのか。

カテゴリー5．上場企業（雇われ社長系）

このカテゴリーの企業さんたちの場合には、創業者さんが社長を務めていることはありません。

その事業規模は、年商８、０００億円とか、年商１兆円という規模になっています。

業種としては、インフラに関わる企業さんであったり、世界的なグローバルカンパニーの日本支社であったりということもあります。

カテゴリー６．中堅企業（雇われ社長系）

先程のカテゴリー５の「雇われ社長系の上場企業」の傘下には、その子会社としての中堅企業もあります。

このような企業さんたちの場合には、その事業規模が年商３００億円とか、年商５００億円という規模になっていることも少なくありません。

以上の６つのカテゴリーに加えて、「非上場の巨大企業」というカテゴリーに分類される企業もあります。

カテゴリー7．非上場の巨大企業

このカテゴリーは、株式を上場してはいないけれども、その事業規模が株式を上場している企業さんたちよりも大きくなっている企業さんたちのカテゴリーです。

その社長は創業者であるオーナー社長である場合もあれば、雇われ社長である場合もありますので、「社長の系統」に特定の傾向はありません。

▼

さて先程、「これまでお勤めしていた上場企業を退職して、コンサルタントのような立ち位置で独立をした人たち」のなかには、業務的な能力は高いにもかかわらず、まわりの環境にもみくちゃにされ、力を発揮できない状況になっている人たちも少なくない気がするというお話をさせていただきました。

そして実は、そのような状況になっている人たちには共通することがふたつあります。

その人たちに共通することのひとつめは、その人たちが先程の事業主体の分類のなかの、カテゴリー5の「雇われ社長系の上場企業」にお勤めしていた人たちであること。

その人たちに共通することのふたつめは、その人たちが先程の事業主体の分類のなかの、カテゴリー2の「中小企業」、もしくはカテゴリー3の「オーナー社長系の中堅企業」に関わっていることです。

ところで、「雇われ社長系の上場企業の文化」と、「オーナー社長系の非上場企業の文化」はまったく違います。

第四章の章末のコラムでお伝えした通り、「雇われ社長系の上場企業」の場合には、その事業活動のなかで株主さんたちの目を強く意識することになりますので、株主さんたちから突っ込まれたときに困らないようにするために、たとえば社内では稟議制度がきちんと機能していたり、承認のプロセスがきちんと明文化されていたりします。

それに対して、オーナー社長系の中小企業や中堅企業では、そもそも自社の株式を株式市場に出していないので、「株主の目」というものを意識する必要がありません。

その一方で、オーナー社長のなかには自分の能力に対して強い自負を抱いている方も少なくありません。

そうなるとどうなるかというと、すべてが社長の一存で決まるような状況になりがちですし、社内の文化も、「社長の顔色を見ながら仕事をする」という文化になりがちです。

このような文化を持つ企業に、「雇われ社長系の上場企業」の出身者が関わったとしても、それまで「雇われ社長系の上場企業」にお勤めするなかで培ってきた仕事の進め方や、対応力はまったく通用しない。

その結果、業務的な能力は高いにもかかわらず、まわりの環境にもみくちゃにされ、力を発揮できない状況になっている人たちが出てきているように見受けられるのです。

これも、それがいいとか悪いとかという話ではない一方で、その人の頭の中の「事業主体の分類」の内容によっては、そもそも自分が力を発揮できない相手に関わろうとする人も出てくるかもしれません。

そうなってしまえば、ご自身の能力を発揮することができなくなるだけではなく、心身共に疲れ果てるということにもなってしまいかねません。

ですので、もしも今、この本を読んで下さっている方のなかに、独立を考えている方がいらっしゃるのであれば、なにかの参考にしていただければと思ってお話しさせていただきました。

ご参考にしていただける部分があれば幸いです。

（補足）

第四章の章末のコラムでもお伝えしたとおり、僕が「上場企業」という言葉を使うときには、それは「２０２２年4月3日まで東証一部上場企業と呼ばれていた企業さんたち」のことを指しています。

ただし、一般的な話をすれば、「上場企業」と呼ばれている企業さんたちのなかには、「２０２２年4月3日まで東証一部上場企業と呼ばれていた企業さんたち」以外の企業さんたちもたくさんあります。

つまり、「上場企業」と呼ばれている企業さんたちを分類するときには、僕が分類しているよりも多くのカテゴリーに分類することもできるということになります。

その意味では、世の中にある事業主体を分類する際には、このコラムでご紹介した「7つのカテゴリー」よりも多くのカテゴリーでその分類をすることもできるわけです。

つまり、世の中にある事業主体を分類するにあたっては、その分類に絶対的な正解があるわけではない。

そのことを前提に、ぜひ、ご自身のために、ご自身なりの「事業主体の分類」をしていっていただければと思いますし、このコラムの内容がその一助となれば幸いです。

第九章　「部分最適」と「全体最適」

一条　じゃあ、「部門別採算管理体制の再構築」の取り組みでは具体的になにをするんですか？

加藤　これはさっきからお話ししている通り、まずは、採算資料に手をつけるんですけどね。

一条　うん。

加藤　まずは、採算資料に手をつけて、各事業部門が負担している本社費が一覧できる資料を作りますよね。

一条　なるほど。

加藤　まぁ、その資料を作る目的っていうのは、これもさっきから繰り返しお伝えしているとおり、「全社として既存のリソースを有効に活用するための枠組み」を整えるための土台を作るところにあるんですけどね。

一条　うん。

加藤　まぁ、今も各社さんのなかでは採算会議とかで採算資料が配られてると思うんですけどね。

一条　うん。

加藤　一条さんから見て、各事業部門の部長さんたちはそこに出ている内容について、ちゃんと納得してたり、理解してたりする感じ、します？

一条　納得はわかんないですけど、内容の理解はしてるんじゃないですか？　というのも、いわゆる東証一部上場企業って呼ばれていた企業さんたちだったら各社さんはそれぞれに、それぞれの社内ルールに基づいて部門別に採算を管理していて。株主さんたちにもそういうルールのもとに把握した各部門の採算の状況を報告してるわけですから。そこに対する理解はもちろんあると思いますよ。

加藤　なるほどね。
一方でね、さっきからずっと話に出てますけど、そういう企業さんたちのなかでの部門別の採算管理においては、本社費の扱い方が結構重要なテーマになると思うんですよ。

一条　そうですよね。

加藤　うん。まぁ、だから、本社費の負担さえなければ、採算計画が達成できてたのに、って感じになってる事業部門さんたちもあるわけでしょう？

一条　そうですね。

加藤　そうなると、自部門に賦課される本社費の額に対して納得がいかない、っていう感じになる部長さんたちも出てくるんじゃないかと思うんですよ。

一条　まぁ、そうですよね。
賦課されている本社費の内訳も、詳しくは説明されてなかったりすることがありますからね。

加藤　うん。

一条　だから、自部門の採算計画が達成できなかった事業部門の部長さんたちからしたら、ついつい本社費に意識が向くというか。やっぱり「この本社費さえなければ」みたいな感じになることも少なくない気はしますよね。

加藤　そうですよね。

一条　うん。
だから、本社費が賦課された後でも採算計画が達成されている事業部門の部長さんたちは、本社費に対して、たいしてなにも思ってないんじゃないかな。

加藤　うん。
だからそこでもやっぱり、見ているものがばらついてるし。
やっぱり、採算資料の内容自体が部長さんたちにとって納得できる感じにはなってない可能性があると思うんですよ。

一条　まぁ、そうかもしれないんですけどね。
でも、そういう話であれば、採算資料がどうこうというよりも、その資料が使われる採算会議そのものがひとつのネックになってる気もしますよね。

加藤　ん？

▼ホッと胸をなでおろす人たち

一条　いや、僕が見ていると、採算会議に出席している事業部門の部長さんたちって、社内での自分のポジションを確保するために、一生懸命になってることが多い気がするんですよね。

加藤　ああ。

一条　だからたとえばですけど、各事業部門のなかでも営業会議みたいなものが行われていると思うんですけど。

加藤　はい。

一条　そういう会議に参加している営業マンさんたちは、自分が発表する順番が終わると、胸をなでおろすというか、ホッとするっていう感じになってることも多いじゃないですか？

加藤　はいはい。

一条　それとまったく同じことが、部長さんたちが参加する採算会議でも起こってる気がするというか。だから、自分の発表の順番が終わるとホッと胸をなでおろしている部長さんたちも多い気がするんですよね。

加藤 うん。

一條 まぁ、上場企業さんたちのなかには、そういう採算会議に社外役員さんたちが参加してるケースもありますからね。

そうすると、あんまり社内の状況もわかっていない人たちから、「これはどうなってるんですか？」とかって追求されたりもするから、そこにびくびくしている部長さんたちも多い気がするし。

加藤 ああ、なるほど。

一條 うん。まぁでも、採算会議って、本来であれば、各事業部門の状況を全社で共有しながら、企業全体の舵取りをするという目的で開かれるものって感じもするんですけど。

でも実際にはそういうふうになってないことも多い気がしますよね。

加藤 うん。

それに関連する話なのかもしれないんですけど、僕の知ってる部長さんたちのなかには、そういう採算会議に出席したときに、なにかわかったようなふりをしてその場をやり過ごしてる部長さんたちも結構いらっしゃるみたいなんですけどね。一條さんのまわりはどうですか？

一條 ああ。そういうことはあるかもしれないですよね。

でも、わかったようなふりをするってことは、なにかがわかっていないってことの表れだと思うんですけどね。

加藤　はい。

一條　じゃあ、その人たちがなにをわかっていないのかっていうと、多分だけど、なんで自分のところの事業が伸びてるのかとか、なんで自分のところの事業がへこんだのかとか、そういうところがあまり理解できていないことが多い気がするんですよね。

加藤　ああ。

一條　それはさっきの加藤さんの話でいうと、初回コンタクトから成約までのプロセスが細かなステップに分かれていないからかもしれないし。
まぁ、その理由は他にもいろいろあるかもしれないんですけどね。
でも、さっきもお話ししたみたいに「自分は経営のことはよくわかりませんから…」って言う部長さんたちが出てくる背景には、そういう状況もあるのかもしれないなって思うんですよね。

加藤　なるほどねぇ。

▼なぜ、部門別に採算を管理するのか？

一條　まぁ、でも、根本的な話としては、ちょっと馬鹿げた話ですけど、なんで部門別に採算を管理することになっているのか、っていう話も共有されてない気がしますよね。

加藤　ほう？

一條　いや、まぁ、僕は、部門別採算管理って、社内のリソースを適切に割り振ることができるようにするためのものだと思ってるんですけどね。

加藤　うん。

一條　だから、どこにリソースを割り振るべきか、とか、どこからはリソースを引き上げるべきかってことを判断するために、部門別採算管理というものがあると思うんですよ。
だって各社さんともに、社内のリソースは有限だし、しかもすべての事業がうまくいくわけがないですもん（笑）

加藤　そうですよね（笑）

一條　うん。
それなのに、ほとんどの企業さんのなかでは、それぞれの事業部門さんたちが自部門への評価を上げよう上げようって感じで、なんとかつじつまを合わせようとしてる気がするんですけどね。
でもそれって、部門別採算管理の本来の目的からはズレてる気がするんですよね。

加藤　うん。

一條　だから、部門別採算管理って、どの事業部門がどれだけの売上や利益を出しているのかを見るためにあるのかっていう話でさ。
まぁ、そういうところを見ることも必要だけれども、それはもっと大きな目的のために、そういうところも見ることになっているだけのような気がするんですよね。

加藤　うん。

一條　だからそもそもの目的は、今あるリソースをどこに割り振るべきか、とか、どこから引き上げるべきかっていうことを判断できるようにするところにあるんじゃないかなって思うんですけどね。

加藤　確かにね。

一條　うん。ということは本来であれば、たとえば採算会議に出席している部長さんたちの誰かから、「うちの事業は最大限やってここまでなので、もう見切りをつけたほうがいいと思うんです」っていう話が出てきてもおかしくないと思うんですよ。

加藤　うん。

一條　それに加えてその部長さんから、自部門に所属している社員さんたちについて、「うちの社員を、最近業績が伸びているあの事業部門に出すのがいいのではないかと思うんです」っていう話が出てきてもおかしくないと思うんだけど。でも、絶対にそんな話にはならないでしょう?

加藤　そうですね。

一條　その代わりに、各部長さんともに「自分の部門をいかに守るか」みたいな話になってるわけで。でも、「もうこの事業は伸びない」っていう感じなんだったら、「もう伸びません」って言ったほうが、企業全体として見たときにはいいと思うんですよ。
だって、その事業の現場にいる人たちが肌感覚でわかることってあると思いますからね。もちろんそれが諦めというか、やることをやるのが面倒くさいから「もうこれ無理ですよ」って言ってるんだったら話は別だと思うんですけどね。

加藤 そうですねぇ。まぁ、でもそう考えるとやっぱり、それぞれの事業部門さんたちにとっては、自部門の採算計画が達成されるのかされないのかということが、とても大きな関心事になってるってことだと思うんですけどね。

一條 うん。まぁ、でもさ。その関心だって、採算計画を達成したいっていう意味での関心というよりも、採算計画が達成できなかったらその責任を問い詰められるっていうおそれからの関心のような気がしますよね。

加藤 そうですよね。じゃあなんでそんなことになっているのかっていうと、これもさっきから繰り返しているように、部門別採算管理の体制が各事業部門に優劣をつけるためのものになっているからなんじゃないかなと思うんですよね。

一條 そうですねぇ。

加藤 うん。まぁ、そうなってくると、あくまでも自分たちの部門に対する評価がよければそれでいいっていう感じにもなりがちな気がしますしね。

一條　うん。でもさ、自分たちの部門に対する評価を上げようとしてがんばったとしても、3年とか5年とか経ったら、人事異動で違う部門に異動になっちゃったりしますからねぇ。

加藤　そうですね。

一條　うん。そうなってくると、企業のなかにも個人のなかにもなんだかなにも積み上がっていかないような気がするんですよね。

加藤　そうですよねぇ。

一條　うん。なんかそういうのってもったいないなぁっていつも思うんですよ。

▼企業の存続を支える事業部門

加藤　うん。まぁ、そういう状況があるなかで、僕はそういう状況がよくなればいいなと思ったんですけどね。

一條　はい。

加藤　まぁ、具体的に言えば、これもさっきから繰り返してますけど、「全社として既存のリソースを有効に活用するための枠組み」を整えることができたらいいなって思いましてね。

一條　はい。

加藤　まぁ、僕が見ている限りにおいていうと、多くの上場企業さんには、「全社として既存のリソースを有効に活用するための枠組み」が整っていないような気がするし。まぁ、もっと言えば、「全社として既存のリソースを有効に活用するための枠組み」を整えるための土台がないんだなって思ったんですよ。

一條　うん。

加藤　その一方で、そういう企業さんたちの場合には、どの企業さんのなかにも部門別採算管理の体制があるわけですから。まぁ、だから、さっきの一條さんの話じゃないですけど、部門別に採算を管理する本来の目的が、社内のリソースを有効に割り振るためのものだとするとですね。そういう部門別採算管理の体制があるにもかかわらず、「全社として既存のリソースを有効に活用するための枠組み」が整っていないのはなぜなんだろう？　って思ったんですよね。

一條　なるほど。

加藤　うん。でね、僕が見ていると、せっかく部門別採算管理の体制があるのにもかかわらず、「全社として既存のリソースを有効に活用するための枠組み」が整っていないことにはふたつの理由があるんじゃないかなって気がしましてね。

一条　ほう？

加藤　まずその理由のひとつが、各事業部門の採算表のなかに本社費が入っていることによって、それぞれの事業部門の本当の採算の状況がわかりにくくなっていることにあるような気がしたし。

一条　うん。

加藤　もうひとつの理由が、部門別採算管理の体制が、各事業部門に優劣をつけるためのものになっていることにあるような気がしたんですよね。

一条　うん。

加藤　つまり、部門別採算管理の体制が各事業部門に優劣をつけるためのものになっているから、各事業部門は競争関係に置かれているし。
そうなってくると、協力関係も生まれないし。
もちろん、部門間での情報共有も行われないし、ノウハウの共有も行われない。

一条　うん。

加藤　その結果として、企業全体としては相当量のリソースを持っているのにもかかわらず、各事業部門が使えるのは自部門のリソースだけになっている、っていうことになってるんじゃないかなと思いましてね。

一条　うん。

加藤　まぁ、だからどうやったらその状況が改善されるのかなってことを考えたときにね。なにか、各事業部門さんたちが、お互いのことを仲間とまでは言いませんけど、自分たちと同じ目的を持って動いている存在なんだと認識できたらいいのかなって思ったんですよね。

一條　ほう？

加藤　まぁ、そう考えたときにね、そういう事業部門さんたちに共通していることは、本社費を負担していることだなって思ったんですよ。
だから、各事業部門が負担している本社費の一覧を資料にして、各事業部門の人たちに見てもらったら、まぁ、自部門が自社の存続を支えているんだっていう認識も持てる一方で、他の事業部門も自社の存続を支えているんだなってことが認識されてくるんじゃないかなって思ったんですよ。

一條　なるほど。

加藤　そうなると、各事業部門同士で、自分たちは同じ目的を持って動いている存在なんだっていう認識が持たれるようになるんじゃないかなと。
そうなったら、部門間のつながりも出てくるんじゃないかなと。
そうなったら、全社として既存のリソースを有効に活用できるようにもなっていくんじゃないかなと。
まぁ、そんなことを考えていったんですけどね。

一條　なるほどねぇ。

▼自社の状況についての認識を整える

加藤　もちろん、そういう資料が出てきたからといって、いきなりなにかが起こるってことはないですよ？　だけど、少なくとも、他の事業部門と自分たちの事業部門との間には共通した目的があることが認識されるようになってくるというか。
そうなってくると、競争関係にはなりにくくなるというか。

一條　うん。

加藤　まぁ、実際の話をすると、僕がこの「部門別採算管理体制の再構築」っていう取り組みをさせてもらうときには、各事業部門の部長さんたちと個別にお話をさせてもらったりもするんですけどね。

一條　ほう？

加藤　というのも、それぞれの部長さんたちからすると、他の部長さんたちや役員さんたちがいる前だと話しにくいことも、僕と1対1で話すときには、いろいろと話しやすくなったりもするみたいですしね。

一條　うん。

加藤　あとはね、僕は外部の第三者ですから、外部の第三者から見た視点っていうのも、僕と1対1で話をしているときには比較的受け入れてもらいやすくなるんですよ。

一條　ああ、そうですよね。

会議の席で、部長さんたちがずら―っと並んでるところで話してもまったく受け入れてもらえない話も、個別に話すと「いや、わかります」とかって言われたりしますもんね（笑）

加藤 そうそう（笑）
だから僕の場合には、この「部門別採算管理体制の再構築」の取り組みをさせてもらうときには、各事業部門の部長さんたちと個別にお話をさせてもらうんですけどね。
そのときに、今お話ししたような本社費の一覧の資料とかも使っていくんですよね。

一條 ほう？ どうやって使うんですか？

加藤 だからたとえば、その資料を見てもらいながら、「この事業部門は売上計画が達成できていなくて結構苦しい状況にあるんですけど、でもこれだけの本社費を負担してくれてるんですよね」とかって話をしたりね。

一條 ほう？

加藤 その一方で、「この部門は売上計画も利益計画も大幅に達成しているから、他の部門になにかのサポートを提供することもできるかもしれないですよね」とかって話をしたりしてね。

一條 ほう？

加藤 まぁ、僕がそんな話をしたからといって、その場でなにかが動くってことはないんですけど。

一條 うん。

加藤　だけど僕は、その同じ資料を使って、いろんな部長さんたちに対して同じ話をさせてもらうわけでしてね。

一條　ほう？

加藤　そうすると、それぞれの部長さんたちが、自社の状況について同じ認識を持つようになっていったりするわけですよ。

一條　ああ。
加藤さんを介して、それぞれの部長さんたちが共通の認識を持つようになる感じ？

加藤　そうそう。
そうなってくると、そういう部長さんたちが一堂に会した会議とかでも、同じ認識を土台にした上での話がされるようになっていくわけですよ。

一條　ああ。なるほどね。
ご本人さんたちはそういうことになってるとは気づいてないかもしれないけれど。

加藤　そうそう。
ご本人さんたちは、お互いが同じ認識を持つようになっているとは気づいてないかもしれないけれど。
でも、実際にはそれぞれの人が、同じ認識を土台にして発言をするようになってたりするわけですよ。

一條　うん。

加藤　まぁ、そもそもの話をすれば僕がお伝えしている内容も、別に「加藤スペシャル」みたいな、僕独自のものの見方とかではなくて、実際の採算状況をお伝えしているだけですからね。

一條　うん。

加藤　まぁ、これまで使われていた採算資料とはちょっと切り口を変えた採算資料を使ったりはしてますけど。でも、実際の採算状況をお伝えしながら、誰が見てもそういう認識になるよね、っていう話をしていることには変わりがないわけでしてね。

一條　うん。

加藤　だけど、やっぱり社内の人間から言われても反発しちゃうこともあるだろうし、受け入れたくないって感じになることもあるだろうし。自分の身を守りたいって感じになることもあると思うんですけど。

一條　うん。

加藤　だけど、僕は外部の第三者だし。
まぁ、僕と1対1でお話ししてたりすると、冷静に話を聞いてもらえる確率も高くてですね。

一條　うんうん。
それが僕らみたいな外部の第三者の役割というか、外部の第三者ならではの機能のひとつですよね。

加藤　うん。
そう思うんですけど。

まぁ、結果として、そういう部長さんたちが一堂に会した会議とかでも、自社の採算状況について、同じ認識を持った上での話がされるようになったりするわけでしてね。

一條　うん。

加藤　そうなると、相手が話している内容も理解できるし。

一條　うん。

加藤　自分が話している内容も理解してもらえたりするわけで。

一條　うんうん。

加藤　そうなってくるとね、意外とお互いの知恵が行き交い始めるというかね。

一條　うん。

加藤　なんというか、自分の身を守るため、っていうような発言はなくなっていくし。

一條　うんうん。

加藤　結果として、とても生産的な会議になっていったりもするんですよね。

一條　なるほどね。

加藤　うん。
でね、僕、そういう感じになってくると、「全社として既存のリソースを有効に活用するための枠組み」を整えるための土台ができてきたなって思うんですよ。

一條　なるほどなるほど。

加藤　うん。まぁ、その時点で、「全社として既存のリソースを有効に活用するための枠組み」が整うかっていったらそんなことはないし、そもそもそれなりの規模の企業さんのなかではそんなに簡単にものごとが動くこともないわけですけど。

一條　そりゃそうだ。

加藤　うん。
だけど、「全社として既存のリソースを有効に活用するための枠組み」を整えるための土台はできてくる。

一條　なるほどね。

加藤　うん。まぁ、そうは言っても、実際にものごとが動くこともありますしね。

一條　うん。

加藤　まぁ、ディスカッションだけで終わることもありますけど。

一條　うん。

加藤 でも、少なくともそういう話ができる関係性は生まれてきたりするわけでしてね。

一條 うん。

加藤 だから僕は、そういうのっていいなって思ってるんですよね。

一條 そうですよね。
だって、加藤さんがそういう企業さんたちに関わるときのテーマって、「既存のリソースを有効に活用して、安定的に増収増益を達成できる体制を作ること」でしたもんね。

加藤 そうそう。
だから僕、そういう体制を作るための土台が作れたらいいなと思ってね。
いろんな企業さんで経理部門の社員さんたちと一緒に、そういう資料を作ったりしてるんですよね。

一條 なるほどねぇ。

加藤 まぁ、そういう資料を作るのと同時に、本社費の内訳についても、きちんと解説された資料が出るように調整したりもしてね。

一條 なるほどね。

加藤 うん。まぁ、だから「部門別採算管理体制の再構築」っていう取り組みでは、そういうことをやってるって感じですね。

一条　なるほどなるほど。
まぁ、だから「部門別採算管理体制の再構築」という取り組みは、採算資料の整備っていう形で表れる取り組みにも見えるけど、実はそういう感じで社内に共通認識を持ってもらうところが要点なんだってことなんですね？

加藤　そうですね。

▼「経理」という「特殊な部門」

加藤　ちなみにね、僕の場合にはそういう資料を各社の経理部門の社員さんたちと一緒に作っていくんですけどね。

一条　はい。

加藤　そうやって各社の経理部門の人たちとお仕事をさせていただいていると、経理部門でお仕事をしている人たちの状況って、ちょっと特殊な状況だなって思ったりもするんですよ。

一条　ほう？

加藤　うん。でも、そういう状況って、経理部門でお仕事をしている人たち自身からも、経理部門の外にいる人たちからも、あんまり理解されていないことが多いなって気もしていてですね。

一条　ほう？

加藤　でも、そういうところがしっかりわかってないと、経理部門でお仕事をしている人たちに業務上のパフォーマンスを発揮してもらうことはむずかしいんじゃないかと思うんですよね。

一条　ふ〜ん。
それってちなみにどんな状況なんですか？

加藤　これはね、ちょっと順を追って話さないとわかりにくいかもしれないので、ちょっと順を追ってお話しさせてもらってもいいですか？

一条　はい、お願いします。

加藤コラム 3

経理部門の社員さんたちを取り巻く状況についての考察

僕は経理部門の社員さんたちとお仕事をさせてもらう機会が多いのですが、そのなかで、経理部門でお仕事をしている人たちは特殊な状況に置かれていると感じることがあります。

そこで今回は、経理部門でお仕事をしている人たちを取り巻く状況についてお話ししてみたいと思います。

まず、経理部門でお仕事をしている社員さんたちを見ていると、次のような状況があるように見受けられます。

・業務の内容は、誰にでもできるような「作業的なもの」になっている
・毎日、同じ場所で、毎日、同じような業務を繰り返している
・業務の内容は単調だが、業務の負荷は軽くもない
・業務を終わらせなければならないタイムリミットがあることがある

このような状況から、「作業的な業務を行う要員としてそこにいる感覚があり、組織の一員であるという自覚を持ちにくくなっている」という人たちが生まれているようにも見受けられます。

また、業務的な負荷はそこまで重くもありませんが、軽くもないため、一日中作業をしているというような感覚を持っている人たちも少なくないようです。

実際、経理部門でお仕事をしている人たちのなかには、ランチや急ぎの郵便物送付などのちょっとし

た外出が息を抜ける瞬間だという話を聞かせてくれる人たちもいるからです。

その一方で、自分が担当している業務が企業全体から見たときにどういう位置づけになっているのかについての説明を受ける機会もないため、自分が担当している業務の意味がわからない、という感覚を持っている人たちも少なくないように感じます。

実際に、他の部門の人たちから、「経理って伝票の入力してるだけでしょ？」と言われたときに反論できなかったという話を聞かせてくれる人たちもいるからです。

また、基本的には自分が担当することになった伝票等の処理を、自分ひとりで行うことがメインの業務になっていることが多いため、同じ経理部門で働いている他の人たちとのつながりも感じにくくなっている印象があります。

業務にタイムリミットがあることによって、業務に集中せざるをえない時間が多いことも、この「つながりの感じにくさ」を作るひとつの要因になっているのかもしれません。

この「つながりの感じにくさ」に関して言えば、自分が所属している経理部門の部長とのつながりも希薄なことが多いようです。

部長から評価されているかどうかがわからず、不安だという話を聞かせてくれる人たちもいるからです。

では、このような社員さんたちを束ねる立場にある経理部門の部長さんたちは、どのような状況に置かれているのか。

実際に経理部門の部長さんたちと話をすると、「部下に気を配る余裕がない」という話を聞かせてくださる方もいらっしゃいます。

このような状況に置かれている部長さんたちは少なくないようですが、ここにもそのような状況が生み出されることになっている背景があるように感じます。

というのも、そもそもどの部門の部長さんであれ、部門の長ですから、「自分が責任者を務めている部門でなんらかの成果を出すことが自分の役割である」という認識を持っている人は多いように感じます。

また、実際に社内でもそれらの部長さんたちに対して、「各部門で成果を出すように」という指示が出てもいるはずです。

その一方で、これが「事業部門」であれば「売上の額」であるとか、「新規の顧客開拓件数」であるといった、「目に見える成果」を出すこともできます。

「経理部」と同じく「間接部門」と呼ばれる他の部門であっても、たとえばですが「人事部」であれば「採用人数」であったり、「総務部」であれば「社内の備品管理システムの導入」であったり、「経営企画室」であれば「ＩＲ資料の作成」であったりと、「目に見える成果」を出すことができます。

しかし、「経理」という部門には、そのような形で「目に見える成果」を出すことがなかなかむずかしい状況があるように思うのです。

そもそもの話をすれば、経理の業務自体が「できて当たり前」の業務だと思われている部分もありますので、いくら確実に業務を遂行したところで、たいした評価もしてもらえないという状況もあったりします。

その一方で、経理という業務の特性上、なにかの評価を受ける目的で目新しいことをする余地もない。

そのため、どのような成果を出せば自分が評価されるのかがまったくわからず、その結果として自分の上司である役員さんたちや、他の部門の部長さんたちの顔色をうかがうことになっている経理部門の部長さんたちもいらっしゃるように感じるのです。

また、「経理業務」に関して言えば、実際の実務は社員さんたちが行いますから、経理部長は実務に詳しいわけでもない。

人事異動によって他の部門から経理部門の部長に着任した部長さんであればなおさらです。

このような状況のなかで、なんとか毎日を過ごしている。

そのような状況になっている経理部門の部長さんたちも少なくないような気がするのです。

その一方で、全社的に見た場合には、「経理部門」が果たす役割は小さくないはずです。

なぜなら、「経理部門」には自社の全部門の会計データが集まってくるからです。

そのデータを「経理部門」が取り纏めてくれなければ、企業が企業としての活動を継続するための経営状況の把握もできないはずですし、経営状況の把握ができなければ、経営上の判断をすることもむずかしくなるはずなのです。

たとえば、部門別に採算を管理する体制を整えようとしても、経理部門が各部門の会計データを持っていなければ、それは不可能なのです。

そう考えると、経理部門はどの企業さんにとっても「要」とも言える存在になるはずです。

それにも関わらず、経理部門に所属している社員さんたちや部長さんたちが、日々、肩身の狭い感覚を強めていっているようにも見えるわけですが、その背景には今お話ししたような状況があるのかもしれません。

いずれにしても、企業のなかで、経理部門と呼ばれる部門には、他の部門とはちょっと違う状況があるように思えるのです。

実際にはもう少し複雑な構造になっている部分もありますが、基本的な構造がわかれば、そこから抜け出す道も考えやすいのかもしれないと思い、少しお話しさせていただきました。

なにかの参考にしていただける部分があれば幸いです。

一条 ああ。経理の業務って確かに「できて当たり前」って思われてるところがありますもんね。

加藤 うん。

一条 だからそもそも、業務に対する評価も受けにくいし。

加藤 うん。

一條　かといって、確実な仕事が求められるから目新しいことにチャレンジする余地もないし。

加藤　うん。

一條　あとは自分がやってる業務がどこにつながってるのかについての説明を受けている人もほぼいないですよね。

加藤　そうそう。
だから僕は、そういう経理部門の人たちと一緒に採算資料を作っていくんですけどね。
でも、その人たちはこれまでも採算資料を作ってたりするんですよね。
だけど本人さんたちは本人さんたちで、部門別に採算を管理することの意味とか目的とかもあまりわかっていないまま、そういう資料を作ってたりするわけでね。

一條　そうでしょうねぇ。
だって、事業部門の部長さんたちもそういう意味とか目的とかをわかってないこともあるぐらいだし、そもそもそういうことが経理部門の人たちに説明されることもないですもんね。

加藤　うん。
だからその人たちに、部門別に採算を管理する意味とか目的とかをお伝えしつつ、「全社として既存のリソースを有効に活用するための枠組み」を整えやすい状況が生まれるように資料を整備していくっていうイメージでやってるんですよね。

▼本社費で、ひと息つける部門長

一条　なるほどねぇ。
　じゃあ、「既存客からの追加収益の確保」と「営業計画の100％達成」の土台となる「部門別採算管理体制の再構築」っていうのは、採算資料を使って、今は部門別採算管理体制によって競争関係に置かれている各事業部門さんたちが、お互いのことを「同じ目的を持って動いている存在だ」と認識できるような体制を作っていきましょう、っていうような話なんですか？

加藤　そうそう。そんな感じですね。

一条　ふ〜ん。
　そういうのって、あんまり聞いたことないですけど、でもそういう資料があると「ひと息つける」って感じになる人も出てくるのかな？

加藤　うん？

一条　だからたとえば、本社費がなければ採算計画が達成できてたのに、本社費のせいで採算計画が達成できなかったっていう認識を持った事業部門の部長さんがいたとしたら、その人はきっと冷静ではいられなくなると思うんですけどね。

加藤　はい。

一条　だけどたとえば、そういう「各事業部門が負担している本社費の一覧」みたいな資料があると、自部門も自社が存続するための役に立ってるんだってことが認識できて、その結果ひと息つけたりするのかな？

加藤 ああ。この取り組みをしている企業さんたちを見ていると、そういう部分はあるんじゃないかなと思いますね。

一條 う～ん。だから今の部門別採算管理の体制は、各事業部門に優劣をつけるためのもの、って感じになってるけど、それは部門別に採算を管理することの本来の目的ではないかもしれないですよね、っていう話だったりもするし。

加藤 そうそう。

一條 赤字の部門だって計画未達成の部門だって、会社の存続のために役に立ってる部分がある場合もありますよ、っていう話もできるんですよ、と。

加藤 そうそう。そういうことを社内の人たちが多少でも理解していった結果として、ちょっとひと息つけたり、肩身の狭さがマシになる人が出てくるとしたら、意味があることなんじゃないかなって思うんですよ。その結果として、社内のリソースを有効に活用するためにはどうすればいいかっていう話ができるようになったらいいですね、って。

一條 なるほどねぇ。まぁ、それこそ冷静に考えたら全部の事業が最高の結果を出せるわけがないですしね。

加藤　うん。

一條　だけど、今の部門別採算管理の体制では、それぞれの部門が「うちはできてます！」、「うちもできてます！」、「うちもできてます！」って言おうとしてるわけだから。
それ、普通に無理がありますよね。

加藤　うん。
だからみんな肩身が狭くなるんじゃないかなって思うんですよね。

一條　そうかもしれないですよねぇ。
まぁ、でも、考えてみると不思議な話ですよね。

加藤　ん？

一條　だって、企業としての目的は増収増益なんだから、企業全体としてその目的を達成することを考えればいいはずなのにさ。でも、そんな感じにはなってないんですもんね。

加藤　そうですね。

一條　だからなんだろう。
やっぱり企業全体としての一体感が出ていないというか、見ているものがばらついているというか。

加藤　うん。

一条　増収増益を達成することが目的なら、その目的に焦点を合わせればいいんじゃないかって思うんだけど。

加藤　うん。まぁ、実際の話として、それが既存事業であるか新規事業であるかに関わらず、赤字になる事業は誰がやったって赤字になる気がするんですよね。

一条　うん。
でも、そこがむずかしいところですよね。
それがやることをしっかりやっていないことによる赤字なのか、やることをしっかりやった結果としての赤字なのかがわからないというか。

加藤　はい。

一条　そう考えたら「プロセス管理」っていう考え方は、ものすごく大切かもしれないですね。
細かいステップから成り立つ業務プロセスがちゃんとあって、しかもすべてのステップが埋まっているにもかかわらず成果が出ていなかったとしたら、それは誰かの努力不足のせいではないと判断できるかもしれないし。

加藤　うん。

一条　企業としても、そこにリソースを割き続けるのはあまり得策じゃないと判断できるかもしれないし。

加藤　そうそう。
だからやっぱり、部門別の採算管理体制をきちんと機能させようと思ったら、現状が正しく把握できる体制と、細かいステップから成り立つ業務プロセスのふたつが絶対に必要だと思うんですよね。

そういうところが整って初めて、既存のリソースを有効に活用するためにはどうすればいいかも考えられるようになると思うんです。

一条　なるほどねぇ。

▼「企業の現状把握」と「経理部門」

加藤　まぁ、だからこの「部門別採算管理体制の再構築」という取り組みに関しては、企業の内部の状況がしっかり見えるようにして、その内容が社内での共通認識になるようにすることがキモだとも言えるんですけどね。

一条　はい。

加藤　そのためにはきちんと目的に適った採算資料が整備されることが必要だと思うんです。

一条　はい。

加藤　その一方で、そういう資料を作ってくれる経理部門の社員さんたちに関して言うと、やっぱり自分が担当している業務に対して「自分が会社の役に立てている感覚」を持てていない人たちが多い気がするわけでしてね。

一條　うん。

加藤　だけど、これまでお話ししてきたような資料を提出できて、その結果、リソースの有効活用みたいなことを目的とした採算会議が行われるようになってくると、そこになにかちょっと役に立ててる実感を持てるようになる人たちが出てくるんですよね。

一條　なるほどねぇ。それを言うんだったらそもそも現状把握をすることが企業にとってなによりも重要なことだとするじゃないですか？

加藤　はい。

一條　そうすると、その現状把握を担っているのが自分たちなんだっていう認識になったら、経理部門の人たちの自分たちに対する認識というか、セルフイメージって相当上がるんじゃないかなって気がするんですけどね。

加藤　そうですよね。

一條　うん。企業にとってなによりも重要なことは現状把握だという認識が持てればね。

加藤　うん。

一條　でも実際そうだと思うんですけどね。

加藤　そうですよね。

一條　うん。
でも、「そういうところを担っているのがあなたたちなんですよ」っていう認識を、経理部門の人たちに伝えている企業さんってほぼない気がするんですよね。

加藤　うん。

一條　経理部門が企業の中枢なんだっていう認識を持つ人がいてもおかしくないのにね。

加藤　そうそう。
だからそういう話をしながらこれまで話してきたような資料を作ってもらえば、経理部門の人たちにも自分たちが業務上、会社の役に立ててるっていう実感を持ってもらえるようになるんですよ。

一條　なるほどねぇ。

▼既存のリソースが活用されていくようになる流れ

加藤　あとはね、今、僕、「部門別採算管理体制の再構築」に取り組むことで、「全社として既存のリソースを有効に活用するための枠組み」を整えるための土台ができていくっていうお話をしてますけどね。
そういう土台ができてくると、「既存客からの追加収益の確保」と「営業計画の100％達成」という取り組みによっても、各事業部門間のつながりが回復していく可能性が出てくるんですよね。

一条　ほう？

加藤　というのも、「既存客からの追加収益の確保」にしても、「営業計画の100％達成」にしても、そういう取り組みをしていけば、それぞれの事業部門のなかにノウハウや情報がたまっていくでしょう？

一条　そうですよね。

加藤　うん。その一方で、今までお話ししてきたような感じで、お互いに話ができる土台が整ってくると、そういうノウハウや情報が各事業部門の間で交換されるようになったり、共有されるようになったりもし始めるんですよね。

一条　なるほどね。

加藤　うん。もちろん、各事業部門が競争関係にあるときには、そういうことは起こりにくいと思うんですけどね。
でも、「部門別採算管理体制の再構築」をきっかけに、「全社として既存のリソースを有効に活用するための枠組み」を整えるための土台ができてくると、そういうことも起こってくるんですよ。

一条　まぁ、そうか。
部長さんたちは採算会議とかで顔を合わせるし、お互いの状況報告をお互いが聞いてたりもするわけですもんね。

加藤　そうそう。

一条　そこにちょっとしたきっかけがあればコミュニケーションも始まるだろうし。

加藤　そうそう。

一条　そのなかで、「あの話、もうちょっと詳しく教えてくれない？」って感じで話が始まることも出てくるかもしれないですもんね。

加藤　そうなんですよね。
だからそういうのってまさに、「全社として既存のリソースを有効に活用するための枠組み」が整っていく流れなんじゃないかなって思うんですよね。

一条　なるほどねぇ。

▼全体を最適化するために

一条　でもさ、やっぱり企業全体としてそういう感じになったら最高だなと思うんですけど。
だけど今の縦割りの組織構造がそれを許さないわけでしょう？

加藤　そうですね。

一条 それってやっぱり、部門別採算管理という名のもとに、各事業部門に優劣がつけられてるからのような気がするんですけどね。

加藤 はい。

一条 ということは、たとえばこの「内部体制の最適化」の取り組みを事業部門単位で実行した場合には、「既存客からの追加収益の確保」であったり、「営業計画の100%達成」という取り組みに取り組んで、その取り組みから成果を手にする事業部門も出てくることになると思うんだけどさ。でも、その結果、そういう取り組みをした事業部門と、そういう取り組みをしていない事業部門との間の差が開くだけってことにもなるかもしれないわけでさ。

加藤 うん。

一条 そうなるとどこかの事業部門だけがそういう取り組みをした場合には、その事業部門と他の事業部門との断絶がますます大きくなるってことにもなりかねないわけですよね。

加藤 そうですねぇ。

一条 うん。そう考えると、そういう事業部門単位の取り組みって、あくまでも「部分的な最適化」に終わりそうな気がするんだけど。でも、企業としては全体を最適化しなければ意味がないような気がするし。

加藤 うん。

一條 「全体を最適化すること」を考えるのであれば、この「部門別採算管理体制の再構築」っていうところが、「内部体制の最適化」という取り組みの本当の土台になるのかもしれませんね。

加藤 そうかもしれませんね。

一條 なるほどねぇ。

一條コラム 8

「保身のミルフィーユ」

ここまで、「雇われ社長系の上場企業」のスタンスと、そのような企業にお勤めしている人たちの特徴をお話ししてきました。

また、それらの特徴から生まれる問題と、そしてそれらの問題を抱えた人たちがそれらの問題を解消しようとするときの傾向についてもお話ししてきました。

では、なぜこのようなお話をしてきたのかというと、それらのお話を土台にすれば、「雇われ社長系の上場企業」のなかでだけ生まれる「特殊な構造」をお伝えすることができるようになるからです。

「雇われ社長系の上場企業」にお勤めしている人たちが、この「特殊な構造」を理解してしまいさえすれば、お仕事の上での様々な課題が解決していきます。

たとえば、社内での稟議も通しやすくなりますし、「取り組みの達成度を測るための指標」も設定しやすくなります。

先が見えない感覚も払拭できるでしょうし、家庭に仕事のストレスを持ち込んでしまうこともなくなるかもしれません。

そこでこのコラムでは、「雇われ社長系の上場企業」のなかでだけ生まれる「特殊な構造」についてお話ししてみたいと思います。

▼

さっそく具体的に見ていきますと、「雇われ社長系の上場企業」の社内には、次ページの図のような階層構造（ヒエラルキー）があります。

ひとりの社長がいて、その下に8人くらいの役員さんたちがいて、その下には40人くらいの部長さんたちがいて、その下には１２０人くらいの課長さんたちがいる。

もちろん、役員さんたち以下の役職に就いている人の数は、企業によってはもっと多くなったり、逆にもっと少なくなったりもするわけですが、いずれにしてもそこにはひとりの社長を頂点とした階層構造があるわけです。

▼

では、その階層構造を形作っている社員さんたちはどのような人たちなのか。

その社員さんたちは上場企業にお勤めしている人たちなので、基本的に「３つの切なさ」を抱えています。

そして、その切なさを解消するために、「社内での自分のポジションを確保したい」というニーズを持っています。

【上場企業における階層構造】

（一般的な役職による「役職者の階層」を一例として記載）
（人数は一例）

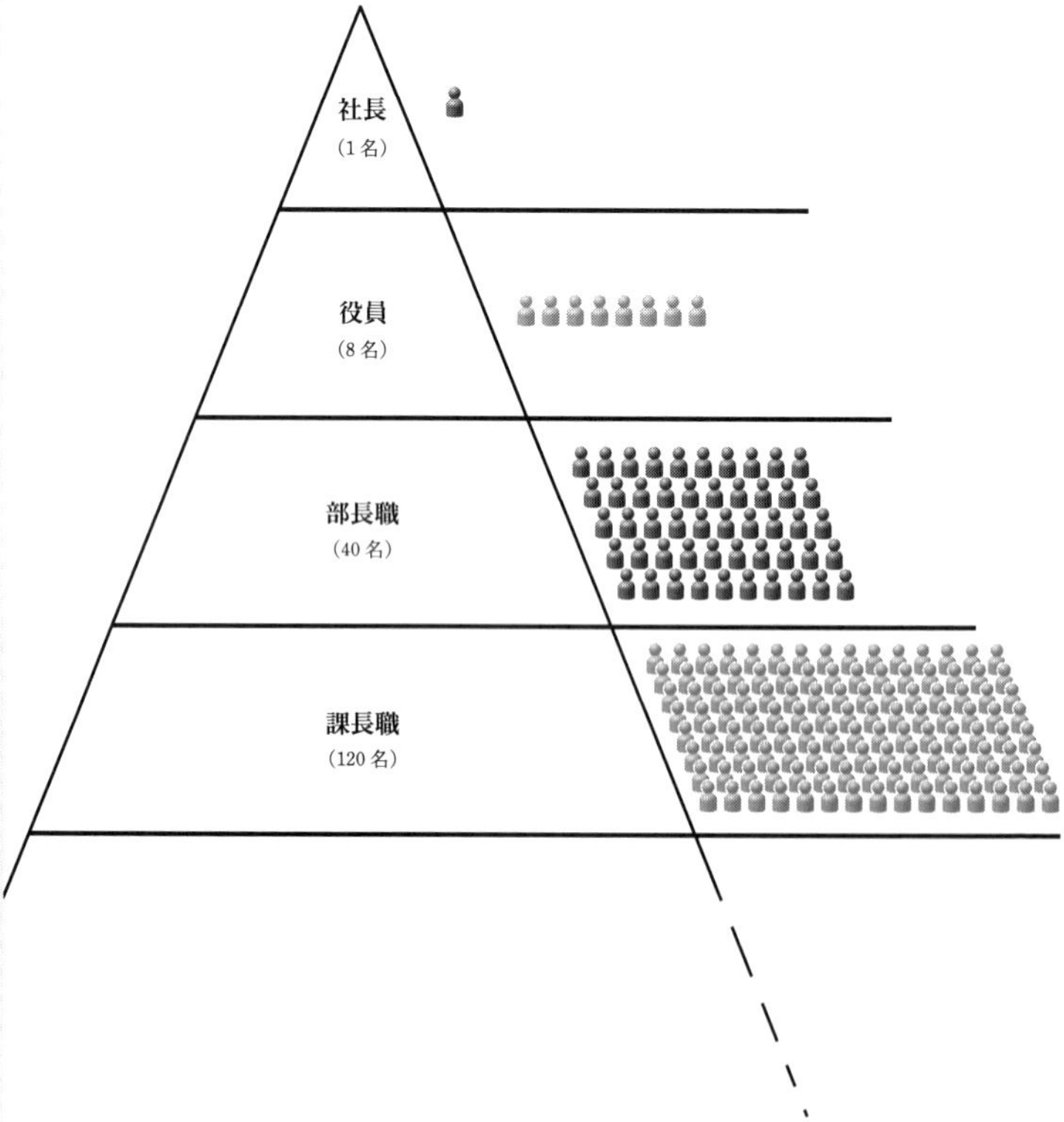

この「社内での自分のポジションを確保したい」というニーズと、先程お話しした「階層構造（ヒエラルキー）」が合わさると、そこに「特殊な構造」が生まれるのです。

▼

では、それはどのような構造なのか。

ここでは話をわかりやすくするために、ある課長さんがいると仮定してお話をしてみます。

この課長さんは上場企業にお勤めしていらっしゃいますので、「3つの切なさ」を抱えています。

そしてこの課長さんは、その「3つの切なさ」を解消するために、「社内での自分のポジションを確保したい」というニーズを持っています。

その一方で、まわりを見渡してみると、自分と同じ「課長」と呼ばれている役職には119人のライバルがいる。

このような状況のなかで、「社内での自分のポジションを確保」するためにはどうすればいいかと考えた結果、ライバルから抜きん出る必要がある、という結論にいたる人は少なくないようです。

その結果、このポジションにいる人たちは、「自分主導でなにかの取り組みを行い、その取り組みで大きな成果を出したい」という欲求を持つことになるのですが、この心理の属性のことを僕は、「尖りたい」という言葉で表現しています。

いずれにしても、このような欲求を持った結果、この課長さんは常に、「自分が主導できる取り組みで、なおかつ大きな成果が出せそうな取り組みはないか」ということを考えることになります。

そしていったんその目的に適いそうな取り組みを見つけると、その取り組みを企画としてまとめて、それを稟議書として自分の上司である部長さんに提出したりするわけです。

▼

では、その稟議書を見る部長さんはどういう人なのか?

それはおそらく、それまでは「課長」と呼ばれる役職に就いていた人が、なんらかの業務上の成果を出した結果として、「部長」と呼ばれる役職に就いた人になるはずです。

つまり、それまで「課長」として119人のライバルに埋もれていた状況から抜け出した人だということになるわけです。

ただし、この部長さんも依然として、「社内での自分のポジションを確保したい」というニーズを持っています。

なぜならば、部長という役職に就いたとしても、「3つの切なさ」は消えないからです。

そのようなニーズを持った人が部長と呼ばれる役職に就いているわけですが、ふと横を見ると自分と同じ「部長」と呼ばれる役職に就いている39人のライバルがいるのです。

しかも、どの人を見ても能力が高そうだったりします。

このような状況におかれた人が、「社内での自分のポジションを確保したい」と思ったときにどうなるのかといえば、「この40人の中から脱落しないようにしなければ」という思考を持つことになりがちですし、その思考は「つつがなくこの職務をまっとうしなければまずい」という思考につながります。

その結果、「保身に走りたい」という心理の属性を持つことになる。

▼

このような状況があるところに、先程の課長さんからの稟議書が上がってくるわけですが、その内容はといえば、「ものすごく尖った内容」になっていたりします。

それを見た部長さんは、「こんなに尖ったことをやって、なにか問題が起こったとしたら自分が責任を問われるし、そうなってしまったら40人の中から脱落してしまう」と思ったりします。

その結果、その部長さんはその課長さんに対して、「こんな企画ではダメだ。もっとマイルドな内容でなければ承認することはできない」などというコメントと共に、稟議書を差し戻したりするのです。

▼

では、その稟議書を差し戻された課長さんがなにを思うかといえば、「それでは意味がない！」と思ったりするわけです。

というのも、自分が尖りたいから尖った企画を考えたのに、それをマイルドなものにしてしまったら、自分が尖れなくなってしまうからです。

ただ、その一方で、その指示に従わなかった結果として、直属の上司である部長さんから切られてしまえば、その時点で自分の社内でのポジションがなくなってしまう。

ですので、しぶしぶ、その企画をマイルドなものにして、部長さんに再提出したりします。

するとその部長さんは、マイルドになったその企画を見て、「よしよし。これぐらいマイルドな内容になっていれば、なにかあったとしても自分が責任を問われることはないだろう」という感じになってその稟議書を承認し、そして、その稟議書を自分の上司である役員さんに提出したりするのです。

▼

では、その稟議書を見る役員さんはどういう人なのか？

それはおそらく、それまでは「部長」と呼ばれる役職に就いていた人が、なんらかの業務上の成果を出した結果として、「役員」と呼ばれる役職に就いた人になるはずです。

つまり、それまで「部長」として39人のライバルに埋もれていた状況から抜け出した人だということになるわけです。

ただし、この役員さんも依然として、「社内での自分のポジションを確保したい」というニーズを持っています。

なぜならば、役員という役職に就いたとしても、「3つの切なさ」は消えないからです。

そのようなニーズを持った人が役員と呼ばれる役職に就いているわけですが、ふと横を見ると自分と同じ「役員」と呼ばれる役職に就いている7人のライバルがいるのです。

もちろん、どのライバルを見ても能力が高そうなのですが、この役員さんは「自分が上場企業のなかで役員という役職に就いているという事実」によって、「自分も相当デキる人間である」という自負を持つことになっていたりします。

このような状況におかれた人が、「社内での自分のポジションを確保したい」と思ったときにどうなるのかといえば。

もちろん、選択肢として、上場企業の役員でキャリアを終えてもいいと思う人もいる一方で、「じゃあ、社長の椅子を目指してがんばろうかな」と思う人も出てきますし、その結果として「自分が担当している分野で大きな成果を出したい」と考える人も出てきます。

つまり、その人たちは先程の課長さんと同じく、「尖りたい」という心理の属性を持つことになるわけです。

▼

このような状況があるところに、先程の部長さんが承認した稟議書が上がってくるわけですが、その内容はといえば、「ものすごくマイルドな、当たり障りのない内容」になっていたりします。

それを見た役員さんは、「こんな当たり障りのないことをやっても、社長の椅子を手繰り寄せるような成果は手に入らないじゃないか！」と思ったりします。

その結果、その役員さんはその部長さんに対して、「こんな企画ではダメだ。もっと尖った内容でなければ承認することはできない」などというコメントと共に、稟議書を差し戻したりするのです。

▼

では、その稟議書を差し戻された部長さんがなにを思うかといえば、「それはマズイ…」と思ったりするわけです。

というのも、その取り組みのなかでなにか問題が起こったときに、自分が責任を問われるようなことにならないようにするために、企画の内容を当たり障りのない内容に変えさせたのに、それを尖った内容にしてしまえば、その取り組みのなかでなにかの問題が起こったときに、自分が責任を問われることになる可能性が高くなってしまうからです。

ただ、その一方で、その指示に従わなかった結果として、直属の上司である役員さんから切られてしまえば、その時点で自分の社内でのポジションがなくなってしまう。

ですので、しぶしぶながら課長さんに、「この企画、もうちょっと尖らせてくれ」という指示を出したりします。

すると課長さんは、「待ってました！」とばかりに尖った企画を仕上げて、その内容に対する承認を受けるための稟議書を部長さんに再提出します。

部長さんはそうやって再提出されてきた稟議書を見て、「こんなに尖ってたら、なにか問題が起こったときには自分が責任を問われちゃうじゃないか…」とは思うものの、直属の上司である役員さんから切られてしまえば、その時点で自分の社内でのポジションがなくなってしまうので、しょうがなくその稟議を承認し、役員さんに再提出します。

するとその役員さんはその内容を見て、「よしよし。これぐらい尖っていれば、大きな成果につながる可能性が高いぞ。そうなれば、社長の椅子も近づいてくるぞ」という感じになって、その稟議書を承認し、そして、その稟議書の内容を、議題として、役員会にかけたりするのです。

▼

すると、役員会で社長さんがその内容を見ることになるわけですが。

では、この社長さんはどういう人なのかといえばそれはおそらく、それまでは「役員」と呼ばれる役職に就いていた人が、なんらかの業務上の成果を出した結果として、「社長」と呼ばれる役職に就いた人になるはずです。

つまり、それまで「役員」として7人のライバルに囲まれていた状況から抜け出した人だということになるわけです。

また、この人は、自分が社長と呼ばれる役職に就いている任期の間に退陣に追い込まれさえしなければ、自分のキャリアを上場企業の社長で終われるという状況にある人でもある。

このような状況に置かれると、人は「波風が立たない状況のなかで、平穏に任期を満了したい」という思考を持ちがちですし、そういう思考を持った結果、「保身に走りたい」という心理の属性を持つことになるわけです。

▼

ここに、先程の役員さんが承認した稟議書の内容が議題として役員会に上がってくるわけですが、その内容はといえば、「ものすごく尖った内容」になっていたりします。

その内容を見た社長さんは、「こんなに尖ったことをやって、もしもうまくいかなかったら自分が責任を問われるし、そうなってしまったら自分のキャリアを上場企業の社長として終わらせることができなくなってしまうかもしれない」と思ったりします。

その結果、その社長さんはその役員さんに対して、「こんな企画ではダメだ。もっとマイルドな内容でなければ承認することはできない」などというコメントをすることになる。

また、役員さんたち同士もライバル関係にあるわけですから、もしも自分のライバルのひとりが、明らかに成果が出そうな企画を出してきたときには、そこに対してもろ手を挙げて賛成する人はなかなかいない。

このような背景から、その内容は先程の役員さんに差し戻されることになり、その役員さんは、「それじゃあ社長の椅子を手繰り寄せるような成果は手に入らないじゃないか！」と思う一方で、そこで反対を押し切ってなにかをしたところで社長の椅子は遠ざかる可能性が高いので、しょうがなく、また部長さんや課長さんに指示を出して、その企画の内容をマイルドなものに変えていったりするわけです。

▼

ところで、そもそもの話をすれば、先程、第四章の章末のコラムでお伝えしたとおり、「雇われ社長系の上場企業」の場合には、企業全体のスタンスが「保身」になっているわけですが、このようにして見ていくとその社内では、社長さん、役員さん、部長さん、課長さんの順に、「自分の身を守るために保身に走りたい」、「他人よりも抜きん出るために尖りたい」、「自分の身を守るために保身に走りたい」、「他人よりも抜きん出るために尖りたい」という感じで、互いに対照的なふたつの心理の属性が交互に現れるという構造があることがおわかりいただけると思います。

僕はこの構造のことを「保身のミルフィーユ」と呼んでいたりするわけですが。

世の中では、いわゆる「雇われ社長系の上場企業」について、「新しい取り組みがなかなか行われない」とか、「イノベーションが起こらない」というような話がされることも多いように感じるのですが、その背景にはこういう「特殊な構造」がある。

ということは、この「特殊な構造」を理解しない限りは、「雇われ社長系の上場企業」のなかではなかなかものごとを進めにくいということになりますし、逆に言えば、この「特殊な構造」を理解してしまいさえすれば、「新しい取り組みがなかなか行われない」とか、「イノベーションが起こらない」と言われている「雇われ社長系の上場企業」のなかでも、いろいろと新しいことができるようになるわけです。

▼

実は、今回の一連のコラムの最初のほうでお伝えした「『承認される稟議書』の書き方[※1]」も、「『取り組みの達成度を測る指標』の設定の仕方[※2]」も、この「保身のミルフィーユ」という特殊な構造にもとづいて考えられています。

「雇われ社長系の上場企業」以外の企業ではまったく意味をなさない話かもしれませんが、「雇われ社長系の上場企業」のなかではものすごく重宝するかもしれない話。

少なくとも、自分がお勤めしている企業にはこのような「特殊な構造」があるということを理解しておくことで、いろいろな立ち回りがしやすくなる方もいらっしゃるのではないかと思い、少しお話させていただきました。

ご参考にしていただける部分があれば幸いです。

（※1）本書第二章の章末のコラムに記載
（※2）本書第三章の章末のコラムに記載

第十章　部門間のつながりの回復

一条　ここまでのお話をお聞きして、「内部体制の最適化」っていう取り組みでなにをするのかがなんとなく見えてきた気もするんですけどね。

加藤　はい（笑）

一条　とは言っても、実際にどんな成果が出るのかはまだよくわからないんですよね。

加藤　そうですよね。

一条　うん。だからさ、実際の事例の話を聞かせてもらいたいんですけどね。

加藤　もちろんです。

一条　でも、これは3つの業務上のテーマが全部連動していく感じなんでしょう?

加藤　そうですね。

一條　そうなってくると、聞いてるとちょっと混乱しそうな気がするんですよね。

加藤　ん？

一條　だから、話をわかりやすくするために、切り口を「既存客からの追加収益の確保」にして話す事例と、切り口を「営業計画の100％達成」にして話す事例と、切り口を「部門別採算管理体制の再構築」にして話す事例っていう感じでさ。
可能な限り、切り口を分けて、事例を聞かせてもらいたいなって思ってるんですけど。
そういうことってできます？

加藤　う〜ん。基本は、この3つの業務上のテーマは全部やるという前提なんですけどね。

一條　それは理解してるんだけどさ（笑）

加藤　それぞれの業務上のテーマが、いろんなところでつながっていったりもしますからね。

一條　そうだろうなとは思いつつ（笑）

加藤　わかりました（笑）
じゃあ、ちょっと切り口を分けて話せるかやってみますね。

一條　はい。お願いします。

加藤　じゃあ、まずは「既存客からの追加収益の確保」という切り口でお話ししてみますね。

一條　はい、お願いします。

事例 1

染物メーカーによる既存客フォロー

ある染め物メーカーさんの事例です。

この染物メーカーさんのなかには、「のぼり」や「のれん」、「懸垂幕」などの布系の販促物の製造と販売を行っている事業部門がありました。

この企業さんからご依頼をいただいた当時、この事業部門では2期連続で赤字が続いており、その改善が求められていました。

そこでさっそく、この事業部門の営業マンさんたちへのヒアリングを行ったところ、

・受注後の注文書入力の負担が大きい
・ノルマに追われて先が見えない

・新規のアポを入れろと言われるが、業務の負担が大きく、新規のアポを取るところまで手が回らない
・既存のお客さんにコンタクトをとれと言われても、もうかなり疎遠になっているのでコンタクトをとる気になれない

などの回答が返ってきました。

続いて、この事業部門の営業事務の社員さんたちへのヒアリングを行ったところ、

・営業マンさんたちから高圧的な態度を取られ、つらい
・新規のお客さんの担当者さんたちに対応するときは、納品のやり取りに神経を使う
・業務量が多く、なかなか定時では帰れない
・既存のお客さんの担当者さんたちに対応するときは気がラク

などの回答が返ってきました。

社内でのヒアリングを行うことと並行して、この事業部門さんからこれまでに商品を購入したことの

ある既存客のなかで、現在も営業マンさんたちがコンタクトを取り続けている企業さんたちを対象にしたアンケート調査を行ったところ、次のような回答が寄せられました。

・酒造メーカー向けの新たな販促グッズとして前掛けがあると助かる
・新年度に合わせた新作ユニフォームを早めに提案してほしい
・集客イベントの最新情報を教えてほしい
・集客のノウハウを教えてほしい
・もっと納期を短くしてほしい
・同業他社よりも安い価格で納めてほしい

このような回答のなかには、「新卒社員を採用するために出展する採用ブース用の商品はないですか?」という質問もありました。

社内へのヒアリングが完了し、既存客へのアンケートに対する回答が出揃った時点で把握できた状況は次のとおりでした。

・営業マンさんたちは、業務的に新規営業に手が回らない状況になっている
・営業マンさんたちは、既存客にもコンタクトがとりにくい状況になっている
・営業事務の社員さんたちは、新規客への対応に神経を使っている
・営業事務の社員さんたちは、既存客への対応に気楽さを感じている

これらの点を考慮した結果、既存客からのニーズに応える形でこの事業部門にテコ入れをするのがいいのではないか、という話になり、その一環として営業事務の社員さんたちによる「既存客からの追加収益の確保」に取り組むことになりました。

営業事務の社員さんたちによる「既存客からの追加収益の確保」に取り組むにあたって、既存客のどのようなニーズに応えるのがいいのかという話になったときに、既存客からのアンケートの回答のなかにあった「新卒社員を採用するために出展する採用ブース用の商品」を提案するのがよいのではないかという話になりました。

なぜならば、この事業部門さんではこれまで、この分野での提案をしたことがなく、この分野での提案ができれば、追加収益が見込めると判断できたからです。

そこで営業マンさんたちに、「新卒社員の採用」に関する各社の状況について、先のアンケートに回答してくれた既存客に訪問しての「状況のヒアリング」を行ってもらいました。

その結果、

1. 新卒社員の確保が社内での優先事項になっている
2. そのため、求人媒体などに広告を出しているが、期待していた程の十分な数の新卒社員は確保

できていない

3．十分な数の新卒社員を確保するために、会社説明会などの採用ブースにできるだけ多く出展したいが、準備に手間がかかり、思ったようには取り組みを進めることができていない

という状況になっている企業さんたちが多いことがわかりました。

その回答を踏まえて、再度、営業マンさんたちに、「新卒社員を採用するために出展する採用ブース用の商品」について、先方に訪問しての「ニーズのヒアリング」を行ってもらいました。

その結果、

・採用ブースに出展したときに、来場者の目に留まりやすい看板などがほしい
・会社説明会で使える、効果的なＰＲグッズがほしい
・様々なグッズをそれぞれ別に発注手配する手間を省きたい

などのニーズがあることがわかりました。

これらのニーズのなかで、同業他社との差別化ができる内容はなにかと考えたときに、他社から仕入

れられない商品も自社で製造することができるというメーカーの強みを活かして、「様々なグッズをそれぞれ別に発注手配する手間を省きたい」というニーズに応えるのがよいのではないかという話になりました。

そこで、自社の製造部門に確認したところ、採用ブースに関連する商品のすべてを、自社での製造ならびに他社からの仕入れによって調達することができることがわかりました。

そこで、会社説明会などの採用ブースに出展するときに使う「のぼり」、「看板」、「テーブルクロス」、「タオル」、「企業名入りチェアー」、「名刺」などを一括して発注してもらえる「採用ブース出展用品一括発注パッケージ」を商品として作り、既存客に案内していくことにしました。

その案内を行うために、本書の第七章でお伝えした提案書作成ノウハウにもとづいた提案書をつくり、その提案書を、営業事務の社員さんたちに、既存客の担当者のもとに持参もしくは郵送してもらいました。

その結果、既存客から「採用ブース出展用品一括発注パッケージ」への注文が入りはじめました。

1年後にはこの取り組みを通じて、既存客からの売上が15％増えました。

2年後には、そこから、8％増えました。
3年後は、そこからさらに10％増え、3年間トータルでは既存客からの売上が38・38％増えました。
部門全体の売上は、3年間で42％増えました。

一条 普通にいいじゃないですか。

加藤 そうなんですよ。

一条 これは「既存客からの追加収益の確保」という取り組みによって、既存客からの売上も増えたし、事業部門全体の売上も増えたっていう話ですよね。

加藤 はい。

一条 既存客からの売上が増えても、事業部門全体の売上が増えてなかったらあんまり意味はないかなと思いますけど。

加藤 はい。

一條　でも、やっぱり既存のお客さんにヒアリングするといろんなネタが出てきますねぇ。ヒアリングもせずにそれまで通り販促用の商品を作っていただけだったとしたら、まさか採用ブースに関連するニーズがあるだなんてことには気づかなかったはずですもんね。

加藤　うん。そうだと思うんですよね。

一條　うん。あとはこの事例のポイントは、同業他社と比べて自分たちの優位点がどこにあるかを見極めたっていうところにもあるんでしょう？

加藤　そうなんですよね。この企業さんの場合は、他社から製品を仕入れるルートも持ってたんですけど、他社が製造していない製品も自社で製造することができたんですよ。だからそれが、同業他社と比べたときの優位点だったんですよね。

一條　うん。

加藤　だから、会社説明会に出展するときに必要と思われるアイテムを全部入れ込んだフルパッケージを作ることができたんですよ。

一條　うん。

加藤　なので、そのフルパッケージと、主要なアイテムだけを組み合わせたパッケージと、あとは各アイテムの単品販売を、「松・竹・梅」というイメージで提案書に載せてね。

それを営業事務の社員さんたちにお願いして、既存のお客さんのところに持って行ってもらったり、郵送してもらったりした結果、追加の収益が確保されました、という話なんですよね。

一條 なるほどねぇ。
ちなみに、この「既存客からの追加収益の確保」を切り口にして話せる他の事例もあったりするんですか？

加藤 まだまだありますよ。
じゃあ、今、BtoBの事業をしている企業さんのお話をしたので、今度はBtoCの事業をしている企業さんのお話をしてみましょうか。

一條 はい、お願いします。

事例 2

住宅リフォーム事業部門による既存客フォロー

注文住宅の建築事業と、住宅のリフォーム事業を営んでいる企業さんの事例です。
この企業さんからご依頼をいただいた当時のこの企業さんの売上構成比率は、注文住宅事業からの売上が全体の8割、リフォーム事業からの売上が全体の2割という状況になっていました。

注文住宅事業については、自社が保有する住宅展示場に来場した人たちに対して継続的に接触することで、案件を受注するという流れになっていました。

リフォーム事業については、特に営業活動を行うことはなく、この企業に依頼して注文住宅を建てたお客さんが、自宅をリフォームするタイミング、もしくはそのお客さんのご家族が住居をリフォームするタイミングで声がかかるという状況になっていました。

この企業さんでは、

・注文住宅は完成までに時間がかかるため、案件を受注してから売上になるまでの期間が長い
・注文住宅の建築にあたっては前金を預かってはいるが、完成までにはいろいろな費用が持ち出しになる
・住宅展示場への来場者数が減ってきている

という状況がありました。

この企業さんに関して言えば、注文住宅の受注棟数を増やせば増やすほど、持ち出しの費用が大きくなる状況でしたので、増収増益という目的を達成するためには、資金回収までの期間が短いリフォー

ム事業を中心に、事業にテコ入れをすることが効果的と思われました。

そこで、この企業さんのリフォーム事業を工事台帳から分析したところ、業界平均よりも収益性が低いことがわかりました。
その理由は、リフォーム事業部門の売上の大半が、この企業の注文住宅事業部門で家を建てたお客さんたちからの依頼であり、それらのお客さんたちに対してリフォーム代金を割引していたことにありました。

そのような状況のなかで、リフォーム事業部門の部長さんへのヒアリングを行ったところ、
・リフォーム事業部門では特に困っていることはない
・新規の案件は、注文住宅事業部門で家を建てたお客さんたちからの紹介という形でコンスタントに入ってきている
・それらの紹介には迅速に対応している
などの回答が返ってきました。

次に、営業マンさんたちへのヒアリングを行ったところ、

・自分たちの事業は紹介で回っているし、それで問題ないと思っている
・注文住宅事業部門からの紹介があるので、新規営業をする必要はない
・工事への立ち合いが立て込んでいて、新規の案件獲得のために割く時間はない
・工事への立ち合いに加えて見積書の作成業務もあるので、日々の業務はそれで終わる

などの回答が返ってきました。

次に、工務担当の社員さんたちへのヒアリングを行ったところ、

・営業マンが対応できないときには、工務担当の自分たちが顧客対応をしている
・以前に自社でリフォーム工事をしたお客さんが、他社でリフォーム工事をしているのを見かけたことがある

などの回答が返ってきました。

次に、営業事務の社員さんたちへのヒアリングを行ったところ、

・工務部門から頼まれる見積書作成が手間だと感じている
・以前に自社でリフォーム工事をしたお客さんからの追加工事依頼件数が減ってきている
・以前に自社でリフォーム工事をしたお客さんからの紹介案件数が減ってきている

などの回答が返ってきました。

社内へのヒアリングが完了した時点でわかった内容は次の通りでした。

・リフォーム事業部門の部長さんと営業マンさんたちが、自分たちで新規案件を獲得する必要性を感じていないこと
・営業マンさんたちが工事の立ち合いに多くの時間を取られていること
・注文住宅事業部門の既存客からのリフォーム工事依頼件数が減ってきていることが、リフォーム事業部門の部長さんと営業マンさんたちに認識されていないこと
・自社でリフォーム工事をしたお客さんからの紹介案件数が減ってきていることが、リフォーム事業部門の部長さんと営業マンさんたちに認識されていないこと
・以前に自社でリフォーム工事をしたお客さんが、他社でリフォーム工事をしていることがあること
・割引によってリフォーム事業部門の収益性が低くなっていること

これらの点を踏まえると、リフォーム事業部門では依頼案件数が減ってきており、この流れが続くとリフォーム事業部門は赤字に転落する可能性が高いと判断できました。

そこで、リフォーム事業部門の現状を、リフォーム事業部門の社員さんたち全員に説明することにしました。

具体的には、

・注文住宅事業部門の既存客が、リフォーム工事を依頼してくる件数が減ってきていること
・自社でリフォーム工事をしたお客さんからの紹介案件数が減ってきていること
・そもそもリフォーム事業部門の収益性が低いこと
・このままの依頼案件数の減少が続けば、リフォーム事業部門が赤字になる可能性が高いこと

を説明しました。

その結果、新規の案件獲得が必要であるとの認識を持ってもらうことができました。

そこで新規の案件を獲得するための取り組みを行うことになりましたが、そもそも「紹介」で事業が成り立っていると認識されていたため、部門全体の雰囲気として、まったく見ず知らずの人たちを相手にして営業活動を行うことに対する拒絶感がとても強いことが感じられました。

その一方で、すでに顔を知っている既存客に対する対応という形であれば、動きやすい雰囲気があることも感じられました。

そこで手始めに、リフォーム事業部門の既存客に対して、工務担当の社員さんたちが「アフターフォロー」の名目で訪問し、現状をヒアリングしていく取り組みを行うことに決めました。

その後、実際に工務担当の社員さんたちによる「アフターフォロー訪問」を行ったところ、訪問では会えない既存客も多いことがわかりました。

そこで、工務担当の社員さんたちによる「アフターフォロー訪問」と並行して、対象エリアを絞っての「チラシ郵送」を行っていくことにしました。

工務担当の社員さんたちによる「アフターフォロー訪問」と、毎月の「チラシ郵送」によって、新規のリフォーム依頼案件の数が増え始めましたので、訪問対象エリアとチラシ郵送エリアを拡大していきました。

このチラシ郵送エリアの拡大に際しては、チラシの内容にリフォーム事業部門の収益性を高めるための工夫を施していきました。

具体的には、担当者の人柄を伝える「担当者紹介コーナー」や、この企業が各地域で地域に密着した活動をしていることを伝えるためのコーナーなどを設けていきました。

これらの取り組みを行った結果、既存客からの売上は2年間で2・1倍になりました。

事業部門全体の売上も、２年間で48％増えました。

一条　２年間で既存客からの売上が２・１倍って、すごく伸びましたね。
加藤　そうなんですよね。
一条　ちなみに事業部門全体の売上はどうだったんですか。
加藤　事業部門全体の売上は、１年目が前年比１２６％で、２年目が前年比１１８％でしたね。２年間トータルでは48％増えています。
一条　なるほど。
加藤　ちなみにこの企業さんの場合には、このリフォーム事業部門の売上に占める既存客からの売上の割合も２年間の間に45％から63％に上がってますね。
一条　ほう？　ということは、営業の手間も減ってるってことですか？
加藤　そうですね。

一条　そうすると、利益も増えてるってこと？

加藤　そうですね。この事業部門さんも増収増益を達成してますね。

一条　なるほどねぇ。
でもこの事例だったら、営業事務の社員さんが既存のお客さんたちのところに提案書を持って行くっていう形にはなってないですよね？

加藤　そうなんですよ。
というのも、この事業部門さんの場合には、工務担当の社員さんたちの手が空いてることが多かったので、既存の人件費を有効に活用するためには工務担当の社員さんたちを活かすことが効果的だと判断できたんですよね。

一条　ほう？

加藤　ちなみに言うと、このケースでは、提案書を持って行く部分も、チラシを郵送する形にアレンジしています。
チラシの内容は、売り込みではないですけどね。

一条　ああ。じゃあ、そのチラシの内容にもさっきの提案書の書き方のノウハウが使われてるってこと？

加藤　そうです、そうです。
考え方はまったく同じなので。

一條　なるほどね。

じゃあ、基本の考え方は同じだけど、それぞれの事業部門さんや企業さんの状況に合わせてアレンジすることもできるっていうことですか。

加藤　そうですね。

一條　なるほどね。

一條　ちなみに、「営業計画の１００％達成」という切り口で話せる事例もあるんですか？

加藤　はい。では、ある総合建設業さんの事例をお話ししてみますね。

一條　はい、お願いします。

事例 3

総合建設業の新エリア進出

ある総合建設業さんの事例です。

この企業さんは、事業のひとつとして住宅販売事業を行っており、その事業で2年前に新しいエリアに進出したところでした。

新しいエリアでの業績は、売上面では前期まで2年連続の計画未達成、利益面では前期まで2年連続の赤字という状況でした。

今期の売上計画と利益計画は、どちらも前期の実績よりも高く設定されていました。

新しいエリアを担当する部長さんへのヒアリングを行ったところ、

・売上計画は経営陣からの「押し付け」になっており、自分に責任を課せられた売上計画の金額には納得できていない
・自部門に所属している営業マンそれぞれの営業活動の状況は細かく把握していないが、初回面談

やプラン提出などの区切りとなる場面ではしっかりアドバイスを行っている
・自社は企業として同業他社よりも価格が高く設定されているので、受注が取りにくい状況になっている
・採算会議では、受注棟数の実績と今後の受注見込み棟数を報告している
・案件を受注した後、工事部に出すまでのお客さんとの仕様打合せにとにかく時間がかかっている
・案件受注後のお客さんとの仕様打合せに時間が取られているため、新規の営業活動が行えていない

などの回答が返ってきました。

次に、営業マンさんたちへのヒアリングを行ったところ、

・営業の進め方がわからない
・部長に相談すればアドバイスはくれるが、営業同席まではしてくれない
・次になにをすればいいのか、なんとなくしかわかっていないので、まわりの人の見よう見まねで仕事をしている
・新規のお客さんに対応するときには、ドキドキする
・案件受注後のお客さんとの仕様打ち合せが立て込んでおり、残業がとても多い
・案件受注後のお客さんとの仕様打合せに時間が取られているため、新規の営業活動が行えていない

などの回答が返ってきました。

社内からのヒアリングが完了した時点で、次の4点の課題があることが明らかになりました。

課題1．そもそも、営業マンさんたちは、「案件受注後のお客さんとの仕様打合せ」に時間を取られており、新規案件を受注するための活動に手が回っていない

課題2．営業マンさんたちによる「案件受注後のお客さんとの仕様打ち合わせ」が立て込んでいるため、受注案件の工事部への引き渡しがスムーズに進んでおらず、受注した案件がなかなか完成しない状況になっている

課題3．受注した案件がなかなか完成しないため、それらの案件を売上に計上することができず、なおかつ、それらの案件からの工事代金も得られない状況になっている

課題4．営業マンさんたちが手探りで営業活動をすることになっている

そこでこれらの課題を解決する為に、次の3つの取り組みを行うことを提案したところ、了承を得ることができました。

取り組み1．案件を受注してから工事部に引き渡すまでの時間を短縮するために、営業マンの代わりにお客さんとの仕様打ち合わせを行うことを専門とする部署を設けること

取り組み2．仕様打合せ専門の部署の活動が軌道に乗るまでのあいだは、営業マンがお客さんとの

仕様打合せにより多くの時間を使えるようにするために、各営業マンの営業計画の数値を引き下げること

取り組み3、営業マンさんたち向けに「細かいステップから成り立つ営業プロセス」を作り、それを営業マンさんたちに提供すること

これらの取り組みを行った結果、

1年目は、売上計画達成率108%

2年目は、売上計画達成率110%

3年目は、売上計画達成率112%

となり、3年連続で売上計画を達成することができました。

一條　う〜ん。ほんとに計画が達成されてるんですねぇ。

加藤　はい。

一條　う〜ん。そうなのか…。

ちなみにこの事例のなかに、「営業マンさんたち向けに『細かいステップから成り立つ営業プロセス』を作った」っていう話がありましたけどね。

加藤　はい。

一條　この企業さんでは全体のプロセスをどれぐらいのステップに分けたんですか。

加藤　あ、この企業さんが48ステップに分けたところですね。

一條　あ、そうなんだ。

ちなみになんですけど、その48個のステップのなかには、たとえばどんなステップがあるんですか？

加藤　そうですね、たとえば「お客さんが来店される前には、商談テーブルの上に、これまでのお客さんからいただいた感想文を、それぞれのお客さんがそれぞれの担当者と握手している写真とともにプリントアウトした資料を置いておく」とかね。

一條　ほう。

加藤　あとは、この企業さんの場合には、注文住宅を扱っていましてね。

お客さんとの仕様打ち合わせが進んでいくと、家のプランを提出したりするんですけど、そのプランを提出した次の打ち合わせでは、「そのお客さんの家を担当することになる工事担当者が打ち合わせに同席する」ってこともステップになってたりしますね。

一條　ほう？　お客さんと営業マンさんとの打ち合わせに工事の担当者さんが同席することをステップにしてるんですか？

加藤　そうそう。

一條　それにはなにか意図があるんですか？

加藤　はい。これは1件のお客さんに対して、企業の側の人間が複数人数で関わることで、「企業としてお客さんをサポートする」という姿勢を伝えるという意図があります。お客さんもそっちのほうが安心しますし、企業さんとしても、担当者になにかがあったときにもすぐに対応できる体制になりますからね。

一條　なるほどね。じゃあ、そういう感じでステップを細かく設定していったら48個のステップになって、そのステップを埋める感じで動いていったら、部門として営業計画が達成出来ました、ということですか？

加藤　そうですね。

一條　ふ〜ん。

でも、そんなに簡単にいくもんですかね。
そんなこと加藤さんに聞くなって話かもしれないんですけど（笑）
でもこれも繰り返しになりますけど、世の中にはたくさんの営業支援会社さんとか、営業代行会社さんとか、営業コンサルタントさんたちがいらっしゃるじゃないですか。

加藤　はい。

一條　そういうところになにかの業務を依頼している上場企業さんたちも少なくない気がするんですけどね。じゃあ、そういう企業さんたちが営業計画を１００％達成できてるかっていうと、そんな感じはしないんですよね。

加藤　そうですねぇ。

一條　うん。まぁ、そもそもの話をすれば、「営業計画を１００％達成しましょう」とか、「営業計画を１００％達成させます」なんてことを言っている営業支援会社さんや、営業代行会社さんや、営業コンサルタントさんも見かけない気がするんですけど。
ということは、「営業計画の１００％達成」ってやっぱりそれだけハードルが高い話なんじゃないかなって思うんですけどね。
でも加藤さんはそれを言うわけでしょう？

加藤　はい。

一條　まぁ、一応、今の事例では営業計画が達成されてるわけですけどね。
でも、そんなに簡単にいくのかなぁって思ったりもしてね。

だから、他にも事例はあるのかなぁ、って思ったりしてるんですけどね。

加藤　うん。事例はまだまだありますよ（笑）
たとえばですけど、僕が関わらせてもらっている企業さんのなかに、複合商業施設の開発をしている企業さんがいらっしゃるんですけどね。

一條　ほうほう。都市開発的な？

加藤　そうそう。それで僕は今、その企業さんに関わらせてもらうようになってから7年目に入ってるんですけどね。

一條　7年って、結構長い関わりですね。

加藤　うん。
で、この企業さんもこれまでのところ、連続で営業計画を達成してるんですよね。

一條　ほう？

加藤　まぁ、1年目は、プロセスの見直しとかの準備期間だったので、計画は達成してないんですけど。
2年目が計画比104％で、3年目が計画比109％。

一條　ほう？

加藤　4年目が計画比112％。

一条　う〜ん。

加藤　5年目が計画比118％で、6年目が計画比118％っていう感じで、連続で計画達成してますね。7年目の今期も計画達成する見込みで推移しています。

一条　う〜ん。
それは、細かいステップから成り立つ営業プロセスをしっかり実行したり、しっかり管理してるからってことなの？

加藤　そうですね。
この企業さんでも営業プロセスを細かいステップに分けてますからね。

一条　う〜ん。
ちなみに、この企業さんではどれぐらいの数のステップになってるんですか？

加藤　ここは24ステップですね。

一条　ほう？
でも、それ、24ステップっていったら、さっきの48ステップの半分ですよ？
じゃあさ、加藤さんのこの「ステップを細かくする」っていう話は、「ステップを細かくすればするほど、成果が出るようになりますよ」っていう話ではないってことなんですか？

加藤　ああ。もちろん基本的なお話をすると、ステップを細かくしておかないと、営業マンさんたちは次になにをしていいのかもわからないし、部長さんはステップの埋まり具合によって将来の成約の見込みを判断することもできないので、その意味ではステップはできるだけ細かくしたほうがいいんですよ。

一條　うん。
でも実際には、48ステップだったり24ステップだったり、って感じになってるわけじゃないですか？

加藤　そうそう。
それには理由がありましてね。

▼ステップを細分化する基準

加藤　ほら、僕、この「営業計画の１００％達成」っていう取り組みをするときには、最初に営業マンの人たちをヒアリングさせてもらう、って言ったじゃないですか？

一條　はい。

加藤　でね、僕はそのヒアリングを通じて、その事業部門に所属している営業マンさんたち個人個人のなかで、一番、力量が低い人の力量がどこにあるかを把握するようにしてるんですよ。
その上で、その力量を基準にして、どこまでステップを細かくするかを考えるようにしてるんです。

一條　ほう？

加藤 だから、「お客さんに対する理解度」や「営業のスキル」が低い人が多くて、極端な話、全員が営業マン1年生みたいな感じだったとしたら、それはめちゃくちゃ細かいステップを設定する必要があるなって判断できるし。
逆に営業マンさんたちのなかにある「お客さんに対する理解度」も高いし、「営業のスキル」も高いということであれば、そこまで細かいステップを設定する必要はないなって判断できるわけですよ。

一條 なるほどね。

加藤 うん。まぁ、いずれにしても僕は、その事業部門のなかで一番低いスキルや、一番低い理解を持った人を基準に、どこまでステップを細かくするかを考えてるんですよね。

一條 なるほどねぇ。

加藤 うん。とはいえ、やっぱりある程度は細かいステップになりますけどね。
プロセスが細かいステップに分かれているからこそ、営業マンさんたちは次になにをすればいいかがわかるわけだし。

一條 うん。

加藤 そのプロセスを管理する部長さんからしても、プロセスが細かいステップに分かれているからこそ、それぞれの営業マンさんの状況を把握できるわけだし。
その結果、サポートが必要なときにはサポートに入ることもできるようになるわけだし。

一條 うん。

加藤　プロセスが細かいステップに分かれているからこそ、ステップの埋まり具合によって将来の成約の見込みを判断することもできるようになるわけですからね。

一條　うん。そういう話でしたよね。

加藤　そうそう。

一條　でも、一番力量が低い人を基準にして考えるっていうのは、一般的な営業支援会社さんとか、営業コンサルタントさんたちのアプローチとは真逆な気がしますよね。だって、そういう営業支援会社さんとか営業コンサルタントさんたちって、営業マンさんたち個人個人の力を伸ばさせようとするでしょう?

加藤　ああ、確かに。

一條　まぁ、そのロジックは、「営業マンさんたち個々の力が上がれば、その結果として組織としての力も上がりますよね」って感じなんだと思うんですけどね。

加藤　ああ。
そういう話であれば、僕の場合には、個人の人のすごい能力とかはどうでもよくて、その事業部門全体の平均点が上がって、事業部門全体で計画が達成できればいいんじゃないかなって思ってるんですよね。
まぁ、それは僕が、個々の人たちにいつもいつも最大限のパフォーマンスを発揮してもらうことなんてできないと思ってるからなんですけどね。

一條　ほう？

加藤　だって僕にも娘がいますけど、たとえば彼女がお腹が痛いときには絶対にパフォーマンスは下がると思うんですよ。

一條　確かに。

加藤　うん。それと同じで、個人個人の人が「なんとかがんばります」っていう感じでやったとしても、そのうちどこかでうまくいかなくなる気がするんですよ。
だったら最初から、誰かががんばれないところは他の人たちがサポートできるような体制を整えておいて、その結果として、部門全体で計画を達成できればいいんじゃないかな、って思うんですよね。

一條　なるほどね。

▼「ピークのパフォーマンス」か「コンスタントなパフォーマンス」か

加藤　まぁ、「個人」にフォーカスを当てて、「個人の力を上げれば、組織としての力も上がる」っていう感じでやっていくと、最終的には、「個人の意識が変わればいいんだ」っていう話に行き着いたり、「個人のやる気」っていう話に行き着いたりしがちな気がするんですけどね。

一條　そうですねぇ。

ここまでの話にもちょくちょく「誰かの責任を問い詰める営業会議」の話が出てきてますけど、そういう会議って、必ずのように営業マンさんたち個人個人の「やる気」の話になったりしますもんね。

加藤　そうそう。
でも、それってやっぱり、個人個人の人が、自分の「スキル」や「やる気」を最大限に発揮すれば、組織としての成果も最大化する、っていう前提を持っている人が多いからなんじゃないかなって気がするんですよ。

一條　うん。そんな気がしますよね。

加藤　うん。実際、営業計画なんかもそういう前提で立てられてたりするから、もし誰かの「スキル」や「やる気」が最大限に発揮されなかったら計画も達成できなくなって、そこに「誰かの責任を問い詰めたい」っていう欲求も出てくるんじゃないかなって思うんですよ。

一條　そうですよねぇ。
もしみんなが最高のパフォーマンスを発揮する前提でものごとや計画が考えられてたとしたら、最高からちょっとでも落ちたら前提が崩れちゃいますもんね。

加藤　そうなんですよ。
だったら、それぞれの人が最高のパフォーマンスを発揮できるようにすることを考えるよりも、部門全体の平均点を上げていくことを考えるほうが理に適ってる気がするんですよね。

一條　なるほどね。
だから、部門としてコンスタントな力が発揮できればそれでいい、って感じですよね。

加藤　そうそう、コンスタントな力。

一條　うん。
ピークのパフォーマンスではなくて、コンスタントなパフォーマンスのほうがより重要ですよ、と。

加藤　うん。
僕はそう考えたほうが、部門が安定すると思ってるし、そう考えたほうが、個人個人の人たちに負荷がいかなくなるんじゃないかなって思ってるんですよね。

一條　個人個人の人たちに負荷がいかなくなる、っていうのは、「お前のせいで！」とかって感じで責められたりする人がいなくなるってことですか？

加藤　そうそう。
だって、そんな感じで責められたら、誰だって肩身が狭くなっちゃうじゃないですか。
だから部門として常に一定の力を出せる状況にするほうがいいんじゃないかなって思うんですよ。

一條　いや、でもそこだけ聞いてるとものすごく理想的なんですけど（笑）

加藤　まぁでも、ステップを細かく設定するだけで達成できる話だったりしますからね（笑）

一條　う〜ん。
じゃあ、細かいステップによって成り立つ業務プロセスってものを使えば、部門の平均点は上がりますよ、と。

加藤　うん。そう思いますね。

一條　う～ん。

▼「プロセスの管理」と「プロセスの修正」

一條　でもさ、それっていわゆる「プロセス管理」って言われる話になると思うんですけど、「プロセス管理が大切だ」っていう話も、これまたあちこちでよく聞く話なわけですよ（笑）

加藤　そうですね（笑）

一條　うん。その一方で、そういう「プロセス管理」みたいなことに手をつけたけど、実際にはものごとが動いていない企業さんたちも多い気がするわけでしてね。

加藤　うん。

一條　じゃあ、なんでそんなことが起こるのかといえば、まぁ、もちろん、そのプロセスが十分に細かいステップに分かれていないからかもしれないとは思うんですけど。それとは別に、「その先になにがあるかがわからない」からものごとが動かないっていう側面もあるんじゃないかなと思うんですよね。

加藤　ほう？

一条　だって、「とりあえずここを歩いて、ここを曲がって、次はここね」って言われたとしても、「いや、その先はどこに行き着くんですか？」って感じになったら、人ってやっぱり動けないじゃないですか。

加藤　そうですね（笑）

一条　だからステップが細かいだけではダメで、そのステップをたどっていたときの「行き先」というか「先行き」が見えていないと意味がないのかな？　って思ったりするんですけど。加藤さんはその「行き先」とか「先行き」を見せてあげることができてるってことなんだろうか？

加藤　まぁ、そうかもしれないんですけどね。

一条　う〜ん。でも、なんでそんなことができるんですか？

加藤　う〜ん。
まぁ、さっきもお話ししたように、僕はこの「営業計画の100％達成」という取り組みを始める前には、営業マンさんたち全員にヒアリングをさせてもらってるでしょう？

一条　うん。そういう話でしたよね。

加藤　うん。あとはもちろん、その事業部門の部長さんにもヒアリングをさせてもらってるし。
既存のお客さんたちにもアンケートをとらさせてもらったりしてるわけですよ。

一条　はい。

加藤　ということは、そういう情報をすべて頭に入れた上で、プロセスを細かなステップに分けていってるわけですから、そうなると、うまく結果が出るステップになる可能性は高いと思うんですよね。

一條　う〜ん。

加藤　あとは僕も独立して10年以上この分野でお仕事をしてきているので、ある程度は自分のなかに、これはうまくいくだろうな、とか、これはうまくいかないだろうな、っていうような感覚もありますし。

一條　う〜ん。

加藤　あとは、もしうまくいかなかったらすぐに修正するようにもしてますからね。

一條　あ。じゃあ、実際に「このプロセスでやってみてくださいね」って渡した内容について、「これはダメだな」って思って修正することもあるってことですか？

加藤　あります、あります。
ある企業さんなんて、3回修正入れたこともありますから。

一條　え。でも3回の修正で済むってこと？

加藤　いや、月に3回っていう意味です（笑）

一條　月に3回の修正。それを毎月やるわけですか。

加藤　必要なときにはね。だから、一番多いときで、月に3回修正したこともありますよっていう話なんですけど、でも僕、その修正をするスピードは速いと思うんですよ。

一條　ほう？

加藤　だから、部長さんたちとは結構こまめに連絡を取り合ってる感じですよね。「状況はどうなってますか？」とかって感じでね。

一條　なるほどね。そこで「ちゃんと動いてますよ」っていう答えが返ってきたら、「成果はどうですか？」って聞いてみて、その答えが「成果は出てません」っていう感じだったら、「ちょっと変えましょうか」みたいになるイメージですか。

加藤　そうです、そうです。

一條　なるほどね。じゃあ、そういう取り組みを通じて「部門としてコンスタントなパフォーマンスが発揮できるようになった状態」のことを、内部体制が最適化された状態って呼んだりもするわけ？

加藤　まぁ、それも内部体制が最適化された状態のひとつだと思いますね。

一條　なるほどねぇ。

一条　じゃあ、「部門別採算管理体制の再構築」を切り口にして話せる事例があればそれも教えてもらいたいんですけど。

加藤　はい。
じゃあ、デベロッパー企業さんの事例をちょっとお話ししますね。

一条　はい、お願いします。

事例4　デベロッパー企業の事業撤退

あるデベロッパー企業さんの事例です。

この企業さんは、「事業用地の仕入れとその整備・販売」、「住宅用地の委託販売」、「建売住宅の販売」、「マンション・アパートの管理」などの事業を行っていました。

この企業さんでも、部門別の採算管理体制が敷かれており、この企業さんの部門別採算でも、各事業部門の採算表には本社費が計上されていました。

その一方で、この企業さんでは各事業部門に対して、その事業に関して金融機関からの資金調達が行われている場合には、その返済に必要な金額に相当する金額を、費用として当該の事業部門の採算表に組み入れるということをしていました。

各事業部門の採算状況は、月に1度の採算会議で報告がされている状況でした。

この企業さんでは、前期の全社の売上計画と利益計画が共に未達成であったため、その状況の改善が求められていました。

当時の状況は、次の通りでした。

・全社で見たときには利益は出ているが、各事業部門のなかには部門別採算管理上、赤字になっている事業部門がある
・部門別採算管理上、赤字になっている事業部門はマンション・アパート管理事業部門である
・マンション・アパート管理事業部門は、金融機関からの資金調達を行っている

・マンション・アパート管理事業部門の採算は、「金融機関からの調達資金に対する返済額に相当する金額」を除いて考えると黒字になっている
・マンション・アパート管理事業部門は過去4年間、前年を越える売上を上げていない
・マンション・アパート管理事業部門では、社員の残業が多い

そこで、マンション・アパート管理事業部門の部長さんへのヒアリングを行ったところ、

・本社費が自部門に割り振られているせいで、思ったより利益が出ていない
・自部門に割り振られている本社費の内訳がどうなっているかの詳細は把握していない

という回答が返ってきました。

次に、経理部門の部長さんへのヒアリングを行ったところ、

・事業に関して金融機関からの資金調達が行われている事業部門に関しては、それらの事業部門の運営の参考になるように、「金融機関からの調達資金に対する返済額に相当する金額」を費用としてそれらの事業部門の採算表に反映させている
・本社費は全社の売上額に占める各事業部門の売上額に応じて、各事業部門に割り振っている

・本社費の詳細な内訳は、各事業部門には公開していない
・本社費について、各事業部門の部長さんたちから「なんだこの経費は！」と言われることがある
・利益の出ている事業部門の部長さんたちからは、部門別採算管理上で採算が取れていないマンション・アパート管理事業部門についての不満をよく聞く

という回答が返ってきました。

社内からヒアリングした内容を踏まえた結果、次の3つの取り組みが必要であると判断することができました。

取り組み1．各事業部門の採算状況の実態を正確に把握する取り組み

取り組み2．各事業部門に割り振られている本社費の内訳を明らかにすると共に、各事業部門が負担している本社費の額を全社で共有することで、「全社として既存のリソースを有効に活用するための枠組み」を整えるための土台を作る取り組み

取り組み3．取り組み1と取り組み2のそれぞれから得られる情報をもとに、各事業についての合理的な意思決定を行っていくことができる社内体制を整備する取り組み

この3つの取り組みを行うことを提案したところ、了承を得ることができました。

そこでこの取り組みの一環として、各事業部門の採算表から「本社費」と「金融機関からの調達資金に対する返済額に相当する金額」を取り除いた採算資料を作成しました。

その結果、マンション・アパート管理事業部門の採算の状況は、「金融機関からの調達資金に対する返済額に相当する金額」を除くと黒字にはなっていましたが、そこからさらに、「本社費」を除いても、利益計画は達成できていないということが明らかになりました。

この状況を踏まえ、マンション・アパート管理業務部門の社員さんたちへのヒアリングを行ったところ、

・マンション・アパートのオーナーさんたちからのクレームが細かく多岐に渡っているため、その対応に時間がかかり残業が発生している
・クレームに対応するだけでも残業しなくてはならない状況で、新規の売上のことを考える余裕はない
・優先度を下げられない「クレームへの対応」をしているにもかかわらず、残業を減らせと言われてやる気をなくした結果、退職した社員もいる
・その結果、残った社員にしわ寄せが行き、ますます残業が増えることになっている

などの回答が返ってきました。

これらの現場の状況と採算の状況を考慮すると、マンション・アパート管理事業部門の現状は、実際の事業運営から来ているわけではない費用である「本社費」と「金融機関からの調達資金に対する返済額に相当する金額」を除けば黒字であるとはいえ、その黒字の額は小さく、また、当時の状況のなかで売上と利益を増やすための方策に取り組める余地は小さいと判断することができました。

それに加えて、マンション・アパート管理事業部門の人員を他の事業部門に回したほうが全社的に売上と利益を増やすことができると判断することができたため、この企業さんではマンション・アパート管理事業から撤退することが決まりました。

撤退するマンション・アパート管理事業部門に配属されていた人員に関しては、建売住宅販売事業部門に異動してもらうことになりました。

その結果、

・マンション・アパート管理事業からの撤退により、この事業にかかっていた年間7、360万円の経費が削減されました

・マンション・アパート管理事業部門に配属されていた人員を引き受けた建売住宅販売事業部門は、

人員を引き受けた期は売上計画、利益計画ともに未達成でした
・建売住宅販売事業部門の売上はその翌期には、計画に対して115％の実績、前年実績に対して130・4％の実績となりました

一条　ふ～ん。
これは、各事業部門に賦課されてる様々な費用を取り除いたところで、各事業部門の実際の採算の状況を見てみたという話なんですか？

加藤　そうそう。
というのも、この企業さんの場合には、本社費のほかに、それぞれの事業に関する借入金に対する返済額に相当する金額が、各事業部門の採算表の費用の部分に入っていてね。
なんだか採算の状況がわかりにくい感じになってたんですよ。

一条　今、聞いてるだけでわかりにくいです（笑）

加藤　（笑）
でも、そういうなかだと冷静な経営判断もしにくいだろうから、そういう感じの「実際の事業運営から来ているわけではない費用」を全部外して見てみたらいいんじゃないですか？　っていう話をさせてもらったんですよね。

一條 じゃあ、そういう実際の採算の状況がわかる資料を加藤さんが作った感じですか？

加藤 いや、採算資料は経理部の社員さんたちに作ってもらって。
僕はその資料を使って、その企業の経営陣と部長さんたちとに「これだったら、この事業からは撤退して、この事業部門に使っていたリソースを他の事業部門に回すのが、増収増益という目的から考えると理に適ってるような気がしますけどね」っていう話をさせてもらって。
その内容を検討してもらった結果、事業からの撤退が決まったという話ですね。

一條 ふ～ん。じゃあ、部門別採算管理を通じて、事業からの撤退という経営判断ができた事例ってことか。

加藤 そうですね。

一條 でも、そんなに簡単に「じゃあ撤退しましょうね」みたいな話になったんですか？

加藤 いや、実際にはそんなに簡単じゃなかったですね（笑）

一條 やっぱり（笑）

加藤 うん。
結構時間がかかりました。

一條 それはなにに時間がかかったんですか？

加藤 やっぱり一番時間がかかったのは、撤退する事業部門に配属されていた人員をどうするんだっていう話ですよね。

一條　ああ。
僕もそういうケースに立ち会ったことが何回かあるんですけど、そういうときって「人の押し付け合い」みたいになったりしますもんね。

加藤　そうそう。
実際にこの企業さんでも、撤退する事業部門に配属されていた人員を引き受けることになる事業部門があったわけですけど。その事業部門の部長さんからは、「その人員を誰が教育するんだ?」とか、「トレーニングにコストがかかるじゃないか」とかっていう話が出てましたからね。

一條　やっぱり。

加藤　うん。
あとはそもそも、そういう人員を引き受けた結果として、自部門の計画が達成できなかったときには、誰の責任になるんだ、とかっていう話も出てましたし。

一條　そうですよねぇ。
人員を引き受けたら、少なくとも引き受けた人たちの人件費分の粗利の上積みが必要になるわけですもんね。

加藤　うん。

一條　しかも、今までの話を聞いてると、そもそも各社さんのなかでは自部門の計画を達成することに苦労してる事業部門さんたちも多いわけじゃないですか。

加藤 そうですねぇ。

一條 うん。そうなるとやっぱり「新しい人員はいりません」っていう感じになったりしがちですよね。

加藤 うん。そうなんですよね。

▼「部門としての平均点」の上げ方

一條 じゃあ、この企業さんでは、その問題はどういうふうにして解決したんですか?

加藤 これはもう、今までずっとお話しさせてもらっているプロセス管理になりますよね。
だから、営業のプロセスを細かいステップに分けていって。
そうやって作った「細かいステップから成り立つ初回コンタクトから成約までのプロセス」を使うことによって、新しく引き受けた人員を即戦力化するっていう話ですよね。

一條 う~ん。
まぁ、加藤さんの理屈からするとそうなるのかもしれないんですけどね。
でも、人員を引き受けることになる事業部門の部長さんからすると、そんなこと言われても「じゃあ、大丈夫ですね」って感じにはならない気がするんですけど(笑)

加藤　まぁ、そうなんですけどね（笑）
でも、人員はどこかの部門で引き受けてもらう必要がありますからね。

一條　まぁ、それはそうですけどね。

加藤　しかもその人たちを間接部門が引き受けたとしても、売上も利益も生まれないわけですから。

一條　そうですねぇ。
だから、どこかの事業部門に引き受けてもらう必要があるってことになりますよねぇ。

加藤　そうそう。
まぁでも、僕のなかでは、細かいステップから成り立つ業務プロセスがあれば、どんな部門であっても、部門としての平均点が上がるってことはわかってますからね。

一條　う〜ん。

加藤　だから、「大丈夫ですよ、安心してください」っていうことで引き受けてもらった感じですよね。

一條　う〜ん。そうなのかぁ。
でもそれ、ちょっと押したでしょう？（笑）

加藤　まぁ、ちょっとは押しましたけどね（笑）

▼「共通認識」があればこそ

加藤 まぁ、でもこの話も「本社費の一覧」みたいな資料が共有されてなかったとしたら、もっと難航してたと思うんですよ。

一条 ん？

加藤 でも、まぁ、この企業さんのなかでは「本社員の一覧」の資料も共有されていたし。その結果として自社の採算状況についての共通認識も生まれていたし。それまでに別のテーマで部長さんたち同士が話し合いをする機会もあって。
そういう機会をとおして、相手が話している内容も理解できるし、自分が話している内容も理解してもらえてるっていう感覚ができていたからこそ、この話に対しても聞く耳を持ってもらえたんじゃないかなって思うんですよね。

一条 ああ、なるほど。
だから、まぁ、自社の採算状況についての全体的な理解もあったし。

加藤 うん。

一条 他の部門の状況についての理解もあったから。

加藤 そうそう。

一條　一見すると、自分たちがワリを食うように見える話にもそこまで抵抗することなく、冷静に話を聞くことができた、っていう感じですか？

加藤　そうそう。そんな感じだったんじゃないかなと思うんですよね。

一條　なるほどね。
でも、その結果はどうなったんですか？
撤退した事業部門に配属されていた人たちには別の事業部門に異動してもらったんでしょう？

加藤　そうそう。
その人たちには、建売住宅販売事業部門に異動してもらったんですけどね。

一條　うん。

加藤　結果としては、その人員を引き受けた建売住宅販売事業部門の売上は、その次の期には、前年比１３０・４％まで上がったんですよ。

一條　ほう？
ちなみに、その人たちが異動する前の期の売上の前年比ってどれくらいだったんですか？

加藤　その前の期の売上実績は、前年比１０６％だったんですよ。

一條　じゃあ、その前の期は？

加藤　その前の期は、前年比102％。

一條　ほう？　売上の前年比が、102％、106％って推移しているところで、130・4％って、これは結構なジャンプアップですね。

加藤　そうなんですよ。

一條　まぁ、営業マンさんたちの数が増えたからだっていう話もあるとは思いますけど。でも、加藤さんって「営業計画の100％達成」っていう話もしてるでしょう？

加藤　はい。

一條　この企業さんでも、それは達成されてるんですか？

加藤　ああ、この、売上が前年比130・4％になった期の計画比は115％でしたね。

一條　じゃあ、計画も達成されてますよ、と。

加藤　そうそう。

一條　あれ？
でも、前年比で130・4％で、計画比で115％だったってことは、この取り組みがなかったら、ひょっとしたら計画達成してなかったかもしれないってことなんじゃないですか？

加藤　そうかもしれないですね。
　というのも、この建売住宅販売事業部門さんも意外と苦戦してたみたいでしてね。
　まぁ、営業のプロセスがそれぞれの営業マンさん任せになってましたから。

一条　ああ。じゃあ、人員を引き受けたのと同時にその状況も改善されて業績が伸びたってことなんですかね？

加藤　まぁ、そうとも言えるかもしれないですよね。

一条　ふ〜ん。
　ちなみに、アパート・マンション管理事業から撤退した期の建売住宅販売事業部門の売上の計画も達成されてるんですか？

加藤　いや、撤退した期は、計画達成してないんですよ。

一条　達成してないの？

加藤　達成してないですね。

一条　でも加藤さんが関わったら営業計画は１００％達成するんでしょう？

加藤　そうですね。

一条　じゃあ、それ、計画が達成できてなかったらまずいじゃないですか（笑）

加藤　あ、これはこの企業さんには最初からお伝えしていたことでしてね。

一條　ほう？

加藤　この企業さんの場合には、期の途中でご依頼をいただいたんですけど、やっぱりなにをするにしても準備期間が必要ですから。
そのときも、「今期は計画達成しないと思いますけど、来期は計画達成すると思いますよ」というお話をさせてもらっていて。

一條　ほう？

加藤　それをご理解いただいた上でご依頼をいただいたわけなんですけど。
まぁ、その結果として次の期では計画が達成できました、っていう感じなんですよね。

一條　ああ。じゃあ、加藤さんが言ったとおり、準備期間中は計画達成できなかったけど。

加藤　はい。

一條　でも、準備期間が終わった後は計画達成できる状態になってましたよ、と。

加藤　そうそう。だから僕もできないものはできないと言いますから（笑）

一條　なるほどね（笑）
まぁ、でも、もしも「僕が関わったらすぐに営業計画１００％達成ですよ」とかって言う人がいたとしたら、それはちょっと現実的ではないですもんね。

加藤　うん。僕もそう思います。

▼「事業撤退」のその後に

一條　まぁ、この事例の話に戻ると、この企業さんはマンション・アパートの管理事業から撤退したことによって、その事業に関する経費も削減できたわけでしょう？

加藤　そうですね。
この企業さんでは、大体年間7、000万円ぐらいのコストが削減されましたね。
細かく言うと7、360万円ですけどね。

一條　ふ～ん。
でもさ、たとえば、上場企業さんでも、新規事業の立ち上げで初期コストとしてかける予算を年間5、000万円とか3、500万円とかに設定して、ちょっと様子見ようかって感じにすることも結構ある気がするんですけどね。
そう考えたら年間7、360万円のコストを削減できたってのは大きいかもしれないですよね。

加藤　うん。そうかもしれないですね。

一条 うん。それにプラスして他の事業部門では、翌期の売上が前年比130・4％の実績になり、売上計画比も115％で計画達成できました、と。

加藤 うん。

一条 なるほどねぇ。

加藤 まぁ、だからこんな感じで、冷静に部門別の採算状況を把握して。
そこを土台に既存のリソースをうまく割り振って活用していけば、各事業部門としても、企業全体としても計画が達成されていったりするんだと思うんですよね。

一条 う〜ん。
まぁ、だから、なにかすごく淡々としたプロセスって感じがしますよね。

加藤 そうなんですよ。
だから別に特別なことをしているわけでもないし、特別なことをする必要もないと思うんですよね。

一条 なるほどね。
ちなみにこの、撤退した事業部門の部長さんはどうなったんですか？

加藤 あ、その部長さんは課長に降格しました。

一条 そうなんだ。

加藤　はい。
一條　それって、ご本人さんとしてはどんな感じだったんですか？
加藤　まぁ、ご本人の話では、実際に降格にはなってるんですけど、業績のことで責められなくなったり、会議の場に行かなくてよくなったりしたので、「気がラクになった」ってことでしたよね。だからそれはそれで良かったんじゃないかなって思うんですけどね。
一條　ふ〜ん。
それってだいたい何年ぐらい前の話なんですか？
加藤　それは2年ぐらい前の話ですね。
一條　じゃあ、今はその人はなにをやってるんですか？
加藤　あ、その人は今、別の事業部門の部長をやってますね。
一條　え。そうなの？
加藤　はい。
一條　じゃあさ、部長っていう役職に戻ったんだったら、また業績のことで責められるとか、会議の場に行くのがつらいとかって感じになってたりするんですか？

加藤　いや、そうはなってなくてですね。
というのも、この企業さんでは今、すべての事業部門でプロセス管理に舵を切ってましてね。

一条　ほう？

加藤　だから今、全事業部門が計画達成してるんですよ。

一条　そうなの？

加藤　うん。だから今はどこかの部門長が責任を追及されたりすることもないんですよね。

一条　へー。そうなんだ。

▼どの部門に異動になっても困らないように

加藤　うん。まぁ、でも、すべての事業部門でそういう状態がずっと続くわけではないと思うので、ちょうど今、今後のことを話し合っている最中というか。

一条　ん？
なにを話し合うの？

加藤　たとえば、社内のリソースを有効に活用するための判断をしやすくするためにはどうすればいいか、とか。
部門同士がお互いをカバーし合える体制を作るためにはなにができるのか、とか。
そういう話を部門別採算管理の体制を工夫することで実現するためにはどういうやり方が考えられるか、とか。そういうことを話し合ってますね。

一條　ふ〜ん。

加藤　まぁ、世の中何が起こるかわからないですから、そういうことを見越して考えておくというか。
「自分が担当している部門は今、採算計画を達成してるからそれでいいや」っていうことではなくて、できるだけ全社規模で各部門がお互いをカバーできるような関係が作れたらいいですね、っていう話でもあるし。
まぁ、全社としてリソースを有効に活用できる体制にしたいですよね、っていう話でもあるんですけどね。

一條　なるほどねぇ。
まぁ、それこそ人事異動もありますもんね。

加藤　そうそう。
だから、自分がどの部門に異動になっても苦労しないように、今、自分が担当している部門の話だけではなくて、全社としての話ができるといいですね、っていうことなんですよね。

一條　なるほどね。

加藤 うん。まぁでも、こういう話もやっぱり、各事業部門が部門別採算によって競争関係に置かれていたときにはできなかった話ですからね。

一條 なるほどね。

加藤 うん。だから、今の事例でお話しした、部長から課長に降格した人も、その当時はひとりぼっちっていう感じだったんじゃないかなって思うんですけど。

一條 ああ。

加藤 それが今は、別の部門の部長さんとして、しかも他の部門の部長さんたちと話し合いながらものごとを進めていけているという感じになってるわけでしてね。

一條 うん。

加藤 だからそれぞれの部長さんもひとりぼっちではない感じになってるし。それと同時に、各部門間のつながりも回復してる気がするんですよね。

一條 なるほどねぇ。だからさっきの「全体の最適化」っていう話はやっぱり、こういう部門間のつながりの回復によって起こるというか、各部門や全社の採算状況が各部門によって共有されて、同じ目線で理解されることによって起こるってことなのかもしれないですよねぇ。

加藤 うん。僕はそう思います。

【採算状況と業務プロセスの共有による効果】

全社の採算状況に対する共通認識

（「採算資料の追加」、「共通認識の醸成のための機会提供」等による）

＋

既存リソースを有効に活用するための枠組み

（「業務プロセスの細分化」、「既存人員と業務の再配分」等による）

↓

全社としての既存リソースの有効活用

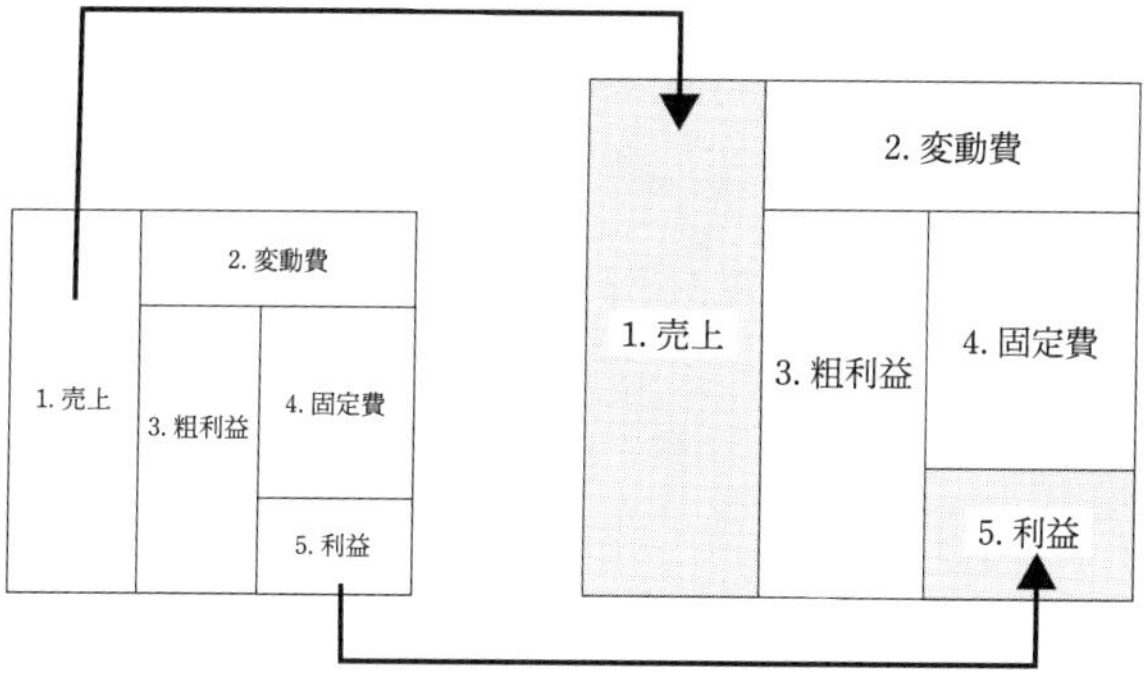

既存リソースの有効活用による
売上の増大と利益の増大

一條コラム 9

「保身のミルフィーユ」に関する理解を使いこなすために

先程、「雇われ社長系の上場企業」のなかでだけ生まれる特殊な構造として、「保身のミルフィーユ」というものがあるというお話をしました。

この構造自体は、単なる「構造」ですので、そこにいいとか悪いとかという尺度を持ち込んでも意味はないように感じます。

その一方で、いわゆる「雇われ社長系の上場企業」にお勤めしている人たちに限っては、この構造に対する理解を使いこなせれば、自分が担当する業務で成果を出しやすくなるとも思いますし、社内での自分のポジションを確保しやすくなるとも思います。

そこで今回は、この「保身のミルフィーユ」という特殊な構造に対する理解を使いこなすためのコツについてお話ししてみたいと思います。

▼

まず、この「保身のミルフィーユ」という構造に対する理解を使いこなすための最大のコツは、この構造に対する理解を使うときには、「自分のポジションを上げるため」にこの構造に対する理解を使うのではなくて、「自分のポジションが下がらないようにするため」にこの構造に対する理解を使うことにあります。

それはなぜか?

そもそも上場企業にお勤めしている人たちは、「3つの特徴」を持っているというお話をしました。

そして、上場企業にお勤めしている人たちは、この「3つの特徴」を持つことによって生まれる「3つの切なさ」を抱える傾向にあります。

そして、この「3つの切なさ」を解消するための方法として、社内での自分のポジションを確保しようとする人は少なくありません。

ここまでが、これからお話しする話の前提なのですが、この「自分のポジションを確保する」ということを考えたときに、多くの人が「自分のポジションを上げる」という方向に進みがちなのです。

▼

しかし、「自分のポジションを上げる」ための取り組みは、往々にして失敗する傾向にあります。

それはなぜか?

そもそもの話をすれば、いわゆる上場企業のなかで「自分のポジションを上げる」ためには、他人から高い評価を得る必要があります。

では、いわゆる上場企業のなかで、他人から高い評価を得るためにはなにをすればいいのか？

僕がこれまで関わらせてもらってきた上場企業さんたちに関して言えば、それぞれの企業にお勤めの人たちのなかでこのポイントを明確に理解している人はいませんでした。

また、これまでにも何回か話題に上っている話ですが、僕の場合には、次世代経営人材開発というテーマで上場企業さんたちに関わらせてもらう際に、各企業のなかで「部長」という役職に就いている人たちとお話をさせていただくことがあります。

そのときにその人たちが、「まるで曇りガラスのこちら側にいるようです。まったく先が見えません」という言葉を聞かせてくださるわけです。

これはつまり、その人たちのなかでは、「部長という役職に就いている人たちが行うべき業務」について、「なにをすれば自分が評価され、なにをしなければ自分が評価されないのか」という基準がわかっていないということの表れなのではないかと思うのです。

そして、その基準がわかっていない人たちがいるということは、社内でその基準が明示されていないということでもある気がするのです。

つまり、「評価の基準」が不明瞭なまま業務が行われているというのが、多くの上場企業さんの現状なのではないかと思うのです。

そうなると、評価する側の人間の気分次第で評価が変わってしまうというようなことも起こりかねませんし、実際にそういうことも起こっている。

それがいいとか悪いとかの話ではない一方で、実際の話として、そのような状況があるなかで、他人からの高い評価を得ようとしても、なかなかむずかしいのではないかと思うのです。

▼

その一方で、上場企業の社内で、自分のポジションが下がらないようにすることはそれほどむずかしいことではありません。

たとえばですが、自分が「やります」と言った内容をきちんとやっていれば、まわりからの評価が下がることはないからです。

ですので、たとえばですが、第三章の章末のコラムでお伝えしたように、稟議を通すときに、そもそも取り組みを始める前から必ず達成できることがわかっている内容を、「取り組みの達成度を測るための指標」として設定するなどしておけば、その取り組み自体が「失敗」と認識されることはなくなります。

もちろん、「取り組みの達成度を測るための指標」として設定した指標のすべてを達成できないこともあるかもしれませんが、たとえば10個設定されていた指標のうち、9個の指標が達成された取り組みに対して、その取り組みを「失敗だ」と言える人はいないと思うのです。

もちろんその取り組みが「大成功」だと評価されるかどうかは、その時々の状況によって変わると思いますが、少なくとも「失敗した」という評価は下されない。

失敗していないのであれば自分や自分たちへの評価が下がることはありませんし、社内での自分のポジションが下がることもありません。

▼

その一方で、先程お伝えしたとおり、上場企業にお勤めしている人たちの多くが、自分のポジションを確保するために、「自分のポジションを上げる」という方向に進みがちです。

しかし、「なにをすれば自分が評価され、なにをしなければ自分が評価されないのか」という基準がわからないまま、社内での自分のポジションを上げようとする人たちがほとんどなのです。

そうなるとどうなるかというと、その人たちの取り組みは高い確率で失敗することになる。

そうなると、社内でのその人たちに対する評価は下がり、その結果としてその人たちのポジションも下がることになります。

そこにもしも、「自分のポジションが下がらないようにしている人」がいたとしたらどうなるでしょうか。

その人がなにかをしなくても、まわりの人たちのポジションが勝手に下がっていきますから、その人のポジションは相対的に持ち上がっていくことになります。

その結果として、その人の社内でのポジションが確保されていく。

上場企業の各社のなかにはそのような状況があるわけですが、実際の話をすると、僕の場合には、自分が関わらせてもらう人たちに関しては、その人が役員さんであれ、部長さんであれ、課長さんであれ、一般社員の方であれ、男性であれ、女性であれ、それぞれの人のポジションが絶対に下がらないようにしようと思って関わらせてもらっています。

そのために、僕がご一緒させていただく取り組みに関しては、「その取り組みの達成度を測るための指標」についても、それが「あらかじめ必ず達成できることがわかっている内容」ばかりになるように考え抜きます。

その結果として、僕が関わらせてもらってきた担当者さんたちが人事異動のたびに昇進し、またその異動先から僕に新しい仕事の依頼をしてくださる、という流れが続いているわけですが、これも、それがいいとか悪いとかいう話ではなく、単にそこにはそのような構造があるというだけの話だと思うのです。

このような構造を理解することが、なにかの取り組みをするときに役に立つ方もいらっしゃるのではないかと思い、少しお話しさせていただきました。

ご参考にしていただける部分があれば幸いです。

第十一章　埋もれている人材を掘り起こす
～既存リソースの最大活用～

一条　今、「内部体制の最適化」の取り組みをしている企業さんたちの事例をいくつか聞かせてもらったんですけどね。

加藤　はい。

一条　まぁ、さっきの話は数字に表れる成果についての話だとも言えると思うんですよ。

加藤　そうですね。

一条　うん。その一方でね。
加藤さんの話のなかには、肩身の狭さとか、つながりとかっていう話がよく出てくるから、数字には表れないような成果もあるんじゃないかなって思ってるんですけどね。

加藤　はいはい。

一条　そういう成果ってあるんですか？

加藤　そうですねぇ。たとえば、さっき「既存客からの追加収益の確保」という切り口でお話しした染物メーカーさんの場合だったら、営業事務の女の子に賞与が出たりしてるんですけどね。
僕はこれは、大きな成果だなって思ってるんですよね。

一条　うん？　営業事務の女の子たちに対して賞与が出たってことが成果だっていうことですか？

加藤　そうそう。
というのもね、その企業さんの場合にはそれまで、営業事務の社員さんたちに出る賞与って形ばかりって感じだったんですよ。
それがきちっとした形で賞与が出たわけで。
僕はこれってすごく大きな成果なんじゃないかなって思うんですよね。

一条　ん？　賞与が出たことに対してその女の子たちが喜んだっていう話ですか？

加藤　あ、これはお金としての賞与の話ではなくてですね。
これまでは「営業事務の人」っていう感じで、そんなに高く評価されてこなかった人たちが、「既存客からの追加収益の確保」という業務に取り組み、その取り組みの結果として成果を生み出し、その成果に対して形ばかりではない、きちんとした賞与を支給されたという話でしてね。
つまり、その人たちからすれば、きちんとした賞与を出してもらえたってことは、自分の仕事の内容や仕事ぶりがきちんと評価してもらえたんだ、っていう感覚になると思うんですよね。

一条　ああ。
だからその人たちがそういう感覚を持てたってことが成果ですよと？

加藤　そうそう。

▼「力の発揮」と「居場所」の関係

一条　なるほどねぇ。でもそれってどうなんですかね。
いや、僕は今、「内部体制の最適化」という取り組みに取り組むことに伴ってもたらされる、数字には表れないような成果についてお聞きしようとしてるわけなんですけどね。

加藤　はい。

一条　僕自身はといえば、そういういわゆる上場企業さんたちからいろんな業務のご依頼をいただくなかで、そういう企業にお勤めしていらっしゃる女性の社員さんたちに関わらせてもらう機会も多いんですよ。

加藤　はい。

一条　だから、今の加藤さんの話を聞いていても、まぁ、それは彼女たちからしたらうれしいだろうなぁ、って思ったりするし。
そういうのは確かに成果だよねって思ったりもするんですけどね。

加藤　はい。

一条　でも、その一方で、それってあんまり一般的な感覚じゃない気もするんですよ。

加藤　ん？　一般的な感覚じゃないってどういうことですか？

一条　う～ん。なんていうのかな。
　僕たちは今、事業活動というものをテーマにしてお話をしてると思うんですけど。

加藤　はい。

一条　実際、僕たちに業務の依頼が来るのは、僕たちが提供している内容が企業さんたちの事業活動にとってプラスになるからだと思うんですよ。

加藤　そうですよね。

一条　うん。だから、加藤さんの「内部体制の最適化」にしたって、加藤さんからすれば、きちんと報酬を受け取りながら提供する業務になるわけでしょう？

加藤　そうですね。

一条　うん。それを業務の依頼者である企業さんたちの側から見ると、なにかの成果を得るために、それなりの費用を支払って業務を依頼してるって感じになると思うんですよね。

加藤　はい。

一條 そうすると、そう考えたときに、もちろん社員さんたちの「働きがい」や「やりがい」って大事だと思うんですけど。そのために企業さんが費用を支払いたいと思うのかなって考えたら、それはどうなのかなって気がするんですよ。

加藤 ほう？

一條 まぁ、もちろん、加藤さんが「人材開発」とか、「組織開発」とか、「働きがい」をテーマにしてお仕事をしている人なんだったらそういうこともあるかもしれないんですけどね。
でも、加藤さんも僕も、そういう分野では仕事をしていないわけですから。
僕たちの場合には、もっと実務的というか、業務的というか。
どちらかと言えば売上や利益として目に見える成果を出す分野というか。
まぁ、損益計算書に直結する分野で活動しているわけじゃないですか？

加藤 そうですね。

一條 うん。だから今の賞与の話を成果と言ってもいいのかどうか、ちょっとわからないなって思ったんですけどね。

加藤 ああ、なるほどね。
そういう話であれば、こういう営業事務のお仕事をしている社員さんたちは、基本的に肩身が狭い状況のなかでお仕事をしてたりするんですけどね。

一條 うん。

加藤　つまり、快適ではないし、カンファタブルではないし、自分に居場所があるとは思えない状況のなかでお仕事をしているとも言えると思うんですけど。
まぁ、実際に、その肩身の狭さが原因で、退職しちゃう人たちもいるわけですよ。

一條　うん。

加藤　そういう状況があるなかで、その人たちの肩身の狭さがなくなったとしたら、退職する人たちは少なくなると思うんですけど。それって、企業さんたちにとってはメリットでしょう？

一條　う～ん。
つまり、退職した人の穴を埋めるために新しい人を採用するためのコストが増えなくて済むとか、そういう話？

加藤　それもあるし、今いる人材を有効に活用できるっていう話にもなると思うんですよ。

一條　う～ん。
まぁ、そう言われりゃそうかなとも思うんですけどね。
いや、正直な話をするとね、僕、肩身が狭いか狭くないかっていう感覚で、そういう上場企業にお勤めしていらっしゃる人たちのことを見たことがないんですよ。

加藤　ああ。

一條　うん。まぁ、僕の場合には、さっきもお話ししたように、自分が関わらせてもらう人たちの社内でのポジションが下がらないようにしようってことを考えてるんですけど。

それぞれの人たちに関しては、その人が力を発揮できてるかどうかっていう観点しか持ってなくてね。

加藤 ほう？

一條 そして、その人が力を発揮できているかどうかは、その人が自分の思っていることを思っているように言えているかどうかという尺度で測ってる、っていう感じなんですよね。

加藤 なるほど。

一條 うん。でも、加藤さんの話を聞いてると、肩身が狭い人たちの話がどんどんどんどん出てくるからさ。肩身が狭い人たちが多いってことは、そりゃ、今いる人材を有効に活用できてないってことなんだろうなって思うんですけど。
でも、肩身の狭い人たちってそんなに多いのかな？　とも思ってましてね。

加藤 ああ。そういう人たちはめちゃくちゃ多いと思いますよ。
まぁ、今の一條さんの話だったら、一條さんが見てるのって、一條さんが関わっている人たちが、力を発揮できているかどうかってことなんですよね？

一條 うん。

加藤 僕、その話を聞いてて思ったんですけど、たとえばそもそも誰かが自分の力を発揮するためにはその前に、「自分には居場所がある」っていう感覚を持ててることが必要なんじゃないかなって思うんですよね。
そしてそういう感覚を持てるようになるためには、肩身の狭さがなくなっている必要があると思うんですよ。

▼「居場所の提示」と「リードタイム」

一條　う〜ん。
ということはさ、そもそもこういう「内部体制の最適化」でもなんでもいいんですけど、肩身の狭さを感じている人たちに関わってなにかの取り組みをするときには、その取り組みが始まる前に、「あなたの居場所はあそこで見つかりますよ」とか、「あなたの居場所はここで作れますよ」っていう感じの提示がされる必要があるってことかもしれないですよね。

加藤　ん？

一條　いや、だって、とりあえずなにかの取り組みを始めてみたとして、その結果として「そこに居場所がありました」だなんて都合のいい話が毎回毎回起こるとは思えないですもん（笑）

加藤　ああ。そうですよね。
だからたとえば「内部体制の最適化」という取り組みをするのであれば、営業マンさんたちには、そもそもその人たちに割り振られている「営業計画を達成する」という役割について、それを達成することができますよ、っていう道筋を示す必要があると思うんですよ。

一條　うん。

加藤　あと、経理部門の人たちの場合には、既にその人たちに割り振られている「採算資料の作成」という役割について、「今、あなたたちが作っている部門別採算の資料は、単に数字をまとめた資料ではなくて、『全社として既存のリソースを有効に活用するための枠組み』を整えるための土台を作るための資料なんですよ」っていう感じで、再定義をする必要があるでしょうし。

一条　うん。

加藤　営業事務の人たちの場合には、「既存客からの追加収益を確保する」という、あなたたちが評価を得られるようにするための新たな役割がありますよ、っていうことを伝える必要があると思うんですよ。

一条　そうですよね。

加藤　うん。そういうことをした上で、それぞれの人が担当する業務について、細かいステップから成り立つ業務プロセスを提供できれば、その人たちは次になにをすればいいかがわかるようになるでしょうし。

一条　うん。

加藤　そしてそのプロセスに沿っていけば、業務上の成果が出て。業務上の成果が出れば、評価を受けることができて。評価を受けることができれば、肩身の狭さがなくなっていって。そのうちにそこに自分の居場所があるという感覚が強くなる。そういう流れというか順序があると思うんですよね。

一条　なるほどね。

加藤　うん。まぁ、実際の話をすれば、どれだけステップが細かくなっていたとしても、なにかの業務プロセスをポンと渡されただけで、その内容をやりこなせる人なんていないはずですからね。

一條　そうですよね。そのプロセス自体をある程度信頼してもらうためにも時間が必要だろうし。

加藤　うん。

一條　あとはそのプロセスを伝えてくる人に対しても、ある程度の信頼を持ってもらうためには、時間は絶対に必要になりますよね。

加藤　うん。そうだと思います。

一條　なるほどね。
じゃあ、「既存客からの追加収益の確保」の話に戻ると、既存のお客さんにアプローチをしたときにそこから収益が生まれるまでにかかる時間は、新規のお客さんにアプローチしたときにかかる時間よりも短くなるとは思うけど、やっぱり今日取り組みを始めて、明日成果が出るっていう感じじゃないですよね。

加藤　そうですね。

一條　じゃあ、加藤さんの場合には、「既存客からの追加収益の確保」という取り組みを始めて、実際に成果らしい成果が出るまでにはどれぐらいのリードタイムを見てるんですか？

加藤　僕は６ヶ月間をひとつの目安にしてますね。

一條 じゃあ、取り組みを始めてから6ヶ月後には成果らしい成果が出てますよ、っていう感じ？

加藤 そうですね。
だから僕の場合には、その6ヶ月の間に営業事務の社員さんたちとの認識のすり合わせも含めて、どれだけしっかり準備ができるかということを考えてますね。

一條 なるほどね。
まぁ、「既存客からの追加収益の確保」という取り組みであれば、取り組みを始めてから2ヶ月目や3ヶ月目の時点でぼちぼち成果が出始める気もするんですけど。もしそうなったとしてもそれはおまけみたいなもんで、6ケ月ぐらいは時間をかける必要があると認識しておくのがいいですよっていう話？

加藤 そうですね。
細かな修正をするための時間も含めて考えると、それぐらいの期間を見ておくのが理に適っていると思います。

一條 なるほどね。
まぁ、だから最初の話に戻ると、この「既存客からの追加収益の確保」っていう取り組みに関して言えば、数字には表れないような部分でも、たとえば、営業事務の社員さんたちが、「自分の仕事の内容や仕事ぶりが評価してもらえたんだ」と感じられていたり、ひょっとしたら退職する人が減っているかもしれないっていう、数字には表れないような成果もあるかもしれませんね、と。

加藤 そうですね。そうだと思います。

一条　じゃあ、「営業計画の100%達成」っていう取り組みでも、そういう数字には表れないような成果があったりするんですか？

加藤　そうですね。まず、実際の業務上の話をすると、この「営業計画の100%達成」という取り組みに取り組んでいくと、各事業部門さんのなかで営業計画が達成されていくようになるんですけどね。

一条　はい。

加藤　そうなると、各事業部門さんのなかでの会議の内容も変わってきて、誰かが誰かの責任を問い詰めるような会議ではなくなってくるんですよね。

一条　ほう？

加藤　まぁ、営業計画が達成できるようになるのは、業務のプロセスが細かいステップに分かれているからなんですけど。各事業部門さんのなかで「このステップを埋めていけば、営業計画が達成できるんだな」っていう感覚が出てくると、ステップが埋まっているかどうかに注目が集まるようになってくるんですよ。

一条　なるほど。

加藤 そうすると、感情的にうんぬんという話よりも、埋まっていないステップをどう埋めるのかとか、次月、次々月の成果のために今なにをするべきなのかっていうところに、会議の焦点が移っていくんですよね。そうすると、「なんで達成できてないんだ！」とかって感じの罵声が飛んだりする感情的な会議ではなくなってくるんですよ。

一條 なるほどね。

加藤 うん。まぁ、一條さんも営業計画がなかなか達成できない事業部門の会議に参加されたことがあると思うんですけど。結構ピリピリしてるでしょう?

一條 そうですね（笑）

加藤 うん。だから営業会議って、営業マンさんたちにとっては、「自分の成績を報告して、罵声を浴びせられる場」みたいな感じになってることもあると思うんですよ。でもあれ、一歩間違えると人格否定じゃないですか。「お前の努力が足りないんだ！」とか、「もっと努力できないのか！」みたいな。

一條 そうですねぇ。

加藤 うん。まぁ、さっき事例としてお話しした企業さんの会議もそんな感じだったんですけどね。それがステップの埋まり具合を確認する会議に変わっていったんですよね。だから、感情的な会議がなくなったっていうのは、ひとつの数字には表れない成果だと思うんですよね。

一條 なるほどねぇ。

▼延長されなくなる会議

加藤　あとはね、会議に関して言えば、会議が延長しなくなったりもしますよね。

一条　ほう？

加藤　だからひとりひとりの営業マンさんに対して、感情的になってなにかを言ってたりしたら、会議の時間も延びたりしがちだと思うんですけど。さっき事例としてお話しした企業さんでも、60分で予定していた会議が90分とかに延びたりしてたんですよ。

一条　なるほど。

加藤　うん。でも、そういう会議が時間通りにきちっと終わるようになってくる。

一条　ああ、それはいいですね。

加藤　いいでしょう？
まぁ、実際の話をすると、さっき事例としてお話しした企業さんでは、会議が長引いたときには、営業マンさんたちがお客さんに「すみません、アポの時間に遅れます」とかって電話で詫びたりしてたんですよね。

一条　ああ。

加藤　その一方で部長さんは、「お客さんが第一だ」とかって言ってたりしたんですけど。

一條　ほう？

加藤　でも、その部長さんが会議を長引かせることによって、お客さんに迷惑がかかってたりしたわけですから。それって、意味ないですよね、って話だったんですよね。

一條　なるほどねぇ。
じゃあ、そういうこともなくなりましたよ、と。

加藤　そうそう。
あとは誰かが誰かの責任を問い詰めるような会議に参加してると、営業マンさんたちのモチベーションも下がるじゃないですか。
そんな状態でお客さんと話をしても、前向きな話にはならないと思うんですよ。

一條　そうですよね。
逆にお客さんに八つ当たりしちゃったりする営業マンさんたちも出てくるかもしれないですもんね。

加藤　そうそう。

一條　じゃあそういう危険性もなくなりましたよ、ってこと？

加藤　そうですね。
だから会議の内容も、もちろん抜けているステップに対しての指摘はあったとしても、人格否定みたいな話にはならないので。
営業マンさんたちにとっても、仕事がしやすい状況になってるんじゃないかなって思いますよね。

一条　なるほどねぇ。

▼部長の「部長化」

加藤　まぁ、今までの話はどちらかと言えば営業マンさんたちにとってプラスになる変化についての話だと思うんですけど。実は、この「営業計画の100％達成」という取り組みに関して言えば、部長さんたちにとってもプラスになる変化がありましてね。

一条　ほう？

加藤　たとえば、今の話に出てきた部長さんの場合だったら、自分が取り仕切っている事業部門内の営業会議のほかに、部長会議や採算会議みたいなところに参加していてね。
そこでは自分が責任を問い詰められたりしてたんですよ。

一条　ああ。
「計画を達成できてないのはどういうことだ？」とかって？

加藤　そうそう。

「なにやってるんだ！」みたいなことを言われてたんですよ。

一条　うん。

加藤　でも、営業計画が１００％達成されるようになった結果、その部長さんは採算会議の場で問い詰められることがなくなりましたし。
採算会議で自部門の状況を自分の言葉で伝えられるようにもなりましたからね。

一条　ほう？

加藤　だから、計画を達成できている要因もちゃんと伝えられるし。

一条　ああ。
単に「達成しました」って言うだけじゃなくてね。

加藤　そうそう。
細かなステップを把握してるから、計画を達成できている要因もちゃんとわかってるんですよ。
だからその要因もきちんと説明できるし。

一条　うん。

加藤　あとはそうは言っても、営業マンさんたちのなかには計画が達成できていない人もいるんですけど。
そういう営業マンさんたちについても、たとえば「今は既存客へのインタビューを担当させてます」とかって感じで、うまくいってる話もうまくいってない話も、必要に応じてちゃんと伝えられるようになって。役員さんたちもちゃんと話を聞いてくれる感じになってますよね。

一條　ん？　うまくいってない話ってなんですか？

加藤　たとえば競合と相見積もりになって負けたとか、土壇場で契約にいたらなかったとか、そういうこともありますからね。
すべての取り組みがうまくいくわけではないので。

一條　なるほどね。

加藤　うん。まぁ、でもそのあたりの状況を、必要があるときにはいつでも、部長さんが営業マンさんたちの代わりに、こと細かに言えるっていうのは、僕はそれはそれでいいなって思ってるんですよね。

一條　そうですねぇ。
少なくとも営業マンさんたちからすると、自分たちの成果であったり、自分たちがやってることを部長さんがちゃんと把握してくれていて、それを必要に応じて上の人たちにも報告してくれるっていうのはうれしいことかもしれないですよね。

加藤　そう思うんですよね。
まぁ、部長さんとしても、役員さんたちや他の部門の部長さんたちの前でちゃんと発言できるし、それを聞いてもらえる。
それに伴って、部長さんもそこに居場所があると思えるようになってる気がするんですよね。

一條　ああ。

だから、まぁ、部長さんがちゃんと部長化したっていう感じなのかもしれないですね。

加藤 そうかもしれないですね。

▼「ステップ」を埋めさえすれば

一條 今の話を聞いてるとさ、個人の責任を問い詰めるとかってことを考えずに、成果に集中して業務プロセスを実行していけば、「営業計画の100％達成」ってものが見えてくるんだなっていう気がしたんですけどね。

加藤 はい。

一條 でも、そもそも加藤さんはなんでまた、そんな「営業計画の100％達成」みたいなことをやろうと思ったんですか？

加藤 う〜ん。

なんででしょうね。

一條 というのもね、僕も誰かが誰かの責任を問い詰めるような会議って意味がないなっていうか、理に適ってないよなって思ってたりしたんですけどね。

加藤　はいはい。

一条　だけど僕、「営業計画を100%達成し続けてもらえば、こういう状況はなくなるんだな」って思うことがなかったんですよ。

まぁ、単純に僕が思いつかなかっただけかもしれないんですけど。

でもさっきも言ったけど、「営業計画の100%達成をサポートします」って言ってくれる専門家もあんまり見たことがないし。

やっぱりみんなそこに目が向かないんじゃないかなっていう気もするんですけどね。

でも、加藤さんはそこに目を向けたわけでしょう？

その結果、誰かが誰かの責任を問い詰めるような会議がなくなったり、部長さんたちの肩身が狭くなったりもしてるわけでしょう？

加藤　まぁ、そうですねぇ。

一条　だからもう完全に形勢がひっくり返ってる感じがするんですけどね。

加藤　うん。

一条　でもそれって、考えてみたらすごいことだなって思うんですけど。

だからなんで加藤さんはそんなことをしようと思ったのかなってところが気になるんですよね。

加藤　う～ん。そうですねぇ。まぁ、順を追ってお話しすると、もともと僕って、初めて会った人と仲良くなるのがあんまり得意じゃないんですよね。

一條　ほう？

加藤　だから自分がやるときにせよ、誰かのサポートをさせてもらうときにせよ、初回コンタクトから成約までの道筋は細かく把握しておかないと、単純に不安なんですよ（笑）まぁ、だから逆に、ステップを細かくしておけば不安は減るなと思ったんですよね。

一條　ほう？

加藤　しかもそのステップが、自分や誰かの能力に依存しない内容になっていれば流れも読めるだろうし。ステップが細かくなっていれば、もしどこかでつまづいたとしても、どこでつまづいているのかを把握しやすいだろうし。つまづいているところが把握できていれば、誰かに助けを求めることもしやすくなるし、その結果、誰かから助けてもらえる可能性も増えるんじゃないかなって思ったりしてね。

一條　うん。

加藤　だからまぁ、ステップを細かくしておけばいいのかな、って思ったりしてたんですよね。

一條　なるほどね。

▼「手のひら返し」と「焦り」の関係

加藤　あとはね、これは僕の実体験なんですけど、僕、昔、各地に拠点がある、ちょっとした規模のコンサルティング会社にお勤めさせてもらってたことがありましてね。その会社に入社した当初って、僕、営業成績が悪かったんですよね。だから、毎日のように上司さんたちから怒鳴られて、問い詰められて、って感じだったんですよ。

一条　なるほど。

加藤　うん。拠点長さんからはもちろん、営業会議ではその上の執行役員さんたちとか、役員さんたちからも怒鳴られたりしてね。

一条　うん。

加藤　でも、しばらくして僕の成績が上がり始めると、同じ人たちが「加藤を見習え」みたいなことを言うようになりましてね。僕、そういう手のひら返しみたいなのがすごくイヤだったってのもありましたし。そもそも、寄ってたかって誰かを問い詰める会議っていうものがほんとうにイヤだったんですよね。

一条　うん。

加藤　でもまぁ、その一方で、営業マンさんたちも部長さんたちもやっぱり営業計画を背負ってるから、月末までにとか、四半期末までにとかって感じで、「成果を出さなきゃいけない」って考えてる人も多いと思うんですよ。

一条 うん。

加藤 でも、その一方では、「成果を出せないんじゃないか」っていう不安を持ってる人も多いわけでしてね。

一条 はいはい。

加藤 だから、その不安からくる焦りっていうのはもう、ものすごいことになっていて。

一条 うん。

加藤 だから、誰かを問い詰めている人がいたとしたら、その人はそれだけ大きな不安や焦りを持っているっていうことなのかもしれないなって思いましてね。

一条 なるほど。

加藤 うん。これはその不安や焦りを取り除かない限り、いろんなところに悪影響が出ちゃうよね、って思ったところがあったのかもしれないですね。

一条 なるほどねぇ。

加藤 うん。まぁ、だからそういうことが僕の中でつながっていって。その結果、ステップを細かくしていって、「そのステップを埋めさえすれば成果が出るプロセス」みたいなものを作っておけば、誰かが誰かに感情的に当たり散らかしたり、誰かが誰かを問い詰めたりすることもなくなるでしょ、って思ったというか。

一条 うん。

加藤 まぁ、そのプロセスのステップが48ステップになるのか、24ステップになるのか、それとも100ステップになるのかは、それぞれの企業さんや事業部門さんの状況によりけりですけれども。でもそういう細かいステップから成り立つプロセスさえ作っておけば、営業計画が100％達成されて、その結果、ネガティブな気持ちになる人が減るんじゃないかな、と。そうやって考えていった気がしますね。

一条 なるほどねぇ。

▼アンカンファタブルな職場

一条 まぁ、でも、そういう話を聞いてるとさ。やっぱり部長さんからの影響って大きい気がしますよねぇ。

加藤 うん。やっぱり人を率いる立場にいる人が焦ってるとか、肩身が狭いとかってなると、もう本当にきついですよ。

一条 うん。
だから、部長さんが部長会議とか、採算会議とかで責任を問い詰められて、その後に支社や事務所に戻ってくると、「なんか、部長、荒れてるんだけど」っていう感じになったりもするでしょう？

加藤 そうですよね。
やっぱり部長さん本人は態度に出してないつもりかもしれませんけど、実際には出ちゃってますからね。

一條 うん。
ドアを荒々しく閉めちゃったりね。

加藤 そうそう。
資料を机の上に置くときに、バンって置いちゃったり。
だからね、部長さんがそういう会議から帰ってきたときに、「部長どうでした？」とかって気軽に言える人たちもいるにはいるでしょうけど、たとえばその部門にいる営業事務の社員さんたちとかだったら、そんな気軽に「部長どうでした？」とかって言える人はあんまりいない気がするんですよ。

一條 そうですよねぇ。

加藤 うん。そうなると、その人たちはもうその部長さんの顔色をうかがうことしかできなくなるというか。
ヒヤヒヤするしかなくなるじゃないですか。

一條 そうですねぇ。

加藤 うん。だからもうそういう状態にさせることが、僕は非常に問題だなって思っていてですね。

一條　うん。それこそ、アンカンファタブルな状態だ。

加藤　いや、本当にアンカンファタブルですよ。
だって僕、いろんな企業のいろんな事業部門で営業事務の社員さんたちとお話しさせてもらったりするんですけどね。僕が関わらせてもらい出してすぐの頃って、どこの企業さんのなかでも業務の話とは関係なく、「最近、ちょっと部長の機嫌が悪くて」とかって話になったりしますもん。

一條　ああ。

加藤　まぁ、部長さんは普通にしてるつもりでしょうけど、やっぱり部長職っていうのはその部門のトップですからね。なんかそういう影響がものすごいですよ。

一條　そうですねぇ。
じゃあ、さっき事例として出てきた企業さんでは、そういう状況もなくなってきましたよっていう話なんですか？

加藤　そうそう。

▼「先行きが見える枠組み」

加藤　だからしっかりプロセスを管理できるようにしさえすれば、感情的な自分でいる必要もないってことを、僕がこの「内部体制の最適化」という取り組みで関わらせてもらっている部長さんたちには、認識してもらえてるんじゃないかなって気がするんですけどね。

一条　なるほどねぇ。
まぁ、自分が率いている部門が採算計画や営業計画を達成するっていうのは、部長さんたちから見れば「自分の職責を果たす」っていう話だと思うし。

加藤　うん。

一条　まぁ、それにしたって、「お前、なんでできないんだ！」とかって部下の人たちを問い詰めながら計画達成したとしても、ギスギスした状態になっちゃうと思いますけど。

加藤　うん。

一条　だけど、そんな感じでギスギスした状態にしなくても、計画が達成されるならいいし、実際にそうすることができるようになりますよ、っていう話ですもんね。

加藤　そうですね。

一条　なるほどね。
でも、なるほどね、って言いながら僕はやっぱり、あの「まるで曇りガラスのこちら側にいるようです」って言ってる人たちの部下さんたちのことを考えると、ちょっと切ない気持ちになったりしますけどね。

加藤　う〜ん。

だけどどうなんですか。
上場企業さんたちのなかでは、営業事務さんたちとか営業マンさんたちもつらい状況にあると思うんですけど、部長さんたちも結構つらい状況にあるじゃないですか。
「曇りガラス」の話を聞く限りだと、部長さんたちもなにをすればいいのかわからないまま、お仕事をすることになってる気がするんですよ。

一條　そうですねぇ。

加藤　うん。だからそういう話で言うと、僕、仕事をする上では「先行きが見える枠組み」があるかどうかが一番大事なんじゃないかなって思っていてですね。

一條　ほう？

加藤　だから、僕からすれば「個人のスキル」とか、「個人のやる気」みたいな話はどうでもよくて。そうではなくて、「先行きが見える枠組み」があれば、単純にみんな安心できるし、嫌な思いもしなくて済むんだから、「じゃあ僕がその枠組みを作ります」って感じなんですよね。

一條　なるほどねぇ。
まぁ、そうやって取り組み方を考えていった結果、誰かが誰かの責任を問いつめるような会議がなくなっていったり、部長さんたちの肩身が狭くなっていったりしましたよ、っていう話だと思うんですけどね。

加藤　はい。

一條　だけどそれって、考えてみたらすごい話だと思うんですよね。
「そうですか、それはよかったですね」っていうレベルの成果ではないというか。
なんだろうな。
なんかもっと大きくて、もっと本質的というか、深い意味がある成果のような気がしますよねぇ。

加藤　う～ん。
その感覚は僕にはちょっとわからないんですけど（笑）
でも、なんかそういうことが積み重なっていった結果として、最初のほうでお話ししたような感じで、人や組織が勝手に底上げされていったらいいなって思ってるんですよね。

一條　なるほどねぇ。

加藤　うん。

一條　じゃあ、「部門別採算管理体制の再構築」っていう取り組みでも同じように、数字には表れないような成果があったりもするんですか？

加藤　そうですね。
まぁ僕は、この「部門別採算管理体制の再構築」という取り組みを各社の経理部門の人たちと一緒にやっていくんですけどね。
それがなぜかというとそれぞれの企業さんの経理部門には、その企業さんの業績に関するすべての会計データが集まってくるからなんですけど。
でもその一方で、経理部門の人たちも、たとえば自部門の採算計画が達成できるかできないかの瀬戸際にある事業部門の部長さんたちから、「なんだこの費用は！」とかって怒鳴り込まれたりもしてるわけじゃないですか。

一條　うん。

加藤　だから経理部門の社員さんたちや、部長さんたちも肩身が狭くなってる感じがするんですよね。

一條　そうですよねぇ。
そういう経理部門と事業部門との関係であれば、たとえば、来期の予算を策定している時期とかは、部門別採算の数字について、各事業部門の部長さんたちが問い合わせをする先は経営企画部門になるんですよね。

加藤　ああ。

一條　うん。だから、「本社費の計算はこれで合ってるかな？」とかって感じで、各事業部門の部長さんたちが経営企画部門に質問してたりもするんですけどね。

加藤　はい。

一條　でも、実際に期が始まって、採算資料の内容に疑問が出たときには、経理部門も問い合わせ先のひとつになるというか。まぁ、怒鳴り込む対象になるというか。

加藤　うん。

一條　その結果として、実際に経理部門に怒鳴り込む部長さんたちも出てくるんだと思うんですけど。

加藤　うん。

一條　そういうのって、経理部門の人たちからしたらびっくりしちゃうかもしれないよなって思うんですよね。

加藤　そうですよねぇ。
でもよく考えてみたら、さっき出てきたミズグチさんの話があったでしょう?

一條　はい。

加藤　そのミズグチさんが事業部門の部長さんから文句を言われてるときって、経理部の部長さんはなにしてたんですか?

一條　ああ、そのときはその部長さんはちょうど席を外してたみたいなんですけどね。
でもどうでしょうね、もしもそのときにその部長さんがそこにいたとしても、話が収まっていたかどうかはわからないなって思うんですよね。

加藤　ほう？

一条　というのもさ、僕、その企業にお勤めさせてもらってるときにその部長さんと話す機会が結構あったんですけどね。
その部長さんの感覚としては、「本社費は経営企画部門が担当している内容だ」って感じだったなって思うからさ。

加藤　ほう？

一条　だから、その部長さんがそこにいたとしても、経営企画部門が担当している内容について、経理部門の部長である自分が話をすることもないって感じになってたんじゃないかな、って思うんですよね。
だから事業部門の部長さんからなにか言われたとしても、「それは経営企画に聞いてください」って感じになるだけだった気がするんですよ。

加藤　なるほどねぇ。

一条　うん。でもこれもまたおかしな話だけど、まぁ、ミズグチさんに文句を言っていた部長さんがどうだったかはその部長さんに聞いてないからわからないんですけど、でも、そういうときって、そういう事業部門の部長さんたちはすでに経営企画部門に問い合わせを入れてたりすることもありましてね。

加藤　ほう？

一条　そこで経営企画部門の人たちから、「それは経理に聞いてください」とかって言われてたりするんですよね。
だから事業部門の部長さんたちからしたら、「たらいまわし」にされてるみたいな感覚もあると思うんだけど。

加藤 ほう？

一條 そうなるとやっぱりやり場のない怒り、みたいなものも出てきてさ。
そうするとその矛先は自分にとって責めやすい対象に向かいがちな気もするというか。
まぁ、だからその結果として、経理部門の人たちにきつく当たっちゃう、っていうことにもなってる気がするんですよねぇ。

加藤 ああ。
でもそれは、経理部門の人たちからしたらたまったもんじゃないですよねぇ。

一條 そうですよねぇ。

加藤 うん。まぁ、いずれにしても、僕はそういう経理部門の人たちに、さっきの話のように「『全社として既存のリソースを有効に活用するための枠組み』を整えるための土台を作るための資料」を作ってもらうんですけどね。

一條 言葉で聞くと長いですね（笑）

加藤 まぁ、正確にお伝えしようとすると言葉は長くなりますよね（笑）
まぁでも、そういう資料が整備されていった結果、さっきお話ししたデベロッパー企業さんのように「事業から撤退するという判断」ができるようになる企業さんも出てきたりしてね。

一条　うん。

加藤　そうなってくると、今まで肩身が狭い感じでお仕事をしていた経理部門の人たちが、少なくとも自分たちの役割を認識しながら業務に取り組むことができるようになるというか。なんか「自分たちは役に立っている」とか、「自分は役に立っている」とかっていう感じで、「役に立ってる実感」みたいなものを持てるようになっていったりするんですよね。

一条　ああ。だからそういうのも、数字には表れないような成果かもしれませんよ、ってこと？

加藤　そうそう。でも、そんな感じで、「自分たちは役に立ってる」とか、「自分は役に立ってる」とかっていう感覚を持ちながら業務に取り組むことができる状態になるっていうのは、経理部門の社員さんたちにとってはものすごく大切なことなんじゃないかなって思うんですよ。

一条　そうですよねぇ。

▼「大事に扱われるようになる人たち」と「女性活躍推進」と

加藤 あとはね、その人たちが、こういう採算資料を作ったりし始めると、たとえば「本社費の見方ってこれで合ってるのかな?」とかって感じで、まわりの人たちがその人たちのところに情報を聞きにきたりし始めるんですよ。

一條 ああ。なるほどね。

加藤 うん。だからそういう意味では、経理部門の人たちが「情報を持っている人たち」って感じで認識されるようになってくるので、なんか、大事に扱われるようにもなってくるんですよね。

一條 なるほど、なるほど。
じゃあ、表向きは多分、さっきの話みたいに経営企画部門に聞くことになってるんだろうけど、実は経営企画部門も持ってない情報がいっぱいあって、そこを「経理のあの子に聞いたら教えてくれるよ」みたいな感じになるってこと?

加藤 そうそう。
だから僕、そういう感じでその人たちが大事に扱われるようになるのっていいなと思ってるんですけどね。

一條 なるほどねぇ。
じゃあ、まぁ、そういう成果というか効果もあるって感じかぁ。
でもさ、自分が役に立ってるって実感できるんだったらそれはそれでいいと思うんだけどさ。

加藤　はい。

一条　あとは、まわりの人たちから大事に扱われるようになるのもいいことだと思うんだけどさ。

加藤　はい。

一条　でも、そこで調子に乗り始める人とかいないんですか？（笑）

加藤　（笑）
僕が見た感じだといないですね。

一条　あ。そうなんですか。
それはなんでなんだろうな。

加藤　いや、だって、僕が知ってる限りだと、経理部門の人たちって、自分に居場所がない感覚とか、肩身が狭い感覚を、普段からすごく感じてる人たちが多いんですよ。
だから、調子に乗るってところまで行かないんじゃないんですかね。

一条　う～ん。なるほどねぇ。
そう考えるとさ、上場企業の間接部門って、女性の社員さんたちが多かったりもするじゃないですか？

加藤　はい。

一条　でね、僕、「女性の上級管理職育成」みたいなテーマで上場企業さんたちからお仕事のご依頼をいただくこともあるんですけどね。

加藤　はいはい。

一條　まぁ、そういうのって企業さんたちからすれば、「女性の管理職を増やすための活動をしてますよ」っていう、世の中に対するアピールも含んだ取り組みなんだと思うんですけどね。

加藤　はい。

一條　まぁ、それって、「女性活躍推進」っていう流れから来てる話だと思うんですけど。でも、僕、そうやっていろんな女性の社員さんたちと関わらせてもらってるなかで、「私、活躍したいんです！」って言ってる女性の社員さんに会ったことがないんですよ。

加藤　へぇー。

一條　いやだからあれは男性の目線で、「なんか、活躍できたほうがいいでしょ？」って感じのゴリ押しのような気がしててね。

加藤　ああ。

一條　うん。だから今の加藤さんの話を聞いてると、そんな活躍がどうとかの前に、「そもそも居場所がないんだけど」とか、「そもそも肩身が狭いんだけど」って思ってる人が多いんじゃないかなって気がしたりしてね。

加藤　なるほどね。まぁ、でも、実際に経理部門の人たちに関して言えば、そのとおりだと思うんですよね。だって、もともと肩身の狭さを感じていたり、居場所があるとは思えていなかったりする人たちが多いわけですから。
そういう人たちが、「自分は役に立っている」って思えるようになったとしても、それはマイナスの状態からプラスマイナスゼロの状態にたどり着いただけっていう感じもするし。

一條　うん。

加藤　でもその人たちは、それ以上のことは求めていない気がするというか。

一條　ああ。

加藤　なんかそんな気がするんですよね。

▼「それ、所詮は仕事じゃん？」

一條　そういう話であれば、僕が関わらせてもらっている上場企業にお勤めしている女子さんたちのなかには、たとえばだけど職場で上司さんからなにか言われて、「キーッ！」ってストレスがたまっちゃって。
それを家に持ち帰っちゃって、自分の子供にきつく当たっちゃって、「私、自己嫌悪なんです」っていう話を聞かせてくれる人が結構いるんですけどね。

加藤　ああ。

一條　うん。だから、仕事と自分との間に距離が取れなくなっちゃってるとも言えると思うんだけど。でも僕、その彼女たちにもよく言うんですけど、「それ、所詮は仕事じゃん？」って話だと思うんですよね。

加藤　ん？

一條　いや、だからさ。
自分の子供との関係と、仕事と、どっちが優先されるかっていったら、それは仕事ではないんじゃないの？　って話なんだけどさ。

加藤　ああ。

一條　だって僕、たとえば上場企業の経理部門でお仕事をしている人たちのなかで、「経理業務が私のライフワークなんです！」って言ってる人に会ったことがないんですよね。

加藤　まぁ、そうですよね（笑）

一條　うん。でもこれは、たとえば営業マンさんたちも一緒でさ。
「営業が自分のライフワークです！」っていう人が企業にお勤めしてるかっていうと、そんなことはないんじゃないかなって思うんですよね。

加藤　そうですよねぇ。

一条　うん。しかも、上場企業さんたちの場合には、まぁ、総合職の人であれば3年とか5年経ったら人事異動があったりもするわけですから。
そういう企業にお勤めしている時点で、今やっている仕事に対して「この仕事じゃないとダメなんです！」っていう感覚を持ってる人ってものすごく少ないんじゃないかなって思うんですよ。

加藤　うん。

一条　だから、そういう「お仕事」のことでストレスを抱えて、そのストレスを家族とかにぶつけちゃうっていうのはちょっと本末転倒のような気がするんですよね。

加藤　そうですよねぇ。
だから、仕事との間に適切な距離をとって、家族とか大切な人のために時間を使える人生の方がいいなって僕は思うんですよね。

一条　うん。

加藤　仕事のことで感情的になったり落ち込んだりしてたら、ちょっと悲しいというか。

一条　そうですよねぇ。
まぁ、そういう意味で言えば、部門別採算の資料を作って、その結果、「自分は役に立っている」と思えるようになったり、まわりの人たちから大事に扱われるようになった人たちが、かといって、それ以上のことを求めてはいない、っていうのは、なんだか本質的な話のような気がしてね。

加藤　ああ。

一條　まぁ、今、そんなことを考えてたんですけどね。

加藤　なるほどねぇ。

一條　うん。まぁ、話を戻すと、「部門別採算管理体制の再構築」という取り組みに関して言えば、経理部門の社員さんたちが「自分は役に立っている」と思えるようになったというか、そういう感覚を持ちながら業務に取り組めるようになったという、数字には表れないような成果もあるかもしれませんよ、っていうことですか？

加藤　そうですね。

一條　あとはその人たちがまわりの人たちから大事に扱われるようになったっていうのも、成果と言えば成果なのかな？

加藤　そうですね。
あとはそういう資料が出てくることをきっかけに、それまでは他の部門の部長さんたちとの関わりもなくて、ひとりぼっちって感じになっていた部長さんたちが、他の部門の部長さんたちと共通の認識を持ちながらコミュニケーションが取れるようにもなっていったわけですから。

一條　うん。

加藤　だから、孤立していた部長さんたちが孤立しなくなったというのも、数字には表れない成果かもしれないなって思うんですよね。

一條　なるほどねぇ。

加藤　うん。

▼掘り起こされていく人たち

一條　まぁ今、内部体制の最適化という取り組みに取り組むことに伴ってもたらされる、数字には表れないような成果について聞かせてもらってきたんですけどね。
そういう成果を受け取っている人たちって、ある意味で「今までは企業のなかで埋もれていた人たち」とも言えるような気がしてきてるんですけどね。

加藤　ああ。

一條　そういう人たちが、「既存客からの追加収益の確保」という取り組みであったりとか、「営業計画の100％達成」という取り組みであったりとか、「部門別採算管理体制の再構築」という取り組みとかが行われていくなかで、掘り起こされていってるような気がしてさ。
そういうのっていいなって思ったりしてるんですけどね。

加藤　そうですねぇ。

一條　まぁ、そもそもの話をすれば、この「内部体制の最適化」っていう取り組み自体が、「各社さんのなかにある既存のリソースを有効に活用して、安定的に増収増益を達成できる体制を作ること」にあるわけなんですけどね。

加藤　うん。

一條　どんな企業さんのなかにも「埋もれている人たち」がいると思うんですよ。

加藤　そうですよねぇ。

一條　うん。ということは、その人たちが普通にお仕事に臨めるように環境や状況を整えるだけで、企業さんにとっては既存のリソースを活用できるようになるってことなんじゃないかなって思うんですよね。

加藤　なるほどねぇ。

一條　そうなればその人たちも自分が持っている力を発揮しやすくなるでしょうし。だから、人をリソースとして捉えたときには、この「内部体制の最適化」という取り組みに取り組むことで、それぞれの社員さんも、「自分というリソース」を有効に活用できるようになるんじゃないかなって思うんですよ。

加藤　そうですねぇ。

一條　だから僕も、埋もれている人たちを掘り起こすっていう考え方はすごく好きなんですよね。

一條　なるほどねぇ。

一條コラム10　「保身のミルフィーユ」を理解することによる効能

先程、「保身のミルフィーユ」という、「雇われ社長系の上場企業」のなかでだけ生まれる特殊な構造に対する理解を使いこなすためのコツをお話ししました。

その一方で、この「保身のミルフィーユ」に関して言えば、この構造を頭で理解するだけでも大きな効能があったりもしますので、このコラムではその効能についてお話ししてみたいと思います。

▼

まず、ひとつめの効能についてなのですが、先程、第二章の章末のコラムで、「自分が起票した稟議に承認がおりないこと」が大きな課題になっている人たちがいるというお話をさせていただきました。

つまり、「雇われ社長系の上場企業」にお勤めされていらっしゃる人たちのなかには、自分が起票した稟議に承認がおりないことによって、上司に対する不満を抱える人もいらっしゃいますし、「自分は評価されていないのではないか」と感じる人もいらっしゃるわけです。

では、その状況を「保身のミルフィーユ」という構造に照らし合わせて見てみるとどうなるのか。

▼
今ここに、ある部長さんがいらっしゃるとします。

「保身のミルフィーユ」という構造に照らし合わせて見てみれば、この部長さんにとって自分の直属の部下である課長さんは、自分とは対照的な心理の属性を持っているということがわかります。

ということは、その課長さんからなんらかの提案や企画が稟議書として上がってきたときに、その内容が「自分にとって承認したい内容になっているか」というと、まずそうはなっていないはずなのです。

その結果、この部長さんはその稟議書を承認せずに、課長さんに差し戻したりします。

▼
これは役員さんから見たときも同じです。

「保身のミルフィーユ」という構造に照らし合わせて見てみれば、役員さんにとって自分の直属の部下である部長さんは、自分とは対照的な心理の属性を持っているということがわかります。

ということは、その部長さんが承認したなんらかの提案や企画についての稟議書が上がってきたときに、その内容が「自分にとって承認したい内容になっているか」というと、まずそうはなっていないはずなのです。

その結果、「この部長は使えない」と思う役員さんも出てきますし、自分にとって都合がいい状況を作りやすくするために、部長さんをすっ飛ばして、役員フロア以外のフロアのトイレで課長さんたちに声をかけ始める役員さんも出てきます。

▼各社のなかでこのような状況が起こっているわけですが、こういう状況を「保身のミルフィーユ」という構造に照らし合わせて見てみると、それは起こって当然のことが起こっているにすぎないのだという理解ができると思うのです。

つまり、「保身のミルフィーユ」という構造に照らし合わせて見てみれば、稟議を承認してもらいたいと思う人たちにとって、自分の直属の上司は自分とは対照的な心理の属性を持っているということがわかります。

ということは、その上司に対して、自分の心理の属性を前面に打ち出した提案や企画の稟議を提出すれば、必ず差し戻されることになるとわかるはずなのです。

そうであれば、その上司に対して提出する稟議書の内容ではなく、その表現を、その上司の心理の属性に合うようにあらかじめアレンジしておくことで、承認を受けやすくすることもできるはずです。

また、「保身のミルフィーユ」という構造に照らし合わせて見てみれば、自分の直属の上司のその上の上司は、自分と同じ心理の属性を持っているということもわかります。

ということは、その人に自分の心理の属性を前面に打ち出した提案や企画の話をした場合、賛同を得られる可能性が高いわけです。

ということは、自分がなにかの提案や企画を稟議にかけるときには、直属の上司に話をする前にあらかじめその人に対して働きかけて状況を整えておくこともできるわけです。

いずれにしても、この「保身のミルフィーユ」という構造を理解してしまいさえすれば、自分が起票した稟議がスルスルと承認されていくようになったりもします。

そうなれば、自分が起票した稟議に承認がおりないことに対して、上司に対する不満を抱える必要もなければ、「自分は評価されていないのではないか」という感覚を持つ必要もなくなるかもしれません。

「自分が起票した稟議に承認がおりないこと」が大きな課題になっている人たちには、第二章の章末のコラムでお伝えした「『承認される稟議書』の書き方」と併せて、ぜひ、この「保身のミルフィーユ」に対する理解をご活用いただければと思います。

▼

さて、この「保身のミルフィーユ」を理解することによる効能には、また別のものもあります。

たとえばですが、僕が上場企業さんたちに関わらせてもらうときには、女性の社員さんたちが多い部門に関わらせてもらう機会が多いのですが、そんななかでお仕事をさせてもらっていると、彼女たちからいろんなお話を聞かせてもらうことにもなります。

そして、そういうお話のなかにはたとえば、「職場での上司さんとのやり取りで抱えたストレスを、家で自分の子供にぶつけてしまって自己嫌悪になってしまう」というものもあったりします。

そういう話を聞いていると、そういう状況になったときの彼女たちの心の中には、「自分のストレスを子供にぶつけてしまった自分自身」に対しての悪感情もあるようですが、その一方で、「そのストレスの原因となった上司さん」に対する悪感情もあるように感じるのです。

つまり「あの部長のせいで！」というような感情ですね。

「うちの部長はサイアク」

「あの部門の部長さんは良い感じなのにね」

というような話を聞くこともあります。

▼

では、僕にこういう話をしてくれている彼女たちが、「保身のミルフィーユ」という構造を理解するとどうなるのか。

たとえばそこに、ある「課長さん」がいらっしゃったとしたら、その人は「尖りたい」と思っているはずだということが理解できると思います。

だって、ライバルがたくさんたくさんいるわけですから。

では、同じ人が「部長」という役職に就くとどうなるのか。

その人は今度は、「保身に走りたい」と思うはずだということが理解できると思います。

なぜかというと、ライバルの数は減ったけれど、ライバルはみんなデキそうな人たちばかりですから。


では、その同じ人が今度は「役員」という役職に就くとどうなるのか。

その人は今度は、「尖りたい」と思うはずだということが理解できると思います。

なぜなら、ライバルももちろんデキる人たちだとは思いますが、自分も相当デキると思えるから。


では、その同じ人が今度は「社長」という役職に就くとどうなるのか。

その人は今度は、「保身に走りたい」と思うはずだということが理解できると思います。

なぜかというと、株主さんたちから突き上げられて退陣させられることになったら、自分のキャリアを上場企業の社長で終えることができなくなるからです。

▼

このように俯瞰していくと、ひとりの同じ人間が、そのときそのときの自分の役職に応じて、自分の心理の属性を切り替えていっているということがよくわかると思います。

このような構造が見えてくると、たとえば「今の自分の上司である部長さん」という特定の人間に対して悪感情を持つことには、なんの意味もないいんじゃないかなと思うようになる人たちが出てきます。

その結果として、「自分が、自分にとって問題だと思っている人」と「自分」との間に距離が取れてくる。

もっと言えば、「お仕事」と「自分自身」との間にも距離が取れてくる。

実際、この「保身のミルフィーユ」の構造を理解したことによって、お仕事と自分との間に距離が取れるようになったと言う人は少なくありませんし、この構造を理解した結果、「家で子供にキーキー言うことが少なくなりました」と笑ってお話ししてくださる方もいらっしゃいます。

▼

ここまで、「保身のミルフィーユ」という構造を理解するだけで手に入る効能について、ふたつ、お話をしてみました。

そもそも自分が置かれている状況が構造として理解できれば、その状況と自分との間に距離が取れる可能性は高まります。

そして、状況と自分との間に距離が取れれば冷静になれる。

これが人間という生き物が持っている特性のようにも感じますので、ぜひこの「保身のミルフィーユ」という特殊な構造についての理解を、必要に応じて、お仕事と自分との間に距離を取るための道具としてご活用いただければと思ってお話しさせていただきました。

なにかのお役に立てていただければ幸いです。

【 保身のミルフィーユ 】

雇われ社長系の旧・東証一部上場企業の社内には、
社長を起点として、社長からひとつ役職が下がるごとに、
「自分の身を守るために保身に走りたい」というニーズと、
「他人よりも自分が抜きん出るために尖りたい」というニーズが
交互に現れる構造がある。

（以下、理解を容易にするために、一般的な役職による階層を基に表記）

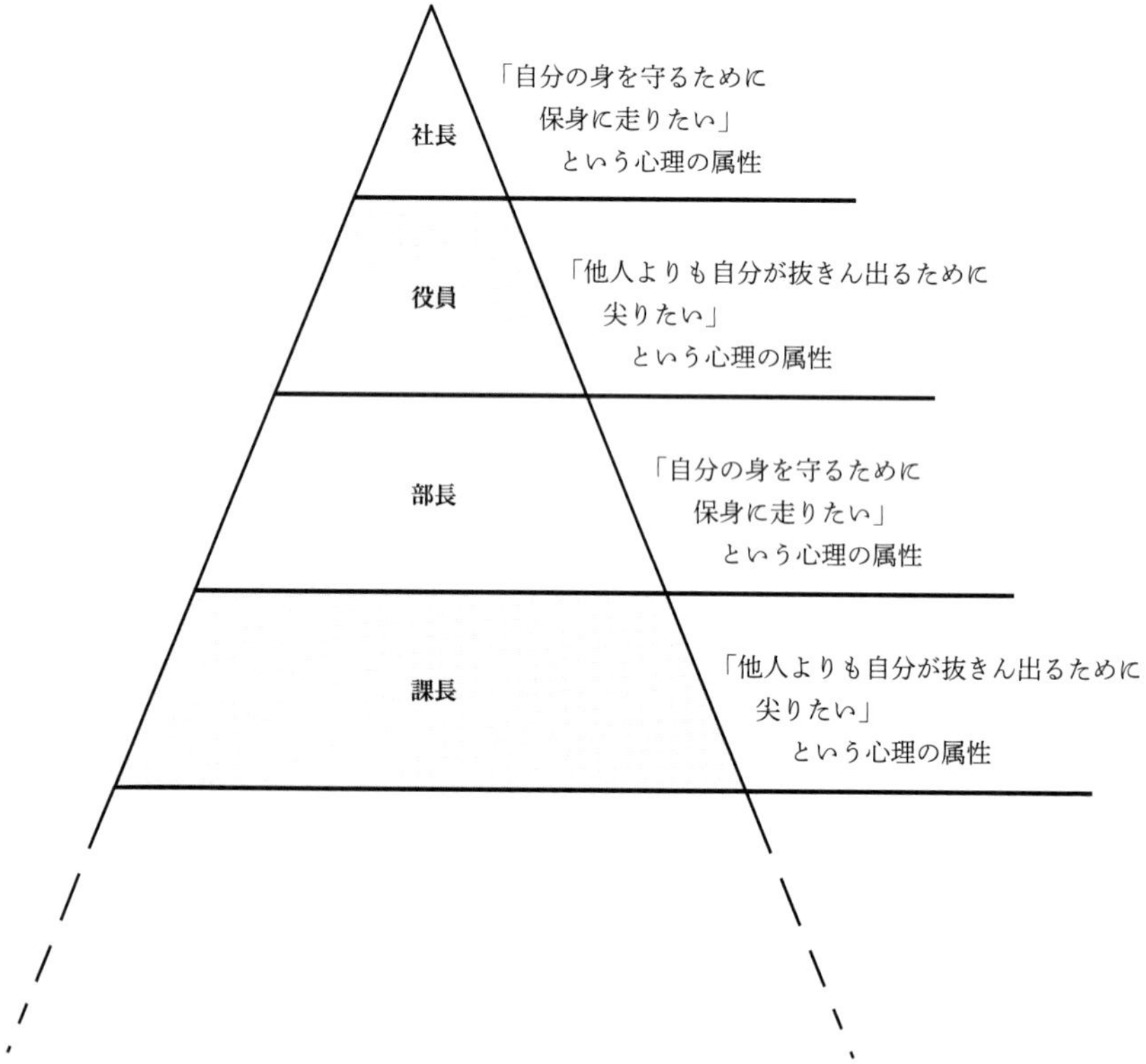
社長
「自分の身を守るために保身に走りたい」という心理の属性
役員
「他人よりも自分が抜きん出るために尖りたい」という心理の属性
部長
「自分の身を守るために保身に走りたい」という心理の属性
課長
「他人よりも自分が抜きん出るために尖りたい」という心理の属性

「保身のミルフィーユ」構造を理解することによる効用の例　1

自分が起票した稟議への承認がおりやすくなる

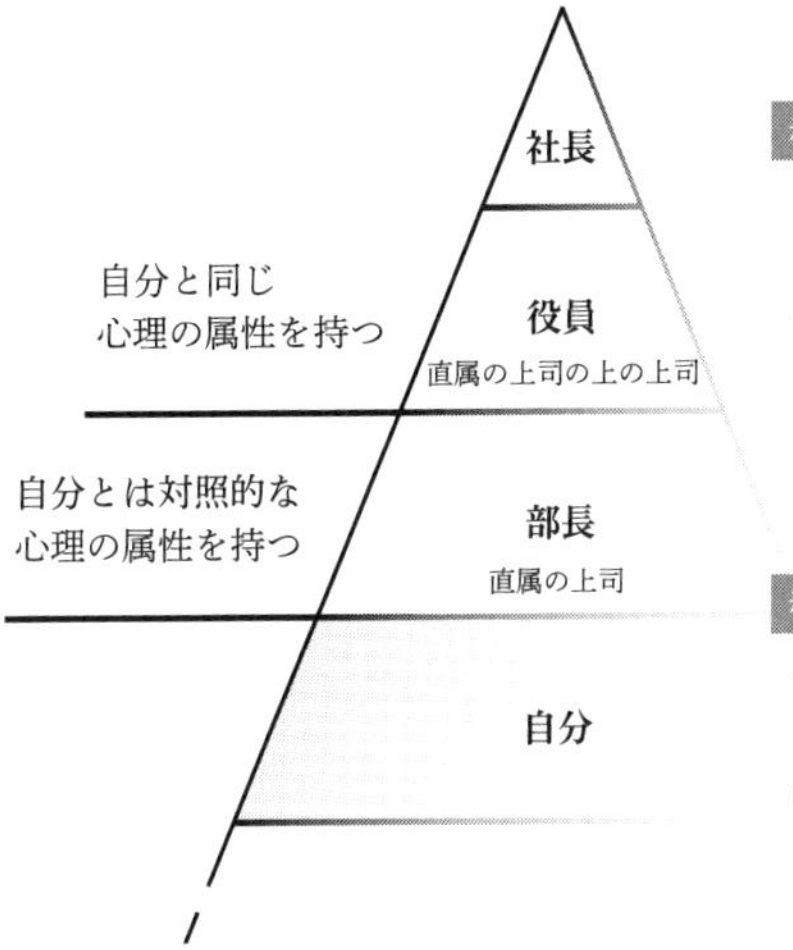

着眼点1

・自分の直属の上司は、自分とは対照的な心理の属性を持っている。

・自分の直属の上司に対して提出する稟議書の表現をその上司の心理の属性に合うようにあらかじめアレンジしておくことで承認を受けやすくすることができる。

着眼点2

・自分の直属の上司のその上の上司は、自分と同じ心理の属性を持っている。

・なにかの提案や企画を稟議にかけるときには、自分の直属の上司に話をする前に、あらかじめ自分の直属の上司の上の上司に働きかけて状況を整えておくことができる。

「保身のミルフィーユ」構造を理解することによる効用の例　2

「自分」と「自分が、自分にとって問題だと思っている人」との距離が取れるようになる

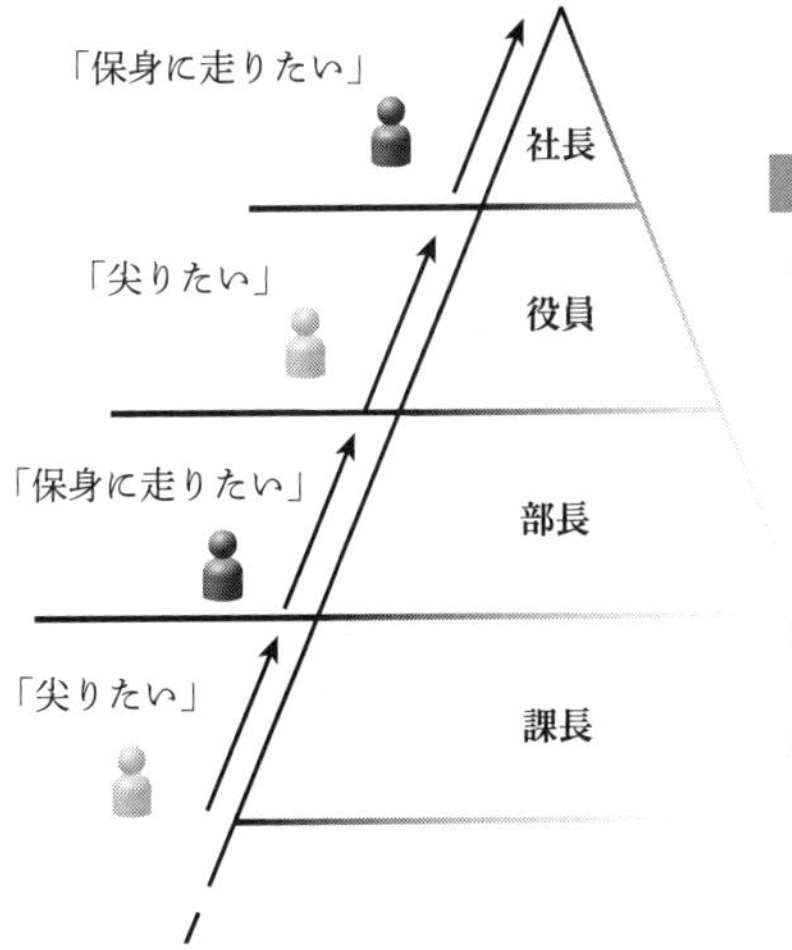

着眼点

全体を俯瞰してみれば、
・ひとりの同じ人間が
・そのときそのときの自分の役職に応じて
・自分の心理の属性を切り替えていっている
ということがわかる。

その結果、

「特定の人間に対して、悪感情を持つ意味はない」

という認識が持てると
「自分」と「自分が、自分にとって問題だと思っている人」

との間に距離が取れてくる。

第十二章　個人に紐づく機能的価値の言語化

一条　まぁ、これまで「内部体制の最適化」という取り組みについて、実際にやることも聞かせてもらったし、実際にその取り組みを行っている企業さんたちの事例も聞かせてもらったし。数字には表れないような成果もあるかもしれないですね、っていうお話も聞かせてもらったわけなんですけどね。

加藤　はい。

一条　加藤さんは、「内部体制の最適化」っていうテーマでいろんな人たちに関わるでしょう?

加藤　はい。

一条　僕の場合にも、ご依頼をいただくいろんな業務テーマで、そういう上場企業にお勤めしていらっしゃる人たちに関わらせてもらってるんだけどさ。

加藤　はい。

一条　ここまでの加藤さんの話ではないけど、やっぱりみなさん結構しんどい状況にあるのかなって思うこともありましてね。
まぁ、こんなこと言ったら不謹慎かもしれないんだけどさ。たとえば、僕が関わらせてもらってる部長さんたちだったら、たとえば50歳を過ぎている人たちも多いんですよね。

加藤　はい。

一条　でもさ、その人たちって、50歳を過ぎても誰かから責任を問い詰められてたりしてさ。そうかと思えば、人事異動で、まったく勝手のわからない部門に急に異動になったりもしてさ。それってきついだろうなって思ったりもするんですよね。

加藤　うん。

一条　もちろん世間一般の中小企業さんにお勤めしている人たちと比べたら、お給料も高いかもしれないし。ひょっとしたら「あの企業にお勤めなんですか。すごいですね！」とかって言われることもあるかもしれないとは思うんだけど。だけど、自分の人生の主導権を自分が握ってる感覚とかは持ちにくいんじゃないかな、って思うこともありましてね。

加藤　うん。

一条　その一方で、加藤さんの話って、内部体制の最適化っていう取り組みを行っていけば、部門としても成果が出るけど、個人としても自分が出した成果を実感できるようになっていくっていう話のような気がしてさ。
その結果、それぞれの人の肩身の狭さがなくなっていったりもしてるのかなって気がしてるんですけどね。

加藤　はい。

一条　そういう変化って、ご本人さんたちも自覚してたりするんですか？

▼地に足がつく人たち

加藤　どうなんでしょうね。
まぁ、そういう話であれば、ちょうど今、ある企業さんで「部門別採算管理体制の再構築」に取り組んでいる経理部門の社員さんがいらっしゃるんですけどね。
この彼女が最近、僕に聞かせてくれた話だと、彼女はなにかの機会に「自分たちは会社の役に立ってる」って本当に実感したらしいんですよね。

一条　ほう？

加藤　まぁ、この彼女は前は「会社の役に立ちたい」とか、「会社に貢献したい」とかって言ってたんですけどね。

一条　貢献？

加藤　うん。
まぁ、それは表向きの言葉だったのかもしれないんですけど。

一条　ほう？

加藤　それが、「役に立てたらいいなぁ」とかっていう曖昧な感じではなくて、「絶対に役に立ってる」っていう感じで、「つかめました」って言ってましたけどね。

一条　ふ～ん。「つかめた」っていう感覚があるってことは、それは一時的な感覚ではないってことなんでしょうね。

加藤　うん。そうかもしれないですね。まぁ、僕が見ている限りだと、その彼女がぱっと見て大きく変わったってことはないんですけど。でもなんか安定したっていうか、なんか地に足がついたっていう感じがするんですよね。

一条　ほう？

加藤　だからやっぱり、自分たちが役に立てるポイントというか、成果を出せるポイントが、個人的にも部門的にも落とし込まれているので。その結果として、「ここが自分たちの居場所だ」っていう感覚が持てるようになったのかなって思ってるんですけどね。

一条　なるほどねぇ。

加藤　うん。だから、部門別採算の資料ひとつとっても、なにかすごく役に立ってるっていう感覚があるみたいでしてね。だから、役員さんたちや部長さんたちが経営を進めていくために必要な一次情報を出せるのは自分たちだ、って感じになってるみたいなんですよね。

一條 なるほどね。
そういう「ここが自分たちの居場所だ」っていう感覚が持てるようになったってことは、肩身の狭さが払拭されたっていうことなんですかね？

加藤 まぁ、肩身の狭さがすべて払拭されたわけではないと思うんですけど。
でも、「これで間違ってなさそうだな」とか、「このまま進んでいったらいいんだな」とかって感じで、なんかちょっと光が差した感じなのかなとは思いますけどね。

一條 なるほどねぇ。
だから、ちょっと「先が見えた」ってことなのかな？

加藤 うん。
そうかもしれないですよね。

▼縮こまる人たち

一條 そう考えるとさ、ここまで「肩身の狭さ」っていう言葉がちょこちょこ出てきてるけどさ。
「肩身の狭さ」ってなんなんでしょうね？

加藤　なんなんでしょうね。

一條　いや、僕は加藤さんの話を聞きながら、僕が関わらせてもらってる人たちのことを当然思い浮かべるわけなんですけどね。
たとえばさっきお話しした「職場でのストレスを家に持ち込んじゃう自分が嫌だ」って話を聞かせてくれる女性の社員さんたちのことを、僕、「肩身が狭いだろうな」っていう感覚で見たことがないんですよ。

加藤　ああ。

一條　まぁ、言われてみれば彼女たちのなかにも肩身が狭い感覚はあるのかもしれないなとは思うんですけどね。でもその人たちの話と、加藤さんが関わっている人たちの話はちょっと違う気がするんですよ。なんか加藤さんが関わってる人たちっていうのは、あくまでも職場での話をしてるような気がしてさ。

加藤　そうですねぇ。
まぁ、たとえばさっき話してた経理の人に関連して言えば、そもそも経理部門でお仕事をしている社員さんたちって、もともと他人からの評価みたいなものをずっと気にして生きてきてる人が多いような気がするんですけどね。

一條　ほう？

加藤　だからそれは多分、社会の中でも、会社の中でも同じで。
他人からの評価を気にしてるから、おのずと小さくうずくまってる感じがするし、小さく縮こまってる感じがするんですよ。

一條　なるほどねぇ。

加藤　うん。もともとそうやって小さく縮こまってるところに、「経理って伝票処理でしょ」って感じで見られたり、「間接部門でしょ?」って言われたりもするわけですから。
だからなにか、二重、三重に縮こまってる感じがするわけで。
だからその人たちが職場にいる1日8時間ぐらいは確実に、「肩身の狭い状況」が作られてる気がするんですよ。

一條　う〜ん。
そう考えると、さっきの彼女の「会社の役に立ちたい」とか、「会社に貢献したい」って言葉は、実際にそう思ってるわけでもなさそうですよね。
「貢献しなければ評価しない」って言われてるから、とりあえず「貢献したい」って言ってます、みたいなさ。

加藤　うん。
だから、無理やり目標を設定させられた後で、本心ではないけど「貢献したい」とかって言ってた感じかもしれないですよね。

一條　うん。
それって、他人によって背伸びをさせられてる感じに近いのかもねぇ。

加藤　そうそう。
だから、自分の足で立ってる感覚とか、自分の足で前に進んでいる感覚とかも持ててなかったんじゃないかなって思うんですよね。

一條　ああ。
加藤　だって、そもそも、その目標は自分の目標じゃないんですもん。
一條　ああ。そういう話になってくると、それは営業マンさんたちも同じですよね。「お前のノルマはこれになる。以上！」みたいな感じで、一方的に営業計画だけが割り振られてたりするわけですもんね。
加藤　そうそう。
あとは、その事業部門の部長さんだって自分で予算計画を決められないわけでしょう？
一條　うん。
まぁ、でも、「あなたが決めたんでしょ？」って言われる状態には持っていかれますけどね（笑）
加藤　そうですね（笑）
一條　「自分でやるって言った計画やないか！」って言われたときに、「いや、『その計画でやります』って言わなかったらあの予算会議、終わらなかったじゃないですか！」みたいなことを言いたくても言えないっていう。
加藤　そうですねぇ。
そうなるとまた肩身も狭くなるでしょうしね。
一條　ん？

加藤　いや、だって、その部長さんの下にいる営業マンさんたちは、そうやって数値が上がっていった計画を見て、「こっちで考えた予算計画よりも相当増えてるじゃないですか！」とか、部長さんに対して「ほんとに役に立たないですね」とかって思ってたりもすると思うんですよね。

一條　ああ。

加藤　そういうのって、口に出さなくても伝わると思うから。

一條　うん。

加藤　まぁ、だからそういう意味でも、部長さんたちは肩身が狭くなってるんじゃないかなって思うんですよね。

一條　なるほどねぇ。

▼「わかったようでわからない」言葉

一條　まぁでも、「部長」っていう役職に就いている人たちに関して言えば、その人が担当している部門がどこであるかに関わらず、自分が「部長」としてなにをしたらいいのかがわからないっていう人たちもいっぱいいらっしゃるわけですからね。

加藤　そうですよね。「曇りガラスのこちら側」ですもんね。

一條　うん。
だって僕、部長さんのジョブディスクリプションみたいなやつで、ちゃんとしたやつ見たことないですもん。
たとえば「部下の指導育成が部長の役割だ」とかって言われてる部長さんたちもいるけど、でもそれ、なにを言ってるかわからないというか。
「指導育成」ってなんですか？　みたいな話でね。

加藤　わかったようでわからない言葉ですよね。

一條　そうそう。
具体的な内容がわからないから、動きようがない。

加藤　そうですねぇ。

一條　うん。
でも、事業部門の話をすると、加藤さんはそこに「プロセス管理」みたいな話を持ち込むわけでしょう？

加藤　そうですね。

一條　そうするとやっぱり部長さんたちにも変化が出てきたりするんですか？

加藤　ああ、そうですね。
まぁ、実際に業務のプロセスが管理できるようになっていくし、その結果として営業計画が達成されるようになっていくというのはもちろんなんですけど。

やっぱりそういう部長さんたちがよく口にするのは、「ラクになった」っていう言葉なんですよね。

一條 ほう？

加藤 だから、「先行きが見えるようになった」とか、「なにをすればいいのかが明確になった」とかっていう意味で「ラクになった」ってことらしいんですけど。
でもこれは、部長さんたちだけじゃなくて、営業マンさんたちも同じことを言うから。
僕、その言葉を聞くたびに、やっぱり人って、先が見えるようになるとラクになるんだな、って思うんですよね。

一條 なるほどねぇ。

加藤 うん。だからこれまでは先も見えなくて、霧のなかにいるイメージだったのかな、って思うし。
営業計画に対しても、大きすぎると感じたりしてたんじゃないかな、って思うんですよ。

一條 なるほどね。

加藤 うん。
だから「どうせそんな計画なんて達成できないでしょ」っていう感じで見てる人も多かったのかもしれないし。

一條 うん。

加藤 やっぱり前に進めてる実感がなかったっていうような話を聞かせてくれた人たちがいましたよ。

一條　なるほどねぇ。

▼時間のベルトコンベア

一條　そういう話を聞くと、僕、思うことがあるんですけどね。

加藤　はい。

一條　まぁ、そうやって先が見えないなかでも時間って過ぎていくじゃないですか？

加藤　そうですね。

一條　うん。で、営業だったらなぜか時間の経過とともに注文が入ってきたりもするじゃないですか？

加藤　はいはい。

一條　自分がなにをやっているかもよくわからないままなんだけど、でもベルトコンベアみたいに時間によって運ばれていくと、ちょっと注文が入ってきたりして。

加藤　うん。

一條　またそうやって時間のベルトコンベアに載って運ばれていくと、自分が進んでいる実感もないし、相変わらずなにをやったらいいのかもわからないままなんだけど、また注文が入ってきたりして。

加藤　うん。

一條　そうやってなんとなく進んでいくうちに、例えば１００件の受注計画があったなかで、70件の受注実績になってたりして。

加藤　うんうん。

一條　そうするとまわりの人たちからは「70件まで来てるんだから、１００件まで行けよ」って言われたりするんだけど。でも、その70件がどうやって受注できたのかがわからないんですけどね、って話だったりするわけで。

加藤　うん（笑）

一條　でも、「お前、ここまで来てるんだから、もう登りきれるよな？」みたいなことを言われたりして。

加藤　うん。

一條　でも、最終的に期が終わってみたら89件の受注でした、と。

加藤　うん。

一條　そうすると「なにやってんだ！」とかって言われたりして。

加藤　そうですね（笑）

一條「いや、その89件が取れた理由もよくわからないんですけどね」とも言えず。

加藤　うん（笑）

一條　だからさ、時間の経過によってなし崩し的に成果に見えるものがついてくるって、逆にきついよなって思ったりするんですけどね。

加藤　そうですよねぇ。
でも逆に言えば、そういう、なにをやったらいいのかがわからない状況にあっても、70件とか、89件とかの受注にはなるってことでしょう？

一條　そうそう。

加藤　そうなってくると、もしかしたらそれが100件の受注になって計画が達成できるかもしれない、っていう雰囲気になるかもしれないんですけど。
でも実際には、なにをやったらいいのかがわからないっていう状態だったりするわけで。

一條　うん。

加藤　だからみんなこわくなるんじゃないかなって思うんですよね。

一條　うん。

加藤　だから肩身が狭くなるんじゃないかなって思うんですよ。
別にそうなりたくてなってるわけではなくて、そういう環境のもとに身を置くと、自分では気がつかないうちに肩身が狭くなっていっちゃうというかね。

一條　う～ん。そうかもしれないですよねぇ。
しかも上場企業の場合には、人事異動もやってくるから、落ち着いて、なにが自分にとっての問題なのかを考える時間も余裕も持てない気がしますしね。

加藤　うん。

一條　でも、この「内部体制の最適化」の3つの業務上のテーマに取り組んでいくことで、そういう人たちがラクになっていってるっていう側面があるってことなんでしょう?

加藤　そうですね。
だからやっぱり、人って先が見えるようになるとラクになるんだな、って思うんですよね。

一條　なるほどねぇ。

▼現状を受け入れる人たち

一條　じゃあ、営業事務の人たちの場合はどうなんですか？

加藤　営業事務の人たちの場合には、さっきもお話しした通り、もともと「評価しようにも評価のしようがない人たち」って思われてることも多い気がするんですよね。

一條　うん。そういう話でしたよね。

加藤　うん。
だから、営業事務の人たち自身も、「自分のことをちゃんと見てくれている人なんていないだろうな」っていう感覚になっていることが多い気がするんですよ。

一條　ああ。

加藤　あとはね、営業事務の人たちって、「そこにいて当たり前」って思われてるところがあるから、なにかぞんざいに扱われてることも多い気がするんですよね。

一條　確かにね。

加藤　うん。
でも、さっき賞与が出て喜んでいた営業事務の人の話をしましたけど、彼女の場合には、たまたま彼女が所属している事業部門の部長さんから、「ありがとう」って言葉をかけられたらしくてね。

その結果として、「ちゃんと私のことを見てくれたんですね」っていう感じになったらしくて。それが「うれしかった」って言ってましたよね。

一条 なるほどねぇ。
でも、なんなんでしょうね、その感覚は。
絶対に必要な人たちなのに、まるで必要がない人たちであるかのように扱われている感じというか。

加藤 うん。
でも、そういう話であれば、営業事務をやってる人たちや、営業事務をやってた人たちの話を聞くと、みんな自分のことを「つぶしが利かない」って言いますもんね。

一条 へー。

加藤 うん。たとえば転職をするときとか、たとえばそれまで経理をやってた人たちだと、その経歴を活かそうと思えば活かせるけど、でも、転職の面接とかで、「営業事務やってました」って言っても、そこから話は広がらないというか。

一条 ああ。

加藤 まぁ、だから、上場企業さんたちも含めて、世の中の「営業事務さんたちに対する業務上の評価」は低い気がするんですよ。

一条 そうですよねぇ。
そうすると、さっきの彼女に関して言うと、部長さんから「ありがとう」って言葉をかけられたことは本当にうれしかったのかもしれないですよね。

加藤　うん。「うれしかった」って、何度も聞かせてくれましたから、やっぱりそうだったんだと思うんですよね。

一條　なるほどねぇ。でも別にその人たちは「ありがとう」って言われたいわけでもないだろうし、すごく高く評価されたいと思ってるわけでもなさそうですよね。

加藤　うん。まぁもちろん、評価されたらうれしいんでしょうけどね。

一條　うん。でもなんか日が当たらないところにいるというか。

加藤　うん。かといって本人さんたちが、日が当たるところに行きたいと思ってるかどうかはわからないんですけどね。

一條　そうですよね。そんなこと思ってない可能性は高いですよね。だってそういうことを思ってるんだったら、「なんで私に日が当たらないのよ！」とかって言う人も出てくるはずだけど、そういう話も聞かないし。

加藤　うん。

一條　だからなんか、「そういうもんだ」と思って、今の状況を受け入れている人たちが多いのかもしれないですよね。

加藤　うん。

一條　いやでもさ。
本当に大きな企業さんでも、支社とか支店とかっていう単位で見ると、営業事務の人たちって人数が少なかったりするじゃないですか？

加藤　そうですね。

一條　うん。だからたとえば多くの人が名前を知っているような上場企業にお勤めしてても、実際にお仕事してるときはものすごく狭い環境のなかにいることになってたりもしててさ。

加藤　うんうん。

一條　そういう狭い環境のなかで、なんだか必要とされてるんだか必要とされてないんだかわからないような感じになってくると、息が詰まる感じになる人も出てくるんじゃないかなって思うんですよね。

加藤　そうですよね。
発言する場もないですから、息を吐き出すタイミングもないでしょうしね。

一条　うん。

▼「評価」と「継続性」

加藤　だから1回「ありがとう」と言えばいいんでしょう？　とかって話ではないし、その人のいいところを見つけて褒めりゃいいんでしょ？　とかって話でもないんですよ。

一条　うん。

加藤　そこを、お互いに感謝の言葉を掛け合いましょう、とかって言って、「社内ありがとうキャンペーン」みたいなことをするからますますおかしなことになっていくんだと思うんですよね。

一条　そうですねぇ。

加藤　うん。だって、営業事務の人たちも相手が本気で言ってるのかどうかはちゃんと見てますからね。

一条　うん。

加藤　だから相手が本気で言ってることが感じられたら、「自分が評価されたんだ」っていう感覚は積み上がっていくかもしれないんですけど。

でも、それだって途中で手のひら返しとかされたら、裏切られた感が半端なくなりますし。

一條　そうですよねぇ。
だから、日々日々、こつこつこつこつというか、1個1個の積み重ねがないとその人たちには響かないでしょうねぇ。

加藤　そうなんですよ。
だから1回なにかをすれば片が付くとかっていう、そんな簡単な話じゃないと思うんですよね。

一條　うん。
でもさ。さっきの話だと、「ちゃんと私のこと、見てくれたんですね」ってうれしい感じになってた営業事務の人がいらっしゃるわけじゃないですか？

加藤　はい。

一條　でもそれって、彼女が実際に、「既存客からの追加収益の確保」という業務に取り組んで、その業務で成果を出したからだと思うんですよね。
ということは、評価してる側も、その成果に対して、ちゃんとした評価を下してるっていうことだと思うんですよ。

加藤　そうですね。

一條　うん。ということは、そういう評価を下すための材料がなくなったら、この彼女はもう評価されなくなるってことだと思うんですけどね。

加藤　当然そうなりますよね。

一條　うん。ということは、この彼女が評価を受け続けられるようにするためには、この「既存客からの追加収益の確保」という取り組みで、継続的に成果を出し続けていく必要があるってことでしょう？

加藤　そうそう。だからこの取り組みも継続的にやっていかないと、彼女たちが評価されるポイントが減っていっちゃうんですよ。

一條　そうですよね。だからまぁ、加藤さんにとっては、「人員」という既存のリソースを有効に活用するという意味でも、彼女たちが評価され続ける状態を作るっていうのがひとつの役割になると思うんだけどさ。

加藤　はい。

一條　ちなみにですけど、「既存客からの追加収益の確保」という取り組みでもプロセスを管理してるんですか？

加藤　はい、してますよ。ステップも細かく分けてます。

一條　ああ。じゃあ、その細かいステップから成り立つ業務プロセスがぐるぐる回ってる感じ？

加藤　そうですね。

一條　それだったらいいですねぇ。

▼「役割」が提示されてはいても

一條　でもまぁ、こうやって聞いてるとさ、自分ができることとか、自分が役に立てるポイントが個人的にも部門的にも、もっと言えば全社的にも落とし込まれていると、人って安定していくんだなって気がしてるんですけどね。

加藤　そうですね。
そういうポイントがわかってると、肩身の狭さも抱えなくてよくなるかもしれないし。なんだったら「自分の居場所はここにある」って思えるようになるんじゃないかなって気がするんですよね。

一條　うん。
だけどさ、どんな企業にお勤めしている人でもさ、どこかの企業にお勤めしている時点で、それぞれの人はそれぞれに、自分の役割というか業務を提示されてると思うんですよ。

加藤　うん？

一條　いや、だからたとえば営業マンさんたちだったら、「あなたの担当業務は『営業』ですよ」って提示されてるだろうしさ。
ま、もっと具体的に言うなら、「あなたが担当する業務は、『商品やサービスに対する注文を取ってきて、営業計画を達成すること』ですよ」ってことになっていて。ご本人さんたちもそれを認識してると思うんですよ。

加藤　まぁ、そうですよね。

一條　うん。営業事務の人たちだったら、「あなたの担当業務は『営業事務』ですよ」って提示されてるだろうし。ま、もっと具体的に言うなら、「あなたが担当する業務は『営業マンが受注してきた案件の確定処理をすること』ですよ」ってことになっていて。ご本人さんたちもそれを認識してると思うんですよ。

加藤　はいはい。

一條　経理の人たちだって同じでさ。「あなたの担当業務は『経理的な事務処理業務』ですよ」って提示されてるだろうし。

加藤　うん。

一條　その中には、「あなたが担当する業務は『採算資料を作ること』ですよ」ってことになっている人もいると思うし。その場合にはご本人さんたちもそれを認識してると思うんですよ。

加藤　そうですね。

一條　うん。

だからそうやって、それぞれの人にはそれぞれに、企業さんの側からそれぞれの役割というか業務が割り振られてるはずでさ。その一方で、企業さんの側からすれば、その人が遂行できもしない業務を割り振っても意味がないわけだからさ。そうやって割り振られてる業務ってのは、それぞれの人にとって遂行できるものになってるはずじゃないですか。

加藤 そうですね。

一條 うん。しかもご本人さんたちもその内容を認識しているわけだから、その業務を遂行していればなんの問題も起こらないはずなのにさ。
でも、実際にはどんどんどんどん肩身が狭くなっていく人たちがいるわけでしょう?

加藤 そうですねぇ。

一條 ということはさ、今、言ったみたいな感じで提示されている業務って、「実際にはなんなのかがわからない業務」になってるってことなんじゃないかなって思ったりするんですよね。

加藤 ん?

一條 いや、だから、さっき出てきてた「部下の指導育成」っていう言葉と同じでさ。
なんだかわかったようでわからない言葉になっているというか。

加藤 ああ。

一條　だから、言ってるほうも言われているほうも、その内容がよくわかっていないままその言葉を使うことになっているというか。

加藤　なるほどね。
まぁだから、なにかを言ってる感じはするんだけど、その具体的な内容がわからないから取り組みようがないというか、動きようがないって感じになってるんじゃないかなって思うんですけどね。
まぁ、これも上場企業さんたちのなかではよくある話かもしれないんだけどさ。

一條　うん。その一方で、さっきの経理の人の話だったら、「ここが自分たちの居場所だ」っていう感覚が持てたっていう話なんでしょ？

加藤　そうかもしれないですね。

一條　うん。ということは、「自分に割り振られている業務の内容」と、「自分が実際にやっている業務の内容」とが、その人のなかでパシッっとマッチしたってことなんじゃないかなって思うんですよね。

加藤　なるほどね。

一條　うん。そこから派生して、「自分が担当している業務はこれで、そして自分にはその業務を遂行する力がある」って感じになってるんじゃないかなって気がするんですよ。

加藤　なるほど、なるほど。

▼言語化される「機能的価値」

一条　うん。

それってつまり、その人が担当している業務が、自他共に認識できる言葉できちんと言語化されたってことかもしれなくてさ。

加藤　ほう？

一条　まぁ、ご本人さんたちにとっては、「自分の機能的な価値」を言葉で表すことができるようになったってことかもしれないし。

加藤　ほう？

一条　だってさ。

「私はこの業務をやってます」ってはっきり言えるようになったら、誰に対しても引け目を感じたりすることがなくなるでしょう？

加藤　ああ。僕、自分の経験としても、その感覚はわかりますね。

一条　そうなの？

加藤　うん。僕も自分がこれまでやってきた仕事を振り返って、「やっぱりこれだったらできるな」とか、「これであれば間違いない」って思える業務はなにかってことを確認したことがありますもん。

一條　なるほどねぇ。まぁ、でも、そういうのって、誰もが同じなんじゃないかなって思うんですけどね。自分がなにをしているのかとか、自分になにかできるのかとかってことを堂々と言い放てるようになったらこわいもんなんてなくなると思うんですよね。

加藤　一條さん、いつも言い放ってますもんね（笑）

一條　いや、加藤さんも同じだと思うけどさ（笑）
まぁ、だからさ、今の話のなかで、地に足がついたとか、安定したとかって感じで言われてた人たちってのは、自分の機能的な価値を言葉としてもしっかり自分のなかに落とし込めた人たちなんじゃないかなって気がするんだけどさ。

加藤　そうかもしれないですよね。

一條　うん。
まぁ、だから、「既存客からの追加収益の確保」にしても、「営業計画の100％達成」にしても、「部門別採算管理体制の再構築」にしても、「自分に割り振られている業務の内容」と、「自分が実際にやっている業務の内容」とが、その言葉によって、その人たちのなかでちゃんとリンクしたんじゃないかなって気がするんですよね。

加藤　うん。

一條　そうなると強いよなぁって思ったりしてね。

加藤　そうですねぇ。

一條　うん。
だから正直な話をすると、「内部体制の最適化」って言っても、個々の業務としてはよくある話だなと思って聞いてたんですけどね（笑）

加藤　え？

一條　でも、「内部体制の最適化」っていう概念が言葉として提供されたことによって、地に足が着いたり、安定したり、パフォーマンスが上がったりする人たちがいるってことなのかなって思ったりもしてさ。
だから、既存のリソースが有効に活用されるようになるっていうのはそういうことなのかな、って思ってるところだったりするんですけどね。

加藤　うん。

一條　あとは業務の面でも、それぞれの業務が全体として連動するんだと理解すると、これはひとつの大きなシステムなんだなっていう感じもするわけでしてね。

加藤　うん。

一條　まぁだから、この話は個々の業務についての話ではない気がするというか。
あくまでも全体的なシステムの話だと捉えたほうがいいのかなって。
今、そんなことを思ってるんですけどね。

加藤　そうですねぇ。
だから、最初のほうでも言ったように、僕はこの3つの業務を同時に進めることが、この「内部体制の最適化」という取り組みのポイントだと思ってるんですよね。

一条　ああ。
この3つの業務上のテーマのどれかをやったとしても、それは「内部体制の最適化」とは言えない、って言ってましたもんね。

加藤　そうなんですよ。
この3つの業務上のテーマを同時に進めていくといろいろ連動してきて、大きな成果につながっていくっていうイメージなんですよね。

一条　なるほどねぇ。
まぁ、加藤さんからすると、最初っからそう言ってたでしょ？　って話かもしれないんですけどね（笑）
まぁ、でも、そうなんだな、って思ってるところです（笑）

加藤　そう言ってもらえてよかったです（笑）

一條コラム 11

上場企業勤務者の「転職」に関する考察

ここまで、「雇われ社長系の上場企業」に関して、いろいろとお話をさせていただいてきました。

その一方で、僕がお仕事でいろいろな人たちと関わらせていただいてきた経験から言うと、どんな人もいろいろな課題や悩みを抱えていらっしゃるように感じます。

「雇われ社長系の上場企業」にお勤めしていらっしゃる方たちに限って言えば、その内容が自覚されているかいないかに関わらず、お勤めしていらっしゃる企業自体とその企業を取り巻く環境の構造上、先程も申し上げた「3つの切なさ」を抱えることにもなるわけです。

そうなると、そのような状況を改善しようとか、その状況から抜け出そうとして、なにかの取り組みをしようとする人たちも出てきます。

そして、そういう取り組みのなかには、これまでお話ししてきたような、「独立する」という選択肢や、「社内でのポジションを確保する」という選択肢のほかにも、「転職する」という選択肢もあったりしますし、実際に転職をする人たちも少なくない気がしています。

そのような状況があることを踏まえて、このコラムでは、「雇われ社長系の上場企業」にお勤めしていらっしゃる方たちの「転職」についてのお話をしてみたいと思います。

▼

まず、誰かが「転職」を考えたときには、どこに転職するかを考えることになると思うのですが、もしも今、上場企業にお勤めしている人たちが、いわゆる中堅企業や中小企業と呼ばれる企業に転職をした場合、待遇が下がることは多い気がします。

もちろん、待遇が下がっても、その人にとって十分な待遇であれば問題がないと思う一方で、先程の「3つの切なさ」のなかには、「相対的に高い給与を受け取っているのにもかかわらず、お金に余裕があるとは感じられない」という「切なさ」がありました。

ということは、転職することによって給与面での待遇が下がった場合には、この「切なさ」が更に大きくなる可能性があるわけですが、もしもこの「転職」が、「今、抱えている切なさ」から抜け出すための取り組みなのであれば、その取り組みをすることで「今、抱えている切なさ」が大きくなるのでは本末転倒だということになる気がするのです。

▼

そのように考えていった結果、やはり、今お勤めしている企業と同じような給与水準がある「上場企業」に転職するのがいいのかなと考える人も出てくると思うのですが、このときに、同じ「上場企業」と呼ばれている企業のなかでも、今お勤めしている企業とは違う社風や文化を持っている企業に転職しようと考える人たちも少なくない気がします。

たとえば、「うちの会社は官僚的で、組織の縦割りがきついので、そういうことがない、もっとフレキシブルに動ける上場企業がいいな」と考える方もいらっしゃるかもしれません。

そうなると、転職先の候補として、「オーナー社長系の上場企業」が挙がってくることもあるわけですが、実際、「オーナー社長系の上場企業」の場合には、社長の一存でいろんな物事が動いたり変わったりしていきますので、フレキシブルといえばフレキシブル。

ただ、「雇われ社長系の上場企業」にお勤めしていた人たちが、そういう「オーナー社長系の上場企業」に転職して力を発揮できるかというと、そこはなかなかむずかしいことになるケースも多い気がするのです。

なぜなら、「オーナー社長系」の上場企業の場合には、第八章の章末のコラムでもお伝えしたとおり、それらの企業の成り立ちからくる社内構造により、それらの企業の役員さんも、部長さんも、課長さんも、一般社員さんも、さらには外部の第三者さんにいたるまで、基本的に「社長の顔色」を見ながら仕事をするという状況が生まれることになるわけですが。

それまで「雇われ社長系の上場企業」のなかでお仕事をしていた人たちのなかには、この状況にまったくなじめないという人たちも少なくない気がするのです。

▼

そう考えると、今、「雇われ社長系の上場企業」にお勤めしている人たちにとっては、待遇もそんなに変わらず、なおかつ今まで培ってきた「処世術」というか、「仕事の進め方」が活かせる対象は、やはり「雇われ社長系の上場企業」になる、ということも少なくない気がするのです。

そうなった場合、「雇われ社長系の上場企業」であれば、どの企業さんも株主さんたちからの目を強く意識することになっているはずですし、その結果、全体としては「保身」というスタンスをとることになっているはずです。

また、社内の階層構造もほぼ同じで、そうなると、先程の「保身のミルフィーユ」の構造も同じ、ということになると思うのです。

こうなってくると、転職してもしなくてもあまり変わりがない、ということになるかもしれません。

もちろん、携わりたい業務や携わりたい分野があるから、その業務や分野に携わるために転職をする、という場合にはこの限りではありませんが、その一方で、なんだか今の状態が切ない状態になっているから、という理由で、そこから抜け出すために転職をしようとするのであれば、転職をしてもしなくても、結局は同じということにもなりかねない。

▼

そこで僕は、今、上場企業にお勤めしていらっしゃる方たちから「転職」を考えているというお話を聞かせていただいた際には、まず、「今、お勤めしている企業を別の見方で再認識すること」をお勧めしているのですが、もしもこの本を読んでくださっている方たちのなかに、今、転職を考えている方がいらっしゃるのであれば、同じことをしてみていただいてもいいのかなと思うのです。

というのも、実際の話をすれば、いわゆる「雇われ社長系の上場企業」さんたちは、上場企業と呼ばれている企業さんたちのなかでも規模が大きかったりします。

当然、社内のリソースも多いですし、支社や支店も全国もしくは世界のあちこちに展開していたりすることもあります。

つまり、業務を行うという観点でみれば、ものすごく大きなフィールドが広がっているとも言えますし、ものすごく恵まれた環境があるとも言えると思うのです。

▼

その一方で、僕が今までそういう企業さんたちに関わらせてもらってきた経験から言うと、そういう「恵まれている」部分に意識が向いている社員さんたちは多くはありませんでした。

これがなぜかというと、たとえば社外の人たちからは「すごい」と言われるのに、社内では埋もれてしまっているという感覚があったり。

能力はあるはずなのに、人事異動でまるで勝手がわからない部門に異動になった結果、なにもできない人のようになってしまうという経験があったり。

もしくは、相対的に高い給与を受け取っているのに、お金に余裕があるとは感じられない状況があったりするからだと思うのです。

こうなってくると、自分が置かれている状況を冷静に俯瞰することはむずかしくなるはずですし、ましてや、人事考課の基準も明確ではないし、ジョブディスクリプションも明確ではないとなれば、本当に不確かな感覚を抱えながらお仕事をすることになる。

このような感覚を抱えている状況のなかでは、自分が置かれている環境に対して「恵まれている」という認識は持ちにくいはずなのですが、でも、冷静に見てみると、そこにはものすごく恵まれた環境があるのです。

つまり、この環境を活用することができれば、不確かな感覚や切なさを抱えながらではなく、その環境のメリットを享受しながらお仕事をすることもできるようになるはずなのです。

▼

では、そのメリットを享受しながらお仕事をしていくためになにをすればいいのかといえば、そんなにたいしたことをする必要もありません。

たとえばですが、今回の一連のコラムのなかでお話しした「保身のミルフィーユ」のような構造を理解するだけでも稟議の通しやすさが変わってきますし、稟議書に記載する「取り組みの達成度を測るための指標」としてはどのようなものがあればいいのかも考えやすくなったりします。

その結果、どう転んでも自分への評価が下がることがないという状況を意図的に作り出し、そのなかで業務に取り組めるようになるかもしれません。

▼

また、そもその話をすると、「雇われ社長系の上場企業」の場合には、ひとりの個人に業務上の責任が負わされることになることがないようにするために、複数の人間の合意がなければ業務を進めることができないように、「業務を進める手順」が設計されています。

ということはつまり、一度決まったことが誰かの一言によってひっくり返される可能性も非常に低い。

そう考えると、この「稟議の通し方」や、「取り組みの達成度を測るための指標の設定の仕方」をしっかり理解してしまいさえすれば、本当にいろいろなことができるようになると思うのです。

これが「雇われ社長系の上場企業」の実際の姿だと思いますし、そう考えると、今、「雇われ社長系の上場企業」にお勤めしている方たちにとっては、とても明るい未来が開けているように感じられるのです。

その一方で、「雇われ社長系の上場企業」にお勤めしていらっしゃる方たちのなかには、先程からお話ししているような「3つの切なさ」を抱えて、不確かな感覚を持ちながらお仕事をすることになっている方たちも多くいらっしゃいます。

ただそれは、今はご自身がお勤めしていらっしゃる企業のなかでの立ち回り方がわからないから、そういう状況になっているだけなのではないか。

そう考えると、今回お話しさせてもらってきたような内容を頭で理解するだけで、ご自身が持つ力を存分に発揮していくようになる方たちが出てくるのではないか。

僕は、そんなことを思うのです。

▼

では、僕自身がいわゆる上場企業と呼ばれていた企業にお勤めさせていただいていたときにこのようなことを理解していたかというと、まったくそういうことはなかったわけでして。

自分が起票した稟議になかなか承認がおりないことに理不尽さを感じたり、上司になってくださった方たちの対応についてブックサ言ったりしていたことがあります。

でも、振り返ってみれば、本当に多くの経験をさせてもらうことができた。

海外での駐在員生活や、知る人ぞ知る有名企業の買収や、ビジネス誌に特集されるような大規模なシステム開発や、ビジネス畑からは遠く離れた教育機関の広報企画や、はては海外での総合リゾート施設の開発まで。

これは、僕がお勤めさせていただいていた企業さんたちが、それだけのリソースを持っている、いわゆる「上場企業」と呼ばれる企業さんたちだったからこそ起こったことだと思うのです。

ただ、僕は自分がそういう上場企業にお勤めさせていただいていたときには、そういうことにまったく気づいていませんでしたし、それこそ稟議に承認を取り付ける方法に気づいてもいなければ、取り組みが失敗と認識されないようにする方法にも気づいていませんでした。

そのような状況があったなかで、僕は、たまたま外部からそういう上場企業さんたちに関わらせてもらう機会をいただいた。

その結果として、今回の一連のコラムでお話しさせていただいてきたような内容をいろいろと理解することができたのだと思うのです。

そう考えると、僕がこのような内容を理解することができたのは、今日お話しさせていただいてきたような考察をする機会を与えてくださった上場企業さんたちと、それぞれの企業のなかで僕と一緒に様々な取り組みをしてくださった方たちのおかげだと思うのです。

そこになにかしらのお返しができればうれしいなと思い、ここまでお話をさせていただきました。

この本を読んでくださっている皆様が、ご自身の力を発揮して、満足が行くお仕事ができるようになるために。

もしくは、お仕事と自分との間に適切な距離をとって、ご自身が満足のいく人生を歩むことができるようになるために。

この一連のコラムのなかでお役に立てていただける部分があればとてもうれしいです。

ご活用いただける部分があればぜひ、ご活用ください。

お役に立てていただければ幸いです。

第十三章　再び、内部体制 最適化のススメ

一条 ところでさ。なんで加藤さんは、「内部体制の最適化」みたいなことをやろうと思ったんですか？

加藤 そうですねぇ。実は僕は独立してから10年ぐらいは、「既存顧客からの追加収益の確保」とか、「営業計画の100％達成」とか、「部門別採算管理体制の再構築」とかをバラバラに扱ってた感じでしてね。だからこの3つの業務上のテーマをひとつのパッケージとしてまとめたりはしてなかったんですよね。

一条 へー。そうなんだ。

加藤 うん。まぁ、それぞれの業務上のテーマにはニーズもありますから、ありがたいことにお仕事の依頼は途切れたことがなかったんですけど。その一方で、「自分がやってることはこういうことなんだ」っていう確固たる感覚もなくてですね。だから、自分がやってることを一回、ちゃんと整理してみたいな、っていうことを思い始めた時期があったんですよ。

一条 なるほどね。

加藤 うん。でね、まぁ、そういうことを思い始めていたときに、当時、上場企業にお勤めしていた奥さんが、

一條　「肩身、狭いよ」って言いながら、家で泣き出したことがありましてね。

加藤　ほう？

一條　いや、僕、それを見てびっくりしちゃってね。

加藤　うん。

一條　まぁ、それはだから、僕のなかに、上場企業さんたちって、社員さんたちの働きやすさとかに結構心を配っているというか。まぁ、それぞれの社員さんがパフォーマンスを発揮しやすいように環境を整えてるんじゃないかなっていう思い込みがあったからだと思うんですけどね。

加藤　うん。

一條　でも、泣いてる彼女を見たときに、よくよく考えてみたら、上場企業にお勤めしている人たちって、なにかに頼りたいって思ってる気もするな、って思ってね。

加藤　ほう？

一條　まぁ、たとえば、僕が関わらせてもらっている営業事務の人たちだったら、「自分はたいした仕事をしていない」っていう感覚を持ってる人たちも多かったりするんですけどね。

でもその一方で、その人たちのなかには、「できない人だと思われたくない」っていう気持ちも強い気がするんですよね。

一條　うん。

加藤　だからその人たちって、仕事も一生懸命がんばってる気がするんですよ。

一條　うん。

加藤　その一方で、その人たちのまわりにはその人たちの上司さんたちもいらっしゃると思うんですけど。その上司さんたちも同じような状況にあるんじゃないかなって思ったりするんですよね。

一條　ん？

加藤　いや、だから、そういう上司さんたちのなかにも、自分のことを「できない人だと思われたくない」っていう想いがあるんじゃないかなって気がしてね。

一條　ああ、なるほど。

加藤　うん。だからそもそも上場企業に就職しようって思ってる時点で、やっぱりどこかで自分に自信がない人も多いんじゃないかなって気がしたりもし始めてですね。

一條　なるほどね。

加藤　うん。だから、その自信のなさを補うために、世の中で名前が知られている企業にお勤めしようとして、そのために就職活動をがんばった人もいるんじゃないかなって思ったりしてね。

一條　そうですねぇ。
その人たちがそういうことを自分で自覚しているかどうかは別としてね。

加藤　うん。

▼奥さんはよくやってくれてますよ

加藤　まぁ、だから、僕の奥さんの話であれば、僕、彼女の上司の人と1回お話ししたことがあるんですけどね。
そのときにその人が、「加藤さんの奥さんはよくやってくれてますよ」っていうような話をしてくださったんですよ。

一條　うん。

加藤　でも、僕、それがその人の本心だったかっていうと、ちょっと違うような気がしたんですよね。

一條　ほう？

加藤　まぁ、これは僕がそう感じたっていうだけの話なんですけど。
でも、僕が受けた印象からすると、その上司さんはとにかく自分のことを悪く思われたくないというか、簡単に言えば「できないやつ」だと思われたくないって感じになってるような気がしたんですよ。

一條　なるほど。

加藤　うん。まぁ、だから、誰かのことに対して「いいね」とか、「がんばってるね」とかって感じで、プラスの意味に捉えられるような発言をしておけば、自分がなにかを追求されることもないって感じに思ってるのかなって気がしてね。

一條　なるほどね。

加藤　うん。だから、自分がなにかで追求されないようにするために。
自分の身を守るために。
自分のまわりの人たちに対して、プラスの意味に捉えられるような発言をしてるんじゃないかなって気がしたんですよ。

一條　うん。

加藤　だって、その上司の人たちだって、先行きが見えないわけだし。
「曇りガラスのこちら側」にいるわけでしょう？

一條　そうかもしれないですね。

加藤　うん。だから、自分のことで手一杯かもしれないと思うし、自分に対して「できるやつ」だなんて認識も持てないんじゃないかなって思うんですよ。
もっと言えば、自分ができない人であることがバレたらどうしよう、って思ってドキドキしている人も多い気がするんですよ。

一條 そうですよね。そういうおそれを持ってる人たちって、上場企業にお勤めしている人たちのなかにはものすごく多いですよね。

加藤 あ、やっぱり一條さんもそう思います？

一條 うん。思うっていうか、まぁ、そうじゃなかったら、自分が意味もわかってないもっともらしい言葉をあんなにバンバンバンバン使わないと思うんですよね（笑）だからなんとかして「できる人」に思われたいというか。まぁ、正確に言えば、「できない人だと思われたくない」ってことなんじゃないかなって思うんですけどね。

加藤 なるほどね。

一條 うん。でも、僕、そういう人たちと一緒にお仕事をさせてもらってて思うんですけど、そういう人たちってどちらかって言うと「できる」人たちなんじゃないかなって思うんですよ。だから、今の話にあったみたいな、「できない人だと思われたくない」だなんておそれは持たなくていいんじゃないかな、っていっつも思ってるんですけどね（笑）

加藤 うん。

一條 まぁ、でも、その人たちのなかでは、「自分はそんなにできないよなぁ…」って感じの思い込みが生まれてたりするみたいでね。

まぁ、だからそういう思い込みから、「自分ができない人であることがバレたらどうしよう」っていうおそれが生まれてるような気もするんだけどさ。

加藤 そうですよねぇ。
まぁ、でもそういうおそれを持ってる人がいたとしたら、自分がなにかで追求されちゃったら、自分が実は「できない人」であることがバレちゃうかも、って思っちゃうかもしれないでしょう?

一條 そうかもしれないですね。

加藤 うん。だけど自分がそんなことを思ってることなんて部下の人たちに言えるわけもないし。

一條 うん。

加藤 まぁ、だからここまでの話に出てきた、部下の営業マンさんたちを問い詰めてる部長さんたちだって、そうやって部下の営業マンさんたちを問い詰めている本当の理由は、自分が部下の人たちから突っ込まれたり、攻撃されたりしないようにするためかもしれないじゃないですか。

一條 うん。
部下の人たちから「僕たちが営業計画を達成できないのは、部長が細かなステップから成り立つ営業プロセスを設定していないからですよ」とかって言われたら困っちゃうもんね(笑)

加藤 うん(笑)
まぁ、だから自分が攻撃されないようにするために、先に相手を攻撃する人もいると思う一方で、自分が攻撃されないようにするために、相手に優しく接する人もいると思うんですけどね。

一条　うん。

加藤　まぁ、だから、営業事務の人たちに対して、とりあえず「がんばってるね」とか、「いいね」っていう、プラスの意味に捉えられるような言葉をかけておこうっていう感じになる人も出てくると思うんですよ。

一条　うん。

▼「私、ダメかも…」と「あなたはダメですね」

加藤　でもその一方で、そういう言葉をかけられる側である営業事務の人たちはといえば、「自分はたいしたことをしていない」っていう感覚を持ってることも多いし。

一条　うん。

加藤　そもそも、上場企業に就職しようとしている時点で、自分には足りないところがあると思っていて、それをたとえば上場企業というブランドで補おうとしてる可能性もあるんじゃないかなって思うんですけどね。

一条　うん。

加藤　そういう状況のなかで、「自分はたいしたことをしてないな」って思ってると、なんだか自分がダメな人みたいに思えてくるんじゃないかなって思うんですよ。

一条 そうですねぇ。

加藤 うん。

そうなってくると、まわりの人たちの言動にも敏感になってくると思うんですけどね。

まぁ、そういう感じになってるところに、本心ではなく「がんばってるね」とか、「いいね」っていうような言葉をかけられると、それが本心ではないことに気づいちゃうというか。

一条 うん。

加藤 まぁ、だからその「がんばってるね」とか、「いいね」っていう言葉が本心ではないとすると、実際に言いたいことはその逆なんじゃないかって考えちゃう人もいるかもしれないというか。

一条 そうですよねぇ。

加藤 うん。だからつまり、「あなたはダメですね」って言われているように感じる人たちも出てくるんじゃないかなって思ったりするんですけどね。

一条 うん。

加藤 だから、自分でも「私、ダメかも…」って思ってるところに、他の人からも「あなたはダメですね」っていうメッセージが届くって感じになるのかもしれないなって思ってね。

一條 うん。

加藤 だからそれって結構きついと思うんですけど。でも、そんなところでショックを受けている姿を見せたりしたら、それこそ「できないやつ」って思われちゃうかもしれないし。

一條 うん。
まぁ、実際に投げかけられている言葉は自分に対するプラスの評価っぽい言葉だったりするから、その言葉を跳ねのけるわけにもいかないでしょうしね。

加藤 うん。

▼やればやるほど…

一條 「それ、本心じゃないですよね?」とも言えないでしょうし。

加藤 うん。
まぁ、そこに気づかないふりをして、「評価してもらえた!」って思い込みたい気持ちもあるでしょうし。
でもやっぱりどこかで、その言葉が本心ではないと感じたとしたらショックも受けると思うんですよ。

一條 そうですよねぇ。

加藤 うん。だけど、そこでショックを受けている姿なんて職場では誰にも見せられないし。だから「できないやつ」だと思われないように余計に一生懸命がんばるんだけど。

一條 うん。

加藤 そうやってやればやるほど、しんどくなっていって。

一條 うん。

加藤 その結果、職場から離れたところにいるときに、なにかのきっかけでそういう感情があふれ出す、っていうことになっている人たちも少なくないんじゃないかなって思ったりしたんですよね。

一條 なるほどねぇ。

加藤 うん。
まぁ、だから、上場企業にお勤めしている人たちって、まわりの人たちから、「すごいね」とか、「いいね」とかって言われる機会が多い分、余計にしんどくなってるのかもしれないよなぁって思ったりしてね。

一條 うん。

加藤 まぁ、そんなことを思った時期と、僕も独立して10年、いろんな業務をバラバラに扱ってきたけど、なんだかしっくりこないなっていう感覚というか、自分のやってることへの納得のなさみたいなものを感じた時期とが重なりましてね。

一條　なるほど。

加藤　だから、そういうところを一回、整理したいなというか、整理するタイミングなんだろうなって思ったときがあったんですよね。

一條　なるほどね。

加藤　うん。だからそこから、「自分が関わりたい人たちはどういう人たちなのか」とか。「自分が本当に本当に自信を持って提供できる業務はなんなのか」とかっていうようなことを改めて考え始めたわけなんですけどね。

一條　うん。

加藤　そんなことを考えているときに、自分の生い立ちを振り返る機会がありましてね。

一條　ほう？

▼運転しながらの涙

加藤　うちは実家が、水産系の食品の卸会社をやってたんですよ。

一条　あ、じゃあ、個人事業ではない感じ？

加藤　そうそう。
多いときで従業員さんが20人ぐらいだったと思うんですけど、僕の父親が社長でね。
僕は社長の息子だから、まわりから見るといわゆる田舎のいいとこの坊ちゃん風ですよ（笑）

一条　なるほど（笑）

加藤　まぁ、もともとは、僕にとっての母方のおじいちゃんが作った会社がありましてね。
その会社からののれん分けで、うちの父親が別の地域で独立したわけなんですけど。
おじいちゃんの苗字が木村だったから、会社の名前は木村商事だったんですよ。

一条　うん。

加藤　でも、うちの父親の苗字は加藤なのに木村商事の社長でしょ？
だから、加藤なのに、なんで木村なんだ、って感じで思われてるところもあったみたいでね。

一条　なるほどね。
まぁ、上場企業だったらいざ知らず。

加藤　そうそう。
うちの実家の規模の会社だったら、社長の苗字が社名についてるところも多いじゃないですか？

一条　確かにね。

加藤　うん。だからうちの父親にとっても、それは多分、自分の会社って感じじゃなかったのかなって思ったりもするし。よくよく考えると、父親も肩身が狭かったのかなって思ったりするんですよね。

一條　なるほどねぇ。

加藤　うん。あとはうちの母親は、父親の独立に伴ってその会社の経理をすることになったみたいなんですけどね。

一條　はいはい、お父さんの会社の経理ね。

加藤　うん。だけど彼女は、その前はおじいちゃんの会社で経理をやってましてね。だからしばらくは、父親の会社と、おじいちゃんの会社の両方で経理をやってたみたいなんですよね。

一條　なるほど。

加藤　まぁ、おじいちゃんの会社では彼女は「社長の娘」ですから。まぁ、それなりに発言力もあったんじゃないかなって思うんですけど。

一條　うん。

加藤　それが父親の会社の経理と兼務になったことで、おじいちゃんの会社に関わる時間が短くなった結果、だんだん発言力もなくなっていったみたいでしてね。

一條　ああ。まぁ、そりゃそうなるよね。

加藤　うん。そのうちにおじいちゃんの会社の彼女のポジションには、別の人が配置されたみたいなんですけど。彼女としてはそれが悔しかったみたいでね。

一條　ほう？

加藤　だっておじいちゃんの会社ではそれなりに発言力もあったのに、その発言力はなくなるし、挙句の果てにはポジションまでなくなったわけですから。

一條　ああ。

加藤　だから、今、考えてみると、発言力がなくなっていく過程ではどんどん肩身も狭くなっていってたのかなぁ、って思ったりもするんですけどね。

一條　なるほどねぇ。

加藤　うん。まぁ、それは僕が保育園に通ってた頃の話なんですけど。
言ってみれば僕は両親が共働きですから、保育園が終わった後はおばあちゃんの家に預けられてましてね。母親が仕事帰りにおばあちゃんの家まで車で迎えに来てくれてたんですけど。
おばあちゃんの家から自分の家まで30分ぐらいの帰り道で、彼女が毎日、運転しながら泣いてるんですよ。
それも普通の涙ではないというか。
愚痴と悔し涙、っていう感じでね。

一條　ああ。

加藤　だから僕は、母親に話しかけることもできなかったし、帰り道で母親から「今日は保育園どうだった？」とかって質問された記憶もないんですよね（笑）

一條　なるほどねぇ。

加藤　うん。まぁ、そんな感じだったんですけど。

一條　うん。

加藤　でもやっぱり子供の頃の話だから、子供としては親に構ってほしかったんじゃないかなって思うんですけど、でも、両親ともに子供を構う余裕もなかったのかなと。

一條　なるほどねぇ。

▼自分もつらい環境にいたにもかかわらず

一條　そういえば加藤さんってひとりっ子なの？

加藤　いや、みっつ上のお姉ちゃんがいます。

一条　そうなんだ。じゃあ、お姉ちゃんはどうだったの？

加藤　お姉ちゃんは小学校のときまですごい優等生でね。勉強ができて、運動ができて。で、中学校一年生になっていきなりグレたんですよ（笑）

一条　ありゃ。

加藤　うん。もうそのグレかたが、一気に行ったたっていう感じだったんですよ。

一条　なるほどねぇ。

加藤　うん。姉は、彼女が小学生のとき、僕にすごく優しくしてくれたんですけど。でもよくよく考えると、すごくプレッシャーがあったのかなとも思うんですよ。あれしなさい、これしなさい、社長の娘なんだから、って感じでね。

一条　なるほどねぇ。

加藤　うん。たぶん彼女はそうやって言われながらも、弟が構って欲しそうにしているのを感じて、なんとか弟が泣かないように、寂しくならないようにって感じでいろいろやってくれてたのかなって思うんですけどね。

一条　ああ。
　　　自分もつらい環境にいたにもかかわらず。

加藤　うん。
　　　だから無理してたんじゃないかなって思うんですけど。
　　　冷静に考えてみると、親との間にだってなんの信頼関係も積み上がっていないだろうから、もう行き場がなかったんじゃないかなって思うんですよね。

一条　ああ。
　　　なにかあっても、親に相談もできないし。

加藤　そうそう。
　　　もしかしたら、「良い子でいなきゃいけない」みたいな感じだったのかもしれませんし。

一条　ああ。
　　　そんな感じだったら、余計に親に相談なんてしにくくなっちゃうかもしれないですよね。

加藤　うん。
　　　まぁ、でも僕の話をすれば、僕は自分のそばにそういう人がいたから、自分はグレないようにしようと思ってたところもありましてね。
　　　だから姉には申し訳ないなと思う気持ちがあるんですけど。

一条　なるほどね。

加藤　まぁだから、考えてみれば僕は、家庭環境的に、肩身の狭い人に人たちに囲まれてた気がするんですよ。

一條　なるほどねぇ。

▼肩身の狭い人たち

加藤　まぁその一方で、自分が社会に出て仕事でいろんな企業の人たちと関わるようになると、肩身の狭さが原因で力を発揮できてない人たちをめちゃくちゃ多く見かけるようになるわけですよ。

一條　うん。

加藤　その一方で、それぞれの企業さんたちには目的があって。今日の話の対象になっている上場企業さんたちだったら、「増収増益」が至上命題になってたりもするわけじゃないですか？

一條　うん。

加藤　とはいえ、どの企業さんも既存のリソースには限りがあるはずですから、その至上命題を達成するためには、やっぱり既存のリソースを有効に活用する必要があるんじゃないかなと思うんですよ。

一條　そうですよね。

人員にだって限りがあるわけですしね。

加藤 そうそう。
だけど、そういう企業さんたちの社内を見てみると、肩身が狭くなっている人たちが多かったりするわけでしてね。
肩身が狭くなっている人たちは当然、力なんて発揮できてるはずがないので、結果として「人の生産性」は低くなっているだろうなって思ったりもしてね。

一條 うん。

加藤 「人の生産性」が低くなっているってことは、既存の人員をうまく活用できていないってことだろうし。
それを別の言葉で言えば、既存の人件費をうまく使えていないってことだよな、って思ったりもしてね。

一條 うん。

加藤 だったら僕はそこに目をつけたいなって思ったんですよね。

一條 え？　なんで？

加藤 だって僕のまわりには、肩身の狭い人たちがたくさんいたわけですから。
企業のなかで肩身が狭くなっている人たちに共感することもできるし。
少しはその人たちの役に立てそうだなって思ったんですよ。

▼企業は人なり？

一條　ふ〜ん。
でもさ、さっき、上場企業さんたちが「増収増益」っていう至上命題を達成するためには、既存のリソースを有効に活用する必要があるんじゃないかっていう話が出てましたけどね。

加藤　はい。

一條　既存のリソースって言ったって、いろんなリソースがあると思うんだけどさ。
なんでそのなかで「人」っていう部分に目を向けようと思ったんですか？

加藤　え？

一條　いや、僕、よく思うことがあるんですけどね。
あの、なんか、「企業は人なり」とかって言う人って、いっぱいいる感じがするんですよ。

加藤　ああ。そうですね。

一條　うん。だけどさ、僕、そういう人たちの話を聞いてるとさ、なんかもっともらしいことをもっともらしく言ってるだけのような気がしたりするんですよね。

加藤　ほう？

一條　いや、もちろんもちろん、ちゃんと理由があって「人」って言うんだったら、それはそのとおりかもしれないなって思うんですけどね。
でも、とりあえず「人」って言っときゃいいだろう、って感じになってることも多い気がするんですよ。

加藤　なるほど（笑）

一條　うん。
挙句の果てには、「人材」の「材」の字を、「財」っていう字に変えて、「人財」とかって言い始める人も出てくるわけでさ。

加藤　（笑）

一條　まぁ、僕の場合にはとにかくとにかく、そんな感じでもっともらしい話を聞かされるとうんざりするからさ（笑）
だから、今、加藤さんが「人」って言ったからさ。
「内部体制の最適化」って業務的にも理に適った話かもしれないなって思って聞いてたんだけど。
え？　まさかそっち系の話なの？　って思ってさ（笑）

加藤　いやいやいやいやいや（笑）
もちろんそれぞれの企業さんのなかにはいろんなリソースがあると思うんですけど、僕が見る限りにおいていうと、最も有効に活用できていないリソースが人だと思うんですよ。
だって肩身が狭くなっている人たちが力を発揮できているとは思えないですから。たとえばある人が

70くらいの力を持っていたとしても、発揮できている力は30くらいかもしれないでしょう？

一條　まぁ、そうかもねぇ。

加藤　うん。でもひょっとしたら企業さんは、そこに70相当のお給料を支払ってるかもしれないわけで。そうであれば、人件費が無駄になっていると言えるかもしれないでしょ？

一條　まぁ、そうかもねぇ。

加藤　うん。そう考えると「増収増益」を至上命題としている上場企業さんとしては、自分で利益を食いつぶしてるっていうことになるというか。つまり、理に適っていないことをしてるっていうことになるかもしれないでしょう？

一條　まぁ、損益計算書上で見ればそういうことになるのかもしれないですよねぇ。

加藤　そうそう。
だったら、その人件費を有効に使って、生産性を上げるように考えるのが理に適ってると思いません？

一條　まあねぇ。

▼「忖度しながら力を発揮できますか?」

一條　でも、その「人件費を有効に使って生産性を上げる」とかって話ってさ、まぁ、「社員さんたちの生産性を上げる」とか、「社員さんたちがパフォーマンスを発揮できるようにしよう」っていう感じの話になるような気がするわけなんですけどね。

加藤　はい。

一條　そういう話であれば僕の場合には、人って自分が思っていることを思っているように言える環境があれば、高いパフォーマンスを発揮できるようになると思ってるんですけどね。

加藤　うん。そういう話でしたよね。

一條　うん。
まぁ、こんな話は、冷静に考えれば誰でもが同じ結論にたどり着くような話だと思うんですけどね（笑）

加藤　ほう?

一條　だって「誰かに忖度とかしながら自分の力を発揮できますか?」っていう話でしょ?

加藤　ああ。

一條　まぁ、だから、人って自分が思っていることを思っているように言えない環境にいるときには、パフォーマンスなんて発揮できなくなるはずなんですよ。

加藤 なるほどね。

一条 うん。まぁ、その一方で、僕がそういう上場企業さんたちに関わらせてもらってきた経験から言うと、自分が思っていることを思っているように言える環境があれば、人って結構なパフォーマンスを発揮できるんだなって気がするんですよ。

加藤 なるほどね。

一条 うん。
だから僕がそういう上場企業さんたちに関わらせてもらうときには、自分が関わらせてもらう人たちが、自分の思っていることを思っているように言える環境を作りたいなって思いながらお仕事をさせてもらってるんですけどね。

加藤 はい。

一条 まぁ、だから、僕がそういう企業さんたちに関わらせてもらうときには、関わらせてもらう人たちおひとりおひとりとしゃべってさ。
それぞれの人が本当に思っていることを聞かせてもらうんですよ。

加藤 うん。

一条 まぁ、ちょっと裏を話すと、そういう人たちに本音を話してもらえるようになる方法みたいなものもありましてね。

加藤 ほう？

一條 だってさ。
そもそもそもそも、自分が本当にはなにを思っているかが自分でわかってない人たちのほうが多いんだからさ。
そんなそんな、単純に「あなたはなにを思ってるんですか？」って質問したところで、その人が本当に思ってることなんて出てくるわけがないんですよ（笑）

加藤 確かに。

一條 うん。だからまぁ、ちょっとした方法も使ったりしながら、まぁ、おひとりおひとりが本当に思っていることはなんなのか、ってことを聞かせてもらっていくんですけどね。

加藤 はい。

一條 そうするとその結果として、それぞれの人がそれぞれに、自分が本当に思っていることがなんなのかを自覚するようにもなっていくし。

加藤 うん。

一條 その結果、自分が本当に思っていることを思っているように話してくれるようになったりもするんですけどね。

加藤　うん。

一條　僕としては、そういう感じでそれぞれの人が本当に思っている内容がわかってくると、その人の適性もわかるようになるし。

加藤　うん。

一條　そうなったら、この人にはどんな業務をお願いしたら力を発揮してもらえるのかなってこともわかるし。逆に、この人にはこういう業務をお願いしたら駄目なんだな、とかってこともわかってくるじゃないですか。

加藤　そうでしょうね。

一條　うん。そうすると、僕にご依頼いただいている業務もスムーズに進むようになっていったりするんですけどね。

加藤　うん。

▼「もっともらしい」話

一條　いや、なにが言いたいかっていうとね。僕がそうやっておひとりおひとりの人から、その人が本当に思っていることを聞かせてもらってるときってさ。まぁ、それぞれの人からすると、自分が思っていることを思っているように言えてちょっと気がラクになったりさ。
人によっては、自分のことを理解してくれる人がひとり増えた、って感じでよろこんだりすることもあるんですよね。

加藤　そうでしょうねぇ。

一條　うん。
だけどさ、僕、そういう企業さんたちのなかでいろんな会議に出席させてもらったりもするんですけどね。当然、その人たちと一緒に会議に出たりもするわけですよ。

加藤　うん。

一條　そうなると、その人たちからすると、一條がいるところで、自分が思ってもいないようなことを言っちゃったら、あとで一條から蹴っ飛ばされる、って感じになったりもするわけでしてね（笑）

加藤　ああ（笑）

一條　だから、僕に話を聞いてもらってるときはうれしいって感じになる人も多いし、まぁ、話が尽きない感じにもなったりするんだけど。
でも、僕と一緒に会議に出たりすると、「あいつがいるところでは思ってもいないことは言えない」みたいな感じになってね。

加藤 （笑）

一條 だから、結局、どの人も自分が思っていることを思っているように言わざるを得なくなるんだけど（笑）でも、その場にいる人たち全員が自分が思っていることを思っているように言うから、結果として、業務的にもいい感じにものごとが進んでいくようになるんですよね。

加藤 なんかスパルタですね（笑）

一條 いや、でもさ。じゃあ僕がなんでそんなことやってるかっていうと、僕、彼女たちの役に立ちたいとか、彼らの役に立ちたいだなんてことはまったく考えてないんですよ。

加藤 ほう？

一條 そうではなくて、単純に僕がイヤなんですよ。その人が思ってもいないことを聞かされたり、もっともらしい話を聞かされるのが、本当にイヤなんですよ（笑）

加藤 ほう。

一條 だって僕、「いい大学って言われている大学に入ると選択肢が広がるよ」とか、「上場企業に入ると安定するよ」とか、「努力は報われる」とか、そういう話をたくさんたくさん聞いてきた気がするんだけど。

加藤　うん。

一條　だけどさ、現実はそういう話とはまったく違うわけでさ。

加藤　うん。

一條　今回の話に出てきた、上場企業にお勤めしている部長さんたちだって、誰もが知っているような上場企業にお勤めしていて、しかも部長っていう役職にまで就いてるのに、「まるで曇りガラスのこちら側にいるようです」とかって言ってるわけですよ。

加藤　うん。

一條　じゃあ、ああいう話はなんだったんだろうな、って思うんですよ（笑）

加藤　うん。

一條　まぁ、そういう話って、「もっともらしい話」だと思うんだけどさ。

加藤　うん。

一條　でも、「もっともらしい」話だから、もうその時点で「もっともな」話ではないわけでさ（笑）

加藤　なるほどね（笑）

一条　うん。だけどさ、そういうもっともらしい話をもっともらしく話している人たちだって、自分が話している内容に対して確信があるわけでもないみたいだし。

加藤　うん。

一条　でも、そういう話って影響力が大きかったりもするじゃないですか？

加藤　そうですよねぇ。

一条　うん。特に、そういう話を自分では撥ねつけにくい小さい子供たちへの影響力がすごいからさ。

加藤　そうですねぇ。

一条　うん。でもその子たちがあとから、そういう話が「もっともな話」ではないとわかったときにはびっくりしちゃうかもしれないからさ（笑）
だから僕は、自分のまわりの人たちには、そういうもっともらしい話はしてほしくないなって思ってるんだけどさ。
まぁ、もっともらしい話って、その人が思ってもいない話だったりもするからさ。
まぁだから、その人が思ってもいないことは言わないでもらえたらうれしいなって思ってるしさ。

加藤　なるほど。

一条　まぁ、その裏返しで、その人が本当に思っていることを思っているように言ってもらいたいなって思ってたりもするんですけどね。

加藤　うん。

一條　まぁ、それぞれの人にとっては、自分が思っていることを思っているように言える環境にいるときには、自分のパフォーマンスが上がるわけでさ。

加藤　うん。

一條　そうなれば成果も出るし。
そうなればまわりからも高く評価されるようになるでしょう？

加藤　そうかもしれないですね。

一條　うん。だからお互いの利害が一致してると思ってるんだけどさ。

加藤　うん。

一條　だけどさ。
まぁ、僕個人の話をすれば、誰かと話をするときに、もっともらしい話とか、その人が思ってもいないことを聞かされるのがイヤだ、っていうだけの話だったりするんですよ（笑）

加藤　なるほど（笑）

一條　だからさ、加藤さんがさっき「僕はその人たちに共感することもできるし、少しはその人たちの役に立てそうだなって思った」みたいな話をしてたからさ。

なんかいい人っぽいなっていうか、それ本当にそうなの？　って思ってるんだけどさ（笑）

▼肩身の狭さから生まれる「影響力」

加藤　う〜ん。まぁ、そういう話であれば、僕は僕でその人たちに関わらせてもらうことが、自分のためにもなり、その人たちのためにもなると思ってるんですよね。

一條　ん？

加藤　いや、だから、僕、さっき「共感」って言葉を使いましたけど、それは別に綺麗な話をしたいからではなくてですね。

僕は僕で、自分のためにそういう肩身の狭い想いをしている人たちに関わりたいと思ってるんですよ。

一條　ほう？　それはなんでなんですか？

加藤　それはですね、まぁ、僕は自分が関わりたい人たちのことを総称して「肩身が狭い人たち」とかって言ってたりするんですけどね。

一條　うん。

加藤　だから、ここまでの話に出てきている、営業マンさんたちとか、部長さんたちとか、営業事務さんたちとか、経理部門の社員さんたちとかなんですけどね。

一條　はい。

加藤　僕から見ると、その人たちには共通することがありましてね。それがなにかっていうと、やっぱり、「自分の足で立ってる感覚がないこと」のような気がするんですよ。

一條　ほう？

加藤　これはその人たちが弱いっていう意味ではなくてね。そうではなくて、その人たちはただ、誰かからの評価をずっと気にしていたりだとか。もしくは、なにかうまくいかないことがあると自分の能力が低いからだって感じで自分のことを責めてたりだとか。なんだかそういうことになっている人たちが多いような気がするんですよ。

一條　なるほどね。

加藤　うん。でね、僕はなにがイヤかって、そういう人たちから発生するまわりの人たちへのマイナスの影響がイヤなんですよ。

一條　ほう？

加藤　だから、たとえば肩身が狭い想いをしている人がいたとしたら、その人は決して前向きな感じにはならないと思うんですけど。じゃあ、そういうときの感情の矛先とか、マイナスの影響っていうものがどこに向かうかといえば、大体その人の家族に向かうじゃないですか。

一條 まぁ、そうかもしれないですよね。

加藤 うん。

ということは、僕がそういう状態になったとしたら、僕の奥さんや子供たちにその影響が及ぶってことでしょう?

一條 まぁ、そうかもねぇ。

加藤 うん。

そして、これはどんな人でも同じだと思うんですよ。

みんなそれぞれに家族がいるわけだから。誰かが肩身の狭い想いをしていたとしたら、そこからのマイナスの影響は、その人の家族のところに出る気がするんですけど。

僕はね、そういうサイクルというか流れがものすごくイヤなんですよ。

だから僕は、一條さんが言ってるような、「その人が思っていることを思っているように言ってほしい」みたいな話は全然ピンとこないんですけど。

一條 うん(笑)

加藤 でも僕は、肩身の狭さを抱えた人たちから出てくる、「その人のまわりにいる人たちへのマイナスの影響」がものすごくイヤなんですよ。

だからそういう流れをバチッって切りたいというか、止めたいんですよね。

一條　ほう。

加藤　しかもね、たかだか仕事ぐらいのことを理由にそんなことになっても意味がないですよね、って言いたいいんですよ。

一條　なるほど。

加藤　うん。でも、お仕事をする上で肩身が狭い状態になっている人たちに僕が関わらせてもらえば、少なくとも業務上のところでは肩身が狭い感覚を払拭していってもらえるわけですから。だから僕は自分のために、そういうことをしておきたいんですよね。

一條　なるほどねぇ。

加藤　うん。だから僕は、仕事ぐらいのことを理由に、小さい子供たちにマイナスの影響が出るってことはできる限り少なくしたいというか。少なくとも、僕が関わらせてもらっている人たちのまわりでは、そういうことが起こらないようにできたらいいなって思ってるんですよね。

一條　なるほどねぇ。

加藤　でもこれは、一條さんの話だって同じでしょ？
一條さんだっていつも、親が自分の思っていることを思っているように言ってなかったとしたら、子供が自分の思っていることを思っているように言えるようになるわけがない、って言ってるじゃないですか。

一條 まぁねぇ（笑）

▼自分が、自分から頼られるようになるために

一條 まぁ、だからここまでの話であれば、部門のなかでの部長さんの影響力って大きいよね、っていう話だったけど、家庭のなかに目を向ければ親の影響力って大きいですよね、っていう話かもしれないですもんね。

加藤 うん。
でも、上場企業の社長さんたちや役員さんたちや部長さんたちにそんなこと言っても、「そんなの知るか」って話じゃないですか（笑）

一條 まぁ、そうなりますよね（笑）
社長さんも役員さんも部長さんも、職場での自分の肩身の狭さで手一杯かもしれないですもんね。

加藤 うん。
だけど、僕がそれぞれの人たちの業務上のニーズに沿った形で、それぞれの人たちに関わることができれば、その人たちに業務上の成果を手にしてもらいながら、肩身の狭さも払拭していってもらえたりするわけでしてね。

一條　うん。

加藤　まぁ、だから実際にこの「内部体制の最適化」という取り組みを通じて業務上の成果を出していくなかで、自分が役に立ってる感覚が持てたりだとか、営業部に所属してますって言えるようになったりだとか、会議に出席するのが怖くなくなったりだとか、自分はやっぱりできない人ではなかったって思えるようになったりだとかって感じで、自分のなかになにかが積み上がっていっている感覚を持ち始めた人たちがいらっしゃるわけでしてね。

一條　うん。

加藤　まぁ、そういう変化を「成長」って呼ぶ人もいるけど、それって僕からすると「成長」なんかじゃない気がするんですよ。

でも、いちいち他人の評価を気にして小さくなる必要がなくなるというか。

自分で自分のことをちゃんと評価してあげられるようになるというか。

その人の役職がなんであれ、その人が担当してる業務がなんであれ、「私はこれでいけるよね」とか、「俺、これでいけるな」とか。

なんかそういう、「自分が、自分から頼られるような感じ」になっていく人たちがいるのでね。

だから僕のまわりにそういう人たちが増えていったらうれしいなって、すごく思うんですよね。

一條　あ。
自分が、自分から頼られる、っていうのはいいですね。

というのもさ、僕が見てると「自分が他人から頼られること」を目指してる人は多い気がするんですけどね。

加藤　はい。

一條　だけどさ、他人からの評価なんて、その評価する側の人の気分でコロコロコロコロ変わったりしますもんね（笑）

加藤　そうですよね。
あとは同じことをやっていても、ある人からは高く評価されるけど、別のある人からは低く評価されるってこともあるじゃないですか？

一條　うん。

加藤　そういう評価に対して、1回1回ふらついて、1回1回落ち込んでたらしんどいと思うし。
それがまたその人の家族や子供たちに影響したりしたら、本当に意味がないよねって思うんですよね。

一條　そうですよねぇ。

加藤　うん。
だから、影響力が大きい上席者の人ほど、部長さんとか役員さんたちほど、そういうところから離れられたらいいのかなって思ったりするんですけどね。

一條　ああ。だから加藤さんは部長さんたちに関わることを意図してるのか。

加藤　そうなんですよ。

▼再び、「曇りガラスのこちら側」

一條　でもそう考えたら、僕に話を聞かせてくれている上場企業の部長さんたちのなかには、「曇りガラスのこちら側にいるみたいです」って言ってる人たちが、結構な人数、いらっしゃるわけですからね。

加藤　うん。
だから僕、なんならその人たち全員の肩身の狭さを払拭するお手伝いをさせてもらいたいぐらいですよ。

一條　え？　そうなの？

加藤　うん。
「どうしたんですか？」って話を聞かせてもらってね。

一條　優しいな（笑）

加藤　いや、だって僕は結構ひとりひとりとちゃんと向き合いたい派なんですよ。
まぁ、僕自身がそういうキャラクターなのかもしれませんけどね。

一條　そんなこと言ったらなんか僕が人と向き合わない派みたいな（笑）

加藤　いやいやいやいや、一條さんがいろんな人と向き合ってることは知ってますよ（笑）

一條　そんなとってつけた感じで言われるとますますそんな感じに見えるじゃん（笑）

加藤　（笑）

一條　でもごめんね。
実際の話をすると僕、そういう部長さんたちが曇りガラスの話をしてくれても、そこにはあんまり共感しないんですよね。

加藤　そうなんだ。

一條　うん。
だけどさ、僕が上場企業さんたちに関わらせてもらうときってこれまで、なんかわかんないけど、女性の社員さんたちが多い部門に関わらせてもらうことが多くてね。
まぁ、自分がお勤めさせてもらってた上場企業さんたちも、女性の社員さんたちが多い企業さんたちだったたし。

加藤　ほう。

一條　そうすると、30代半ばとかでそれこそ子育て中で時短勤務の女性社員さんたちとかから、いろんなお話を聞かせてもらうことにもなるんだけど。その彼女たちの話には共感するところが多いんですよね。

加藤　なるほどねぇ。

一條　うん。
まぁ、部長さんたちと関わらせてもらうときにパパッと業務を片付ける、みたいな感じになるんだけどさ（笑）
それはまぁ、もう何年も一緒にお仕事をさせてもらってる人たちばっかりだから、気心が知れてるってこともあると思うんですけどね。

加藤　ああ。

一條　でも加藤さんみたいに、「どうしたんですか？」とか、「僕でよければ話を聞かせてくださいよ」っていう感じにはならないですよね（笑）

加藤　なるほどねぇ。
まぁ、どうだろう。僕の場合には、僕が提供できる業務を提供させてもらうことで、そういう人たちが少し前を向くきっかけになればいいなって思ってるというかね。

一條　うん。
だから、そういう人たちに関わるための業務上のテーマが、「内部体制の最適化」っていうことでもあるんですよね、きっと。

加藤　そうですね。
その取り組みを通じて、それぞれの人に業務上での成果も手にしてもらいながら、その成果に対するきちんとした評価も受け取ってもらいながら、肩身の狭さを払拭していってもらえたらうれしいなって思ってやってるんですけどね。

一条　うん。まぁ、業務上での成果が出れば、おのずとそういう状況にもなりますもんね。

加藤　そうそう。そうなんですよ。

▼個人の内部の最適化

一条　まぁ、今の加藤さんの話を聞いてるとさ。
この「内部体制の最適化」っていうのは業務上の話でもあるけど、この取り組みに取り組むそれぞれの人の個人の内部が最適化されるみたいな話でもあるような気がしてきたんだけどさ。

加藤　うん。そうかもしれないですよね。
それぞれの人の内部でちゃんと土台が整うって感じになるかもしれませんからね。

一条　うん。

加藤　その結果として、それぞれの人たちに、「もうぐらつかない」っていう感じになってもらえたらいいじゃないですか？

一条　そうですねぇ。

加藤　そうなったら、その人なりに堂々と行けるようになるというか。

「私、これでいけます」とか、「僕はこれができるから大丈夫です」って自分にも言ってあげられるようになる気がするし。
そういう土台があるのとないのとでは、業務上のパフォーマンスも全然違ってくると思うんですよね。

一条　そうですよねぇ。
だから、それって、個人さんにとっても企業さんにとってもメリットがある話ですよね。

加藤　うん。僕はそう思ってるんですけどね。

一条　うん。
あとは僕たちみたいな外部の第三者としても、そういう企業さんたちに関わったときに成果を出しやすくなりますよね。

加藤　まぁ、そういうことにもなるかもしれませんよね。

一条　うん。
でも、それって結構大事なことだと思うんですよね。
だって、企業さんたちは成果を求めてるわけだし、こっちは成果を提供する気満々なんだからさ。
そこがやりやすくなるってのは、誰にとってもメリットじゃない？

加藤　そうですねぇ。
やっぱり企業さんたちに関わる仕事をしている以上、個人個人の人たちの役に立つだけでは、片手落ちって感じになっちゃいますもんね。

一条 そうそう。だって加藤さんは別に、肩身の狭い人に、肩身の狭さを払拭してもらうための専門家ではないでしょうからね（笑）
あくまでも、企業さんたちに業務上の成果を手にしてもらうっていうところがポイントなんでしょ？

加藤 そうですね。

一条 うん。

加藤 まぁ、でもその一方でね。
企業さんたちに業務上の成果を手にしてもらうってことを考えたときには、そこでお仕事をしている個人個人の人たちの肩身の狭さを払拭することを考える必要もありましてね。

一条 うん。それはわかる。

加藤 うん。まぁ、この肩身の狭さに関して言えば、僕は、もっともらしい話をしようとかは全然思ってないんですけど、そういう状況からちょっとだけ先に抜けたのでね。

一条 ほう？

加藤 というのもね、僕、今はこんなこと言ってますけど、僕自身が自分の能力に対する不確かさを抱えていたり、家庭環境とかによって肩身が狭い状況にいたりしたんだと思うんですよね。
だけど僕は、自分が肩身の狭い状況にいたってことを認識できずにやってきてたので。

一条 ああ。

じゃあ、ここまでの話に出てきてた人たちは、自分が肩身の狭い状況にいるってことを自分で認識できてないかもしれないってこと？

加藤　そうそう。その可能性は高いと思うんですよ。
だから、営業成績が悪かっただけで落ち込んだり。上司さんからちょっときつい口調でなにかを言われただけで落ち込んだり。
もうほんのちょっとした業務のことで傷ついたり、落ち込んだり、悩んだりしてるんじゃないかなと。

一條　ああ。
だからもともとの肩身の狭さで免疫力が低下してるから、ちょっとした傷が致命傷になっちゃう、みたいな感じなのかもしれないですよね。

加藤　そうそう。
だからそこをうわっつらで、「こういう勉強をしたらいいよ」とか、「こういう資格を取ったらいいよ」とか、「こういう管理法を学んだらいいよ」とかっていう話ではないはずなんですよ。

一條　まぁねぇ。
でもそっちの方向に行く人たちは少なくない気もしますけどね。

加藤　そうなんですよ。
実際、上場企業さんとかだったら、社内に個人の能力開発みたいなプログラムがあったりもするじゃないですか。

一條　あるある。

なにかのトレーニングをしようとか、なにかの資格を取ろうとかね。

加藤 そうそう。

そのために会社が費用を補助しますよ、みたいなね。

一條 うん。

加藤 だけどそれだとまた表面的だから、一時的になにがか良くなったように見えてもまたすぐに元に戻っちゃうと思うんですよ。

一條 うん。

資格試験に合格できないストレスが子供に向かったりとかね（笑）

加藤 もう、そうなったら最悪ですよね（笑）

だから、そうならないように、僕は自分ができるところでそういう人たちをサポートさせてもらえたらうれしいなって思ってるし。

まぁ、だから、「内部体制の最適化」っていう取り組みでそういう企業さんたちに関わらせてもらってるんですけどね。

一條 うん。

加藤 まぁ、簡単に言うと僕はこの「内部体制の最適化」っていう取り組みをとおして、業務上の成果を出しながら、自分の肩身の狭さを払拭していく人たちに関わっていたいんですよ。

それでその人たちが自分が自分から頼られるようになっていくさまを見て、「すごいなー」とかって思

いたいんですよ（笑）

一條　なるほどねぇ（笑）

加藤　まぁだから僕は、そういう人たちに囲まれながら、これからも「内部体制の最適化」っていうテーマを研究していきたいなって思ってるんですけどね。

一條　うん。

加藤　というわけで、僕は僕が思ってることを思ってるように言わせてもらいましたけれども（笑）

一條　（笑）
いや僕は思ってることを思ってるように言う人たちに囲まれたいと思ってますから、ありがたい話ですよ。

加藤　まぁでも、思ってることを思ってるように言えるっていうのはいいですよね。

一條　うん。
その人が思ってることを思ってるように聞かせてもらえるってのもいいもんですよ（笑）

加藤　ああ。一條さんからするとそうなるのか（笑）

▼対話の終わりに

一條 いやもう僕は、「内部体制の最適化」ってなんなんだろうなって思ってたんですけどね（笑）

業務的には、「既存客からの追加収益の確保」と、「営業計画の100％達成」と、それを支えるための「部門別採算管理体制の再構築」という3つのテーマに取り組んで、成果を出していきますよ、と。

加藤 はい。

一條 それによって「既存のリソースを有効に活用して、安定的に増収増益を達成できる体制」を作ることを目的にしていますよ、と。

加藤 はい。

一條 その一方で、この取り組みを通じて、業務上の成果が出ると同時に、個人個人の人たちのなかでは、その人の肩身の狭さが払拭されていったりするかもしれませんよ、と。

加藤 はい。

一條 そんな感じ？

加藤 そうですね。

一條　なるほどね。
ちなみになんですけど、業務面でこの「内部体制の最適化」の取り組みが成果を生んだ事例を、最後にもうひとつ話してもらってもいい？

加藤　え？　このタイミングでですか？（笑）

一條　このタイミングで（笑）

加藤　わかりました（笑）
じゃあ、僕の実家にもなじみがある「水産食品」を扱っていらっしゃる企業さんの事例をお話しさせていただきますね。

一條　はい、お願いします。

事例 5
水産加工食品メーカーの取り組み

水産加工食品メーカーさんの事例です。

この企業さんは、九州圏にある工場で水産加工食品を製造し、首都圏、中部圏、関西圏、九州圏の問屋さんたちに商品を卸すという事業を行っていました。

この企業さんでも、「内部体制の最適化」の取り組みを行うことになったのですが、まず取り組んだのは、「部門別採算管理体制の再構築」でした。

この企業さんの場合には、商品が水産加工食品ですので、原材料となる魚の水揚げ量によって、原材料費が大きく変動するという特性がありました。

この変動によって、各事業部門の最終損益は、各事業部門の努力が及ばないところで上下する可能性が高くなります。

このため、この企業さんの場合には、各事業部門に正確な原材料費を割り振った結果としての損益によって各事業部門の業績を評価する代わりに、「売上が増えているかどうか」と、「新規で取引が始まった取引先の数が増えているかどうか」という指標を使って、各事業部門の業績を評価する体制をとっていました。

ただ、「売上の額」や「新規で取引が始まった取引先の数」が増えていても、利益につながっていない可能性もあるため、やはり増収増益という目的を達成するためには、各事業部門の業績を各事業部門に正確な原材料費を割り振った結果としての損益によって評価する必要がある。

そのように判断できたため、原材料費の変動によって、各事業部門の損益が、各事業部門の努力の及ばないところで上下することになる可能性があることを理解した上で、それでも各事業部門に対して正確な原材料費を割り振った上で「各事業部門の損益計算書」を整備し、その損益計算書をもとに各事業部門の採算の状況を把握していくようにしていきました。

各事業部門の損益計算書を整備していく過程では、各事業部門の売上構成比や取引量の詳細も確認していくことになりましたが、その結果、「新規で取引が始まった取引先の数」が増えている一方で、注文数量が減少傾向にある既存の取引先があることもわかりました。

この企業さんの場合には先程もお伝えした通り、「新規で取引が始まった取引先の数」が各事業部門の業績を評価するための重要な指標のひとつになっていたため、新規で取引が始まった取引先との取引の状況は細かく把握されていた一方で、既存の取引先との取引の状況については、あまり把握されていなかったのですが、部門別採算管理の体制を見直していく過程で、既存の取引先との取引の状況についてもその詳細を把握することができたのです。

既存の取引先のなかには、自社商品の取扱数量が増加傾向にあるところも、自社商品の取扱数量が減少傾向にあるところもありましたが、その傾向をつかむことができたので、今度はお客さんたちの実際の感覚をつかむために、既存の取引先を対象にしたヒアリングを行っていくことにしました。

ヒアリング項目のなかに、「今後、取引量が減る可能性があるとしたら、その要因となるものはなにか?」という項目を設定したところ、取引量を減らさないためになによりも重要なことは、「商品の品質」でもなければ「営業担当者の対応」でもなく、「商品を発注したときに欠品が起こらないこと」であることが把握できました。

そして、事実としてこの「欠品」が起こっていたということも明らかになりました。

一方で、先程もお伝えしたとおり、この企業さんの場合にはそれまで、「新規で取引が始まった取引先の数」が各事業部門の業績を評価するための重要指標のひとつになっていたため、首都圏、中部圏、関西圏、九州圏のそれぞれのエリアで、「より多くのお客さんに対して、自社商品を提供すること」を目的に各エリアに対する商品の供給量が割り振られていました。

その状況を、このヒアリングの結果に基づき、「既存の取引先に対して欠品を起こさないようにすること」という目的のもとで見直すことになりました。

その結果、当初、全体の商品供給量の5割を占めていた首都圏への商品供給量を3割に減らし、残った2割を他の商圏に供給することが妥当であるとの結論にいたりました。

各エリアへの商品供給量が変われば、各エリアに必要な人員の数も変わります。

そこで、この商品供給量の変更に伴い、各事業部門間での人事異動も含めて、人員の配置を変えていきました。

これらの取り組みの結果として、既存のお客さんに対する「欠品」が減少し、事業全体としての収益性も上がったことは言うまでもありませんが、そもそもどのような企業でも事業に使える「リソース」には限りがあります。

そしてその「リソース」のなかには「人員」も含まれています。

この企業さんの場合には、部門別採算管理体制を再構築していく過程で、各商圏に対する「商品供給量の最適化」と「人員配置の最適化」が実行できたわけですが、ヒアリングによって企業としての収益性が上がったという事例としても、ヒアリング項目の設定の事例としてもご活用いただけるかもしれないと思い、ご紹介させていただきました。

ご参考にしていただける部分があれば幸いです。

あとがき

いかがでしたでしょうか?

ふたりの会話、おたのしみいただけたでしょうか?

▼

さて、今回のお話のなかにはいくつか、繰り返し登場した言葉があると思います。

「肩身の狭さ」という言葉もそのひとつだと思うのですが、実はこの言葉は、僕にとってはとても大きな意味を持つ言葉でもあります。

というのも、本書のなかでもお話ししたとおり、僕には自分がこれまでやってきた仕事や、自分の生い立ちを振り返る機会がありました。

そうやって自分のことを振り返っていくなかで、どうやら僕自身が肩身の狭さという感覚を抱えながら幼少期を過ごし、そして社会に出てからもその感覚を抱え続けていたのだ、ということを認識することになりました。

その結果、「僕自身がそういう経験をしてきたからこそ、今、そのような状況にある人たちについても理解できることがあるのではないか」と思うようにもなりましたし、「もしも今、そのような状況から抜け出せなくて苦しんでいる人がいたとしたら、僕が役に立てることはないだろうか?」と考えるようにもなりました。

▼

その一方で、これまでに自分がやってきた仕事を整理していくなかでは、「やっぱりこれだったらできるな」とか、「これであれば間違いない」と確信できるものも見つかりました。

それが、今、僕が各社さんたちにご提供させていただいている「既存客からの追加収益の確保」という取り組みであり、「営業計画の100%達成」という取り組みであり、「部門別採算管理体制の再構築」という取り組みになるわけですが、興味深いことにこれらの取り組みは、企業のなかで肩身の狭さを抱えている人たちが、業務上での成果を出しながら、肩身の狭さを払拭していくにあたってうってつけの内容だということもわかってきました。

また、それぞれの取り組みが相互に関連しあうことから、それぞれの取り組みを同時に進めることで個人個人の人たちにとっても、企業にとってもより大きな成果を手にしていただけるようになることもわかってきました。

その結果、僕は、これらの業務上の3つの取り組みをまとめた「内部体制の最適化」という取り組みをとおして、各企業さんたちのなかで肩身の狭さを感じている人たちに関わり、その人たちが業務上の成果を出しながら、肩身の狭さを払拭していくためのお手伝いをさせていただくことになったのです。

▼
ところで、今回の対話の相手である一条さんとは、「仕事くらいのことで悩んだり、落ち込んだりするのって理に適ってないよね」という話をよくするのですが、僕は本当にそう思うのです。

だって、考えてもみてくださいよ。

仕事が理由で苦しい思いをしていたり。
子供を厳しい口調で叱ってみたり。
最近、短気になりがちだとか。

そんな状態になっている人がいたとしたら、悲しいじゃないですか。

▼
もちろん、仕事をすることやお金を稼ぐことは、生きていくために大切なことだと思います。

だけど、営業計画が達成できそうにない焦りから部下や同僚にきつく当たってみたり、自分がやっている仕事にいつまでも自信が持てないまま不安にかられたり、帰宅後、仕事が原因で夫婦喧嘩が増えたりしているというのでは、本当に「理に適っていない」と思うのです。

だから僕は、そういう状態になっている人たちに、「内部体制の最適化」という取り組みを通じて関わらせてもらうことで、「その肩身の狭さからは抜け出すことができますよ」とお伝えしたいのです。

そして、実際の話として、いわゆる上場企業と呼ばれる企業にお勤めしていらっしゃる人たちのなかには、この「肩身の狭さ」を抱えていらっしゃる人たちが多いわけですから、僕が上場企業と呼ばれる企業さんたちや、そういう企業にお勤めしていらっしゃる人たちに関わらせてもらうことも理に適っているのかなと思っています。

▼

そうはいっても、自分が肩身の狭い状態になっていることを認識している人はほとんどいないということも事実だ思います。

だけど、各企業のなかには、自分が担当している業務が原因で夫婦喧嘩が増えていたり、ため息の数が増えていたり、焦ったり、不安になったりしている人たちがいるわけで。

僕はそういう人たちを見ると、「ああ。肩身が狭くなっているんだな」と思ったりするのです。

▼

ですので僕は、そういう状態にある人たちが、その人たちが遂行できる業務を通じて、肩身の狭さから抜け出せるようになるための方法をいつも考えています。

業務を通じて肩身の狭さから抜け出せるようになるためには、「先行きが見える枠組み」が提示されることが必要だと思いますので、その人たちに関わらせてもらうときには必ず、「先行きが見える枠組み」を提示するように努めていますし、業務を通じて肩身の狭さから抜け出せるようになるためには、その人が「できること」にフォーカスを当て続けることが必要だと思いますので、僕が提供する内容は、必ずそれぞれの人にとって「できること」になっています。

▼

ただ、そうは言っても僕は、自分が関わらせてもらう人たちに対して、「今よりも自信を持ってほしい」とか、「強くなってほしい」と思っているわけではないのです。

「思っているわけではない」というよりも、「そうは思えない」というほうが適切かもしれません。

だけど、僕がその人たちに関わらせてもらうなかで、それぞれの人のなかに、「自分にできる業務はこれだ」という確かな感覚が生まれたり。

その業務に関する進捗が積み上がっていくさまを見ることで、なにか少しだけ、自分に対する信頼度が高まったり。

自分が、自分から頼られるような感覚を持ってもらえるようになったなら。

僕はすごくうれしいのです。

「自分が、自分から頼られる」

そういう感覚を持つことができるようになれば、誰かに振り回されるのではなく、自分の足で立っている感覚が持てるようになるのではないかと思うからです。

そうなったら、なんだか、すごくたのしいじゃないですか？

僕は、そういう状態になった人たちに囲まれていたいし、これからもそういう人たちとお仕事をご一緒させていただきたいと思うのです。

そして、まだ自分の足で立っている感覚が持てない人たちに対しては、「内部体制の最適化」という取り組みをとおして、そういう感覚を持っていってもらえるようにサポートをさせてもらえたらうれしいなと思っています。

そして、その人たちが自分の足で立っている感覚を持っていくようになるさまを、近からず、遠からずの距離で見ていたいと思うのです。

▼

ですから、この本を読んでくださった方のなかに、

・計画達成できそうにない焦りがあるよな、とか
・居場所がなくなることが不安だな、とか
・私も最近ため息の数が多いな、とか
・子供に少し厳しい言い方しちゃってるな、とか

そういうことを思っている方がいらっしゃるのであれば。

あなたが今、企業のなかでどういう業務を担当していらっしゃるのか、どういう役職に就いていらっしゃる

のか、男性なのか、女性なのかに関わりなく、本書を読み返していただいて、その状態から抜け出す道はあると思ってもらえたらうれしいですし、いつか、この本を話のネタに、またどこかでお会いして、おひとりおひとりの方とゆっくり、いろいろとお話しさせてもらえたらうれしいなと思っています。

そのときを、たのしみにしています。

それではまた、お会いしましょう。

加藤寛之

株式会社内部体制最適化の定款より

定 款

第１章 総 則

(商 号)
第１条 当会社は、株式会社内部体制最適化と称する。

(目 的)
第２条 当会社は、次の事業を営むことを目的とする。

1. 東証一部上場企業に対する、内部体制最適化に関する統合的枠組みの提供
2. 東証一部上場企業を対象とした、既存人員と業務の再配分による業務遂行プロセスの安定化に関するアドバイス業務
3. 東証一部上場企業を対象とした、顧客との関係性強化による収益構成比率の最適化に関するアドバイス業務
4. 東証一部上場企業を対象とした、会計データの区分変更による経営状況把握の即時化に関するアドバイス業務
5. 前各号に附帯又は関連する一切の事業

(以下省略)

(2021 年 11 月 22 日制定)

山本行影　沖 尚彦　岡野亜希子　岸菜崇志　井出由美　瀧本拓見　小出水朋子
植田正史　大槻 敬　小笠原拓哉　濱野雅也　峰崎揚右　樋口順一　斎藤寛治
紺谷好宣　布井健登　新保泰秀　瀧田勝彦　野原暢郎　立花顕治　宇佐美研治
島本千賀　島田 弘　佐藤喜博　横川裕之　鴨藤政弘　久保雅哉　山崎博志
渥美公敬　土谷浩二　水谷祥子　栗原誠一郎　山口真導　矢田裕基　中田仁之
今野 航　横田 啓　星合英明　古市順子　廣瀬順子　七沢賢治　鈴木典行
松本誠一　佐藤昌弘　太田 宏　巽 大平　竹田陽一　小林幸子　岩井久美
田中三都子　田中三枝子

著者たちの人生を形づくってくださっている方々に感謝をこめて

黒河内健司　渡瀬ひろみ　佐山展生　田村利恵　室住敬寛　永嶋 淳　森尻 恵
鹿沼奈空　原田泰成　原田恵佑　鹿沼仁奈実　武田 Jennifer 桃奈
武田 Victor 颯心　原田淳平　武田 Luke 優敏　松田咲樂　原田真緒　松田優樂
手間本こころ　一條あさと　八木咲璃　八木華音　八木陽佑　福田円茉
佐野瑞涼　近藤かんな　金子智美　矢木千菜美　西田萌子　貫名美結　渡邉紗良
植松華奈　近藤葵斗　望月美和　高橋美江　山田美咲　中田妙子　三坂実旺
北村茉那　常木あゆみ　常木あけみ　野村陽子　上野 剛　井出範子　福島嵩人
久保田祐貴　深澤優美加　大山恵利　河合真智子　久保田唯　中村有希
平絵理子　齋藤 舞　田中紫織　水原美千代　安藤恵未　八木 梢　雲岡夏未
小関美穂　大友柚果　西池麻衣　鈴木香奈枝　菊池憧子　海野 彩　矢島奈々江
矢島里菜　鈴木里茶　鈴木理恵　山本純菜　望月 澪　山本千鶴　井上みどり
蔣 海林　山本泰代　山本早紀　長矢洋明　長矢重子　漆畑亜矢　岡田 愛
大石安美里　伊澤みなみ　佐藤亜由美　榊原祐利亜　平賀万裕　安藤 栞
村瀬貴彦　村瀬智美　村瀬将之　遠藤昌子　市川友加里　安立大輝　高月綾子
齋藤友美　遠藤江里　加藤真弓　木村友美　谷垣智代　北浦 藍　北浦希代子
松田新之助　橋本恵理子　川口真利亜　福田智弘　八木良朋　山谷ルミ
八木孝之　八木美代子　松本美夏　武田将寿　Gary Renard　Cindy Lora-Renard
Leonel Fuentes　Michell Fuentes　David Hayman　Rachel Hayman　小山睦男　門田直子
原田憲秀　宮瀬さおり　大芝次郎　望月 栄　大芝麻友　安橋さゑ子　安橋しず子
安橋絹子　川邉博美　安橋政雄　安橋八重野　安橋 稔　野嵜真由美　田川真弓
田川博一　安橋精作　安橋尚江　安橋枝里　安橋美穂　野嵜一彦　山田家衛子
山田家織　山田家和勝　五屋邦保　田川清治　大芝いづみ　一條高志　安橋重子
鹿沼万里奈　一條栄寿　酒井静子　一條健次郎　押切房子　一條正明　前坂玲子
一條久一　濱田興亜　一條寿一　一條美千枝　一條憲一　一條公司　一條明美
一條正俊　一條ともみ　一條智加　一條真志　加藤允人　外村 学　辻太一郎
橋本甘奈　脇坂正憲　西原 輝　平岡圭一　平岡恵子　浜田光久　今井かおる
小栗栄太　豊永貴士　西田圭吾　渋谷文武　田中貴紀砂　濱田義郎　林 名苗
秋田香奈　竹村育子　石川泰作　和佐大輔　和佐 薫　内藤勇介　鈴木洋平
原田宗記　田中政明　原田 実　水野秀雄　中垣幸子　熱海恭平　田中喜代次
林田源太　岩下由加里　上口真美　竹宮孝子　篠永卓士　東野 礼　村上 徹
飛岡紀彦　籾山直威　前田崇利　竹口晋平　友部 守　川﨑尚美　高橋さゆり
鶴田幸久　東川 仁　大野達也　泉 千春　山本 剛　平松裕己　榊原陽子
榊原輝重　堤 正豊　半野喜弘　影山裕作　西川順子　Mai Papillon　遠藤みなみ
宇都善浩　斉藤 徹　鈴木規恵　加藤 学　竹本淑恵　塩飽未来　松本恵子
田上善浩　広浜美歌　井上奈美　戸塚裕紀　德永正和　杉本 進　杉本浩美
小口昭宣　廣田竜史　前田隆裕　大月 渉　七五三掛慎二　谷口美月　福地 信
齊藤三千子　大島京子　桐山明日香　松山広美　山崎聡子　宮城眞希　神馬 豪
清水亜希子　高島一則　前田健志　阪本絵美　片桐美穂子　宮城真吾　小野大介
神林俊博　西村佳隆　米田恵太　牛見和博　小坂 源　加藤葉子　須崎純一
矢田敏起　内山和伸　山口香央里　船曳寿華　橘 雅恵　上川弘次郎　野原 亮

石川まり子　藤後直美　馬場賢一郎　中島健策　入江麻代　有永邦広　池田宏子
市山智孝　大橋一徳　清川浩三　栗田 匠　小桜敬悟　齋藤多美子　篠崎正司
柴山昌樹　鶴田益隆　原勇二郎　山本直純　紅本 亘　谷 一紀　中川 学　田邉智也
山口正行　山形茂生　大長信吉　高橋純一　小石原隆史　小林優也　川井 泉
国守 博　菊田和哉　池田光徹　白井久子　松本章伸　清水 群　池内久徳　横山有香
下矢一良　米増昭尚　畑中章宏　遠藤 聡　鴨居弘樹　栗国 傑　元木景月
伊藤 茂　白水靖之　倉光理沙　師村沙希　安部 洋　橋本恵裕　津田 永　寺田 貴
玉井洋子　南里世一　飯田正孝　松本雄作　古舘美穂　西 優惟　向山健児
祢屋 聖　李 英治　峰山奥恵喜　宮本博之　齋藤敬一　久野勝也　安室元博
坂田公太郎　國井 修　安久豊司　辻井公明　池田秀一　藤 桂輔　飯山陽平
浦田和敏　吉野正人　一木多佳子　岡村英樹　小澤 誠　松本桂輔　小磯卓也
酒井亜津沙　大槻正樹　安井麻代　藤武幸光　釘﨑裕己　野村忠司　吉田勇人
若井吉樹　石原泰一　中島修平　位田達哉　田上恭由　小寺崇聖　田畑昌平
大崎博之　伊藤健太　木津英隆　小松志行　新井常夫　吉田喜彦　山内 幸
大津直高　大津久美子　二木宏造　上地康史　野澤茂樹　木貞哲夫　竹板宏樹
大島ゆかり　藏岡英樹　佐藤真一　近藤敏弘　加藤信夫　加藤日出子　浜野 温
木村喜代治　木村ハツネ　加藤 晋　加藤明美　佐藤博史　末永 豊　伊藤正貴
内山雅統　太田辰徳　横山惣一郎　加行郁夫　小川ひとみ　鎌田一彦　馬込八寛
高橋 綾　大谷善和　犬井 亘　風間章憲　渡部隆夫　上田勝巳　東前千秋
渡部秀敏　西村忠雄　山内健司　桑野康二　水口裕美子　田村あゆみ　樹 麻子
五條堀和己　岐津敦子　Tony Yang　Kimi Yang　Arisa Yang　大島理佳　岩下浩子
国府田友子　新堀由香子　橋本福子　橋本建二　橋本 隼　丸岡清美　延島千花
藤江まりの　門田憲佳　森田智之　戸谷祐樹　浦上武雄　井上由美子　三上佳子
成本由佳　神原美紀　高口洋士　荒瀧慎也　渋谷和正　細谷めぐみ　片山美穂
坂井麻里　坂岡千恵子　新川知資　西崎曉子　井上晃夫　平谷仁美　柳田里織
近江史恵　若月理英　長沢慎一　杉本龍士郎　湧田祐希　江口哲郎　小田幸治
鎌田貴俊　広岡孝哉　小松正和　中司敬之　下田聡一　清木貴士　千葉健太郎
濱本靖彦　村上恭子　渡邊佳奈子　上野 剛　吉岡克成　村上陽一　田原洋輔
下岡和貴　門田睦子　和泉ゆかり　岩村和子　川田修平　宮崎亜希子　井上智弘
小林梨絵　東 健史　上田曉世　山名有美　岡本昌規　三宅幸信　壇上明隆
岩永健司　長谷川聡　蔭山映子　木村多志　泗水康信　岩崎 功　池ノ内智浩
今西忠広　上田滋夢　東田展明　鵜飼章弘　東 寿樹　白木夕香　木原 桂
田中和也　勝木亜矢子　逢坂浩樹　池永 章　鈴木敏孝　桑田裕美　鈴木智喜
平畑隆浩　平畑千鶴　岩田大志　原田英治　桑野禎己　三村 漢　百々典孝
川本洋平　見冨紫織　原田友美　井本利美　二宮由佳　秋本可愛　梅澤伸嘉
高橋善美　菅野道子　渡辺隆一　大原明子　朱 婧一　西田敬一　東 千紘
都築あなん　藤野貴教　石塚洋輔　島﨑英司　佐竹正浩　沖野雅英　堀北祐司
田中利正　佐竹 弘　田村耕一　緒方秀美　飯田良昭　岡村晴雄　久保田進
小林 亘　泥谷 誠　平野絵美　小山昌彦　関谷留菜　石井朝恵　榊原睦也
榊原直子　池口智之　光本永軌　辻 弘美　渡邊安紀子　水楢小百合　山口康仁

著者たちの人生を形づくってくださっている方々に感謝をこめて

加藤千恵美　酒井浩平　檜垣 誠　石川寛英　桝本尚之　油布和也　加藤裕稔
池田 剛　矢野敬之　中山久美　松本理恵　阿部勇行　小林文彦　小川紀之
村田敏之　江中健一　平田定明　齊藤雄三　冨岡 寛　溝田修司　宮内 裕
森本久志　濵崎慎司　大宮真美　濵田 昇　荒木孝仁　岩崎一美　岩崎健太
児玉雄二　塩山治彦　吉野 創　野呂敏彦　小川雅之　菊地長月　西田善彦
木下英資　野中進也　古藤俊彦　久保田茂　友原菊二朗　塩山治男　井上幸一
渡邉 郁　上平千明　前野謙二郎　益山健太　中島秀樹　山下松司　清川俊彦
大木 稔　熊本崇二　高木正和　星山雅彦　有光清志　石橋弘人　横溝さおり
細工栄一　小玉修市　中村伸一　青谷哲也　上原 誠　黒木 博　中島寛信
喜多村邦弘　中村寿男　井 泰輔　平山智啓　森田 勇　青木純子　谷口哲彦
甲斐葉子　古川洋介　久保田泰規　山口勝久　甲斐 旭　後藤沙織　中島正登
松田欣也　前田浩司　伊集院則行　尾崎公彦　帆秋忠俊　廣川智彦　中村利行
中村信就　野村 公　五十嵐敏之　大園和洋　福嶋伸之　松尾誓志　三田信之
越田雅人　櫻井拓也　徳永英一　金田知博　西田康彦　川吉雅俊　網本陽輔
鈴木樹雄　高橋直喜　平野康晴　福島清隆　清家巧貴　川嶋裕子　伊皆正俊
酒井信介　五十嵐和也　細木聡子　志村智彦　岩永丈幸　鏡 照美　小栁幸彦
杉井千春　朴 賢大　竹森哲也　山上洋子　牛尾真瑚　箕浦将昭　髙木康成
兼峯大輔　髙井和弘　宮本孝志　橘高千里　祝千恵子　山本孝子　山内佐智子
寺崎兼司　田中昌子　西田尚美　日高真由美　寺崎 都　濵島玲恵　米田雅美
月野直美　平真理子　鼻 靖広　坂部由希子　古川国利　浦郷豊太　溝田律子
戸田慎一　長谷川薫　中里大海　下田博之　沖 大介　光安由香　篠原健治
佐藤知之　伊藤重則　寺田惟清　馬田直明　安元達吉　前川 直　大勝康弘
井筒屋幸枝　内山瑞穂　林 弘樹　海谷祐季名　前田能弘　澤 弘泰　城戸崎千里
皆川博伸　雪下麻子　三浦 信　執行洋平　齊藤美香　的野 猛　柴田喜代美
岡部 薫　大野正人　石田麻里子　橋本陽介　中島聡哉　古川さやか　鋤田美奈子
城 保江　佐藤靖子　窪田 司　福島美穂　中川洋史　中島典子　井上敏夫
高村美保　堀田孝裕　中田典仁　山本一輝　伊藤翔太朗　堀江尊徳　外平里美
松元将潔　花田公一　疋田 聡　廣安省吾　八波達也　唐崎 亮　高橋康司
秋山湧基　水畑裕貴　五藤万晶　遠藤 晃　内田幸雄　高橋大樹　樋口 太
鶴田隆介　佐藤寧彦　阿比留雅彦　工藤龍之介　佐藤元武　福田 治　中野将史
水谷宗弘　金石智宏　立木美江　城 敏徳　城眞由美　将口晋司　光武哲郎
岸本貴史　大平明代　八木雄毅　黒坂猛史　結城 凌　松田絵里　門間保憲
大久保祐介　山田剛資　加藤孝行　小泉 剛　伊藤庸敏　望月由美子　石倉雅恵
神谷幸嗣郎　小泉賢司　寺田良平　山田浩太　濱本智博　安部 真　山口 拓
荻沼恭子　村田幸雄　水野昌典　小川秀樹　近藤孝典　田中裕司　大野加奈子
大野杜綾　手嶋健夫　池尻朋樹　長野英子　大木悠太郎　市川善弘　河合初雄
木村祐司　鳥内浩一　杉井若菜　岡本一展　原田栄造　猿渡洋平　永村洋二
中園千加江　寺下和哉　小野潤平　駒場一仁　森尾真己　松元功翼　落合憲二
繆 英長　黒田 亮　鶴田美佐子　神田妙子　関 千草　西 智美　中川さゆり
檜垣留男　檜垣京子　酒井喜光　酒井尋子　石川忠弘　石川ますみ　石川守彦

内部体制最適化の統合的枠組み

初稿完成　2023年3月21日
発行日　2023年9月21日　第1刷

著者　加藤寛之　一條仁志

発行　株式会社シーカー出版
〒497-0011　愛知県あま市七宝町安松13丁目110番地
TEL　052-485-8204（代表）　FAX　052-485-8208
https://seeker-publishing.jp

発行者　一條仁志

発売　株式会社星雲社（共同出版社・流通責任出版社）
〒112-0005　東京都文京区水道1-3-30
TEL　03-3868-3275　FAX　03-3868-6588

制作協力　有限会社マーリンクレイン

印刷　日経印刷株式会社

ISBN978-4-434-32182-5　C2034　